铁路科技图书出版基金资助出版

和谐型交流传动机车技术丛书

HXD1B 型电力机车

《和谐型交流传动机车技术丛书》编委会　著

中国铁道出版社有限公司

2019年·北　京

内 容 简 介

本书为《和谐型交流传动机车技术丛书》之一。全书共分十二章，分别为 HXD_{1B} 型电力机车概述，机车总体，牵引电传动系统，高压电器，辅助电气系统，通风、冷却系统，微机网络控制系统，制动系统，车体，转向架，车载安全监测设备，机车使用与维护。

本书可作为从事和谐系列交流传动机车运用、检修、维护的专业人员和技术管理人员的学习培训教材，也可作为大专院校、科研院所的学习参考资料。

图书在版编目(CIP)数据

HXD_{1B} 型电力机车/《和谐型交流传动机车技术丛书》编委会著. —北京：中国铁道出版社有限公司，2019.11
(和谐型交流传动机车技术丛书)
ISBN 978-7-113-26356-0

Ⅰ.①H… Ⅱ.①和… Ⅲ.①交流电力机车 Ⅳ.①U264.2

中国版本图书馆 CIP 数据核字(2019)第 248484 号

书　　名：和谐型交流传动机车技术丛书
　　　　　HXD_{1B} 型电力机车
作　　者：《和谐型交流传动机车技术丛书》编委会

策划编辑：王明容　　**责任编辑**：王晓阳　　**编辑部电话**：010-51873421
封面设计：崔丽芳　　**电子信箱**：tdpress@126.com
责任校对：孙 玫
责任印制：高春晓

出版发行：中国铁道出版社有限公司(100054，北京市西城区右安门西街 8 号)
网　　址：http://www.tdpress.com
印　　刷：北京顶佳世纪印刷有限公司
版　　次：2019 年 11 月第 1 版　2019 年 11 月第 1 次印刷
开　　本：787 mm×1 092 mm　1/16　印张：11.75　字数：271 千
书　　号：ISBN 978-7-113-26356-0
定　　价：120.00 元

《和谐型交流传动机车技术丛书》
编 委 会

本书编写人员：樊运新　李希宁　王　位　郑维飞　张奕奕
彭新平　付　金　金希红　黎　丹　朱茂华
陈清明　邹焕青　邢　涛　秦庆民　闵阳春
王　磊　陈　哲　罗传文

本书审核人员：穆　鑫　王　磊　杨　帆　慕元鹏　成本权
郑维飞　欧勇辉　臧玉军　郑志刚　黄　涛
刘　帆　张振华　刘洪生　刘文俊　马　帅
齐志刚　冯　昊　苏　圣

序

当今时代，中国铁路路网规模日新月异，铁路科技迅猛发展，铁路牵引动力装备在短期内迅速实现了从直流传动到交流传动的转换，跨入了世界机车技术的先进行列。中国铁路通过创新驱动，实现了铁路技术装备的现代化，大批具有自主知识产权、牵引性能优良、节能环保的和谐型交流传动机车的投用，快速扩充了路网的运输能力，缓解了铁路运输能力严重不足的制约，满足了我国经济社会平稳快速发展对铁路运输的要求。

《和谐型交流传动机车技术丛书》从机车总体、系统和部件的技术特性、结构特征及技术参数等方面，对各型号和谐型交流传动机车进行了全面系统的阐述。读者可通过该丛书了解和谐型交流传动机车功率大、效率高的牵引特性，交流传动与微机网络控制特性，高黏着利用、防滑和防空转特性，空气制动和动力制动特性，由完善的故障诊断和合理的检修周期保证的可靠性，节能环保的经济性等。

该丛书技术性、专业性较强，对从事和谐型交流传动机车运用、检修、维护、技术管理人员掌握相关知识、提高业务能力均有所帮助，还可作为大专院校、科研院所及社会各界有关人员的技术参考书。

田红旗

2018 年 7 月

序

和谐型交流传动机车是当前中国铁路网内广泛应用的具有世界先进技术水平的铁路运输牵引动力装备，是中国铁路技术装备现代化的典型代表之一。和谐型交流传动机车是中国铁路总公司按照国务院《中长期铁路网规划》和《铁路主要技术政策》确定的铁路技术装备现代化的战略规划，坚持“自主创新与技术引进相结合”的基本原则，先是用了不到5年的时间，完成了我国铁路技术装备水平的快速提升，提高了运能与运力；后又经过自主设计、自主创新，形成了系列化具有自主知识产权的世界先进的铁路运输牵引动力装备。2018年，全路在用的和谐型交流传动机车已超过1万台，占全路机车保有量50%以上，和谐型交流传动机车完成的货运工作量占全路机车完成的货运总工作量近80%，成为铁路运输牵引动力的绝对主力，机车技术装备的现代化，已在运输生产中结出了丰硕的成果。

《和谐型交流传动机车技术丛书》对各型号机车的主要技术性能、结构特征、技术参数以及机车使用维护等方面进行了介绍。内容全面丰富，层次分明，条理清晰，技术性强，同时图文并茂、通俗易懂。《和谐型交流传动机车技术丛书》的出版，将为广大铁路相关技术、管理人员和社会各界提供适用的专业读本，也为相关技术业务培训提供了专业的参考材料。

2018年7月

前　言

随着国民经济快速增长，中国铁路机车技术装备水平实现了质的飞跃，铁路运输牵引动力实现了由直流传动向交流传动的更新换代，形成了较为完善的和谐型交流传动机车谱系。和谐型交流传动机车是中国铁路在落实国家铁路“十一五”发展规划和《中长期铁路网规划》以及国家发改委对铁路机车车辆装备现代化提出的“引进先进技术，联合设计生产，打造中国品牌”总体要求，通过引进消化吸收再创新，大胆实践、自主设计、自主创新和集成创新，形成的具有世界一流技术水平的牵引动力装备。

目前，中国铁路和谐型交流传动机车型谱中包括电力和内燃两种动力类型，涵盖不同功率等级，适用于干线客货运、小运转和调车、高原以及重载铁路运输要求，展现了中国铁路牵引动力装备的特色。

2018年，和谐型交流传动机车保有量超过1万台，占全路机车总保有量50%以上；和谐型交流传动机车完成的货运工作量约占全路机车完成的货运总工作量的80%，成为全国铁路客货运输牵引动力的主力，使我国铁路运输能力获得了极大提升。

为满足广大铁路机车运用、检修、维护和技术管理人员，设计制造、大专院校、科研院所及社会各界的需求，中国铁路总公司机辆部组织成立了《和谐型交流传动机车技术丛书》编委会，中国铁路总公司机辆部主任申瑞源任主任；中国铁路总公司机辆部副主任张大勇、吴国栋、张启平、王春山，中国中车公司总工程师张新宁任副主任；张启安、王强、王立杰、黄成荣、李群锋、宁友波、李虎、杜志辉、王志、张黎、王光春、廖洪涛、曲天威、赵明元、仲怀清任委员，负责该技术丛书的组稿、编辑及审定工作；中车株洲电力机车有限公司、大连机车车辆有限公司、大同电力机车有限责任公司、戚墅堰机车有限公司等负责有关机型书稿的具体编写工作。

《和谐型交流传动机车技术丛书》对中国铁路各种型号的和谐型交流传动机车，从机车技术特性、结构特征以及技术参数等方面进行了全面系统的介绍，专业性和技术性强，学习和参考价值高。丛书是在长期从事铁路机车技术工作的工程技术人员和老一辈铁路机辆人多年工作成果的基础上完成的，在此向他们表示衷心的感谢。

《HXD_{1B}型电力机车》是《和谐型交流传动机车技术丛书》系列之一。

HXD_{1B}型电力机车是中车株洲电力机车有限公司研制的交流传动6轴干线货运电力机车，采用C_0-C_0轴式，持续功率9 600 kW，单轴功率1 600 kW，最高运行速度120 km/h，最大启动牵引力570 kN，最大再生制动力346 kN，可单机牵引6 000 t，能满足长距离区间、长大坡道、重载长大编组的货运列车的运输需要，是目前世界上单轴功率最大的干线电力机车。该型机车消化吸收了世界上先进的电力机车技术成果，装用西门子公司研制的牵引变压器、牵引变流器、牵引电机和网络控制系统并进行了牵引变压器和牵引电机的国产化，技术性能稳定、适应范围广，为我国铁路运输生产提供了优质的技术装备。HXD_{1B}型电力机车自2009年5月起上线运行，在干线货物列车牵引中发挥了重要作用。

《HXD_{1B}型电力机车》共计十二章，第一章“概述”介绍了机车的先进性设计和机车主要技术参数；第二章“机车总体”介绍了机车总体技术参数、机车性能以及设备布置；第三章“牵引电传动系统”介绍了牵引电路、牵引变压器、牵引变流器和牵引电机；第四章“高压电器”介绍了受电弓、主断路器、高压接地开关、高压隔离开关、高压电压互感器、高压电流互感器、接地电流互感器、避雷器和高压电缆总成；第五章“辅助电气系统”介绍了辅助电路、辅助逆变器、辅助变压器、电源柜、蓄电池柜、辅助机组、机车照明和辅助电器；第六章“通风、冷却系统”介绍了机车通风方式和过滤除尘装置；第七章“微机网络控制系统”介绍了TCN列车通信网络、SIBAS32网络控制系统和机车控制电器；第八章“制动系统”介绍了风源系统、空气管路布置、制动机、其他气动设备和基础制动；第九章“车体”介绍了主要结构参数及特点和牵引缓冲装置及变形吸能元件；第十章“转向架”介绍了技术参数、工作原理和构造说明；第十一章“车载安全监测设备”介绍了列车运行控制系统车载设备、6A系统和CMD系统；第十二章“机车使用与维护”介绍了机车操纵说明和机车的维护与检查。本书还分别对第三章至第十章相关系统的典型故障及其分析和处理方法进行了介绍。

希望丛书的出版能对从事和谐系列交流传动机车运用、检修、维护的专业人员和技术管理人员掌握相关专业技术知识、提高业务能力，以及机车设计制造厂家、大专院校、科研院所以及社会各界有关人员学习、授课有所帮助。

由于编者水平有限，难免有遗漏和错误之处，诚请读者批评指正。

《和谐型交流传动机车技术丛书》编委会

2018年12月10日

目　　录

1 概　　述

HXD1B 型电力机车是中车株洲电力机车有限公司（简称“株机公司”）研制的六轴大功率交流传动货运电力机车，采用 C_0-C_0 轴式，最大轮周功率为 9 600 kW，最大启动牵引力为 570 kN，最高运营速度 120 km/h，具有技术先进、单轴功率/牵引力大、运用可靠等特点。HXD1B 型电力机车外观如图 1.1 所示。

图 1.1　HXD1B 型电力机车外观

1.1　HXD1B 型电力机车先进性设计

HXD1B 型电力机车采用 IGBT 变流技术、轴控技术、主辅集成一体式辅助电源、符合 TCN 标准的网络控制系统、大容量牵引变压器、大功率牵引电机、先进成熟的驱动系统、重载货运转向架、高强度长寿命的机车车体、基于 AAR 标准的新型电空制动系统等。

1.2　主要技术特点

（1）机车采用模块化、标准化、通用化设计，并充分考虑噪声、防火、安全及维护等设计要素。

（2）机车两端各设置一个司机室，司机室结构和设备布置符合人机工程学要求和美学原理，采取多项措施降低司机室噪声，为乘务人员提供舒适的工作环境。

（3）机械间采用中央走廊，车内设备采用斜对称原则布置以均衡轴重，各电气及制动管路设备等采用屏柜结构布置在走廊两侧，车顶布置受电弓等高压受流设备，车底除布置两台动力转向架外，还布置有牵引变压器和风缸等。机车上还装备卫生间、床等必要的生活设施。

(4)机车采用独立的机械间通风系统，并具有冬夏季转换功能，更好地改善了机械间设备的工作环境。

(5)机车牵引电传动系统采用交—直—交传动。机车主传动系统设有 1 个大容量(11 000 kV·A)牵引变压器、2 台采用 6.5 kV 电压等级 IGBT 的水冷牵引变流器，6 台大功率(1 633 kW)牵引电机。逆变器电机控制上采用单轴控制技术，黏着利用率高，当出现 1 个电机或逆变器故障时，不影响其他电机的正常运行。

(6)机车辅助电源系统从牵引变流器中取电，采用主辅一体化技术，向辅助负载提供 1 组变压变频(VVVF)和 1 组恒压恒频(CVCF)三相辅助电源，可以实现过分相持续供电，并具有电源品质好和故障冗余度高的优点。辅机采用无级闭环控制，效率高，节能降噪。

(7)机车控制系统采用符合 TCN 标准的网络控制系统，机车内部的通信通过 MVB 总线实现，机车间的通信通过 WTB 总线实现，CCU 采用双套热备冗余。

(8)机车车体采用整体承载结构，并以中央梁为主要传递牵引力构件，具有高强度轻量化的优点，适合重载牵引。

(9)机车设有 2 台结构相同的 C_0转向架，转向架结构合理，构架强度高，采用低位牵引杆、采用弹性联轴器技术，能够适应铁路重载运输。

(10)机车采用基于 AAR 标准的 CCBⅡ空气制动系统，基础制动采用轮盘制动，适合重载列车制动。

(11)根据统一部署，机车出厂后在段加装了机车车载安全监测设备(6A 系统、CMD 系统)，对机车的关键系统和设备的运行状态进行监测，进一步提升机车运用安全性。

2 机 车 总 体

2.1 概　　述

HXD_{1B} 型电力机车是在 HXD_1 型机车技术平台基础上，遵循先进、成熟、经济、适用、可靠的技术原则，按照模块化、标准化、系列化的要求设计和制造。机车设计、制造和试验主要采用GB、TB、IEC、UIC、EN 及 DIN 等相关技术标准。机车总体布置如图 2.1 所示。

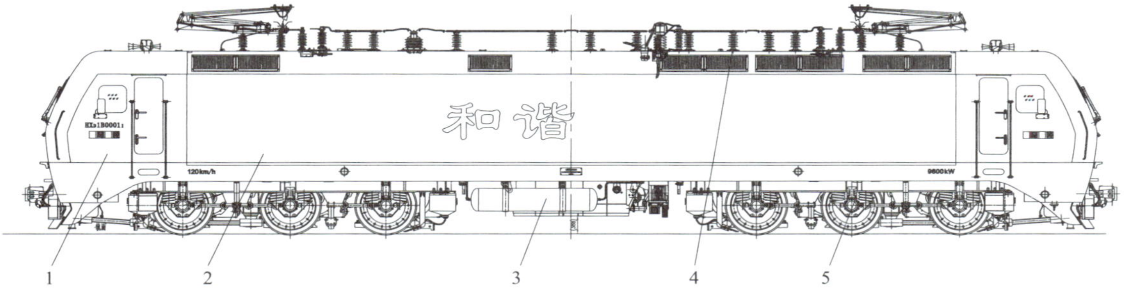

图 2.1　HXD_{1B} 型电力机车总体布置

1—司机室；2—机械间；3—车下与车端设备；4—车顶设备；5—转向架

2.2 技术参数

2.2.1　使用环境条件

机车在下列使用环境条件下应能按机车额定功率正常工作：

海拔不超过　　2 500 m

环境温度(遮阴处)　　−25 ～+40 ℃

机车基础结构按照−40℃运用环境设计，并预留加强防寒设备安装接口和布线空间。机车能够在−40 ℃环境下存放，加强防寒后能够在−40～−25 ℃环境下正常运用，但是在运用前需要预热。

最大相对湿度　　95 %(该月月平均最低温度不低于 25 ℃)

能承受风、沙、雨、雪、煤尘和偶有沙尘暴。

2.2.2　机车主要技术参数

用途　　货运

电流制　　单相交流 50 Hz

工作电压	
额定值	25 kV
最高值	31 kV
最低值	17.5 kV
轨距	1 435 mm
轴式	C_0-C_0
机车整备质量	$150\times(1^{+1\%}_{-3\%})$ t
轴荷重	$25\times(1^{+1\%}_{-3\%})$ t
电传动方式	交—直—交电传动
机车轮周功率(持续制)	9 600 kW
机车持续牵引力	422 kN
机车启动牵引力	≥570 kN
机车持续额定速度	81.9 km/h
机车最高运营速度	120 km/h
机车最高试验速度	132 km/h
牵引特性恒功率速度范围	76～120 km/h
功率因数	当机车功率大于 20 %额定功率时,λ≥0.98
机车总效率(额定工况)	≥ 0.85
机车电制动方式	再生制动
机车轮周电制动功率(持续制)	9 600 kW
最大电制动力	346 kN
机车安全通过的最小半径	R=125 m(5 km/h)
传动方式	单边斜齿传动
传动比	107/17=6.294 1
空气制动机型式	电空制动机
机车总风缸容积	1 600 L
空气压缩机能力	不小于 2 400 L/min×2
车钩中心线距轨面高度（新轮）	880 mm,允差±10 mm
机车前后车钩中心距	22 670 mm
机车车体宽度	3 100 mm
机车车体宽度(车体外附属设备处于工作状态)	3 560 mm
机车车顶距轨面高度	4 040 mm
机车转向架中心距	11 760 mm
受电弓滑板距轨面工作高度	5 200～6 500 mm
机车转向架固定轴距	2 250 mm+2 200 mm
车轮直径	1 250 mm(新轮),1 150 mm(全磨耗)
砂箱总容量	0.1 m^3×8
齿轮箱底面距轨面高度	不小于 120 mm(新轮)

机车排障器距轨面高度	110^{+10}_{0} mm
机车重联控制	机车能够由列车控制总线来实现至少3台机车的电气重联控制
机车过分相控制	机车具有手动、半自动和自动通过分相区的功能
外用电源库内动车	机车两侧设有3AC 380 V动车插座

2.3 机车性能

HXD1B型电力机车牵引采用恒牵引力特性控制方式，图2.2为机车可用的牵引力和制动力与机车速度的特性曲线。

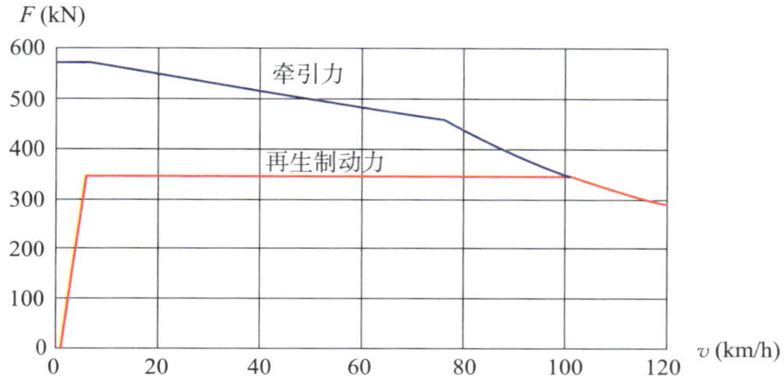

图2.2 机车牵引特性曲线和再生制动特性曲线

2.4 设备布置

HXD1B型电力机车是具有两端司机室的C_0-C_0轴式的6轴电力机车，机车设备布置可分为车顶设备布置、机械间设备布置、司机室设备布置、车下和车端设备布置。整车设备布置采用中间走廊、先进的模块化结构设计，以便有效地缩短组装时间，使系统和部件能独立地在机车外进行预组装和预试验，主要特点如下：

(1)牵引通风机基本采用斜对称布置，便于均衡机车轴重和轮重。

(2)机车的电气柜采取了适当集中、合理化布置。

(3)机车的牵引变压器绕组、滤波电抗器绕组置于同一油箱内，位于机车中部，悬挂安装在机车车体变压器梁上，以降低机车重心。

(4)两个500 L总风缸布置在变压器两侧，与机械间内风源柜上两个300 L总风缸一起提供1 600 L容积的总风。

(5)控制电源柜和蓄电池柜安装在机械间内，为机车控制系统提供DC 110 V电源；控制回路的微型自动开关集中布置在控制电源柜上，便于乘务员操作。

(6)机车采用油、水冷却设备来冷却变压器油和牵引变流器水，散热器采用共体分层模式，充分利用空间并提高了冷却效率。

(7)机车机械间内布管和布线采用预布式中央管排和中央线槽方式,中央管排和线槽安装在中央走道下,美观且便于安装和维护。驱动系统的动力线安装在走道两边的设备安装架内,动力电缆与控制及信号线从电磁兼容设计考虑进行了有效分离,以保证控制系统的可靠性。

(8)机车通风系统为独立式通风系统,机车运行时机械间保持微正压工况,整车的通风可分为 6 个部分:牵引电机通风系统、变压器/变流器冷却用油水冷却塔通风系统、辅助滤波器柜通风系统、压缩机散热通风系统、机械间通风系统、司机室空调通风系统。6 个通风系统相互独立,互不影响。

(9)机械间内安装有风源柜和制动柜、主压缩机,为机车风源系统、辅助风源系统及制动控制系统提供风源。

(10)机车上装备有卫生间、冷藏箱、微波炉和床等必要的生活设施。

2.4.1 司机室设备布置

司机室及操纵台的设计考虑人机工程学,既保证机车乘务人员有舒适的工作环境,又能清楚地瞭望信号和观察仪表、显示屏,且方便操作。司机室的设计适应单司机操作的要求。

司机室的设备布置分为 7 个部分:操纵台、前墙设备布置、左侧墙设备布置、右侧墙设备布置、司机侧后墙柜、副司机侧后墙柜、顶棚设备布置,如图 2.3 所示。

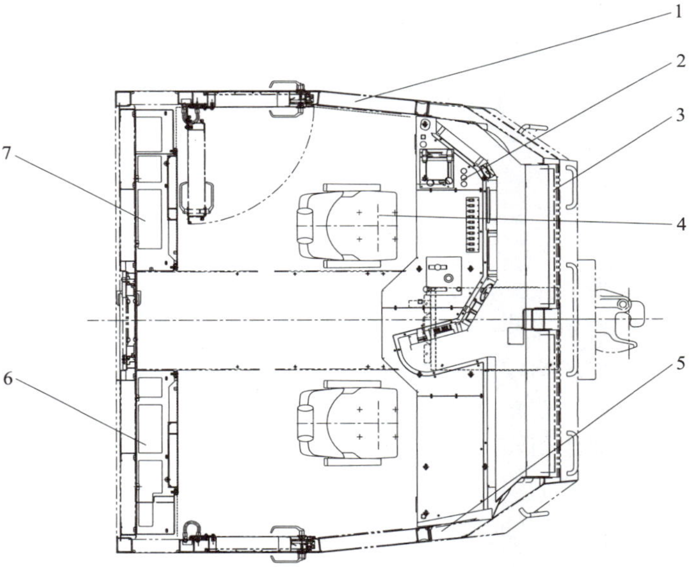

图 2.3 司机室设备布置

1—左侧墙设备布置;2—操纵台;3—前墙设备布置;4—司机座椅;
5—右侧墙设备布置;6—副司机侧后墙柜;7—司机侧后墙柜

2.4.1.1 操纵台

操纵台进行模块化设计,分成台面板组成、左柜组成、中柜组成、右柜组成和主、副司机脚踏组成,如图 2.4 所示。以主司机面向前方操作为基准,运行区位于主司机的正前方;制动区位于主司机的左侧;牵引区设置在主司机右侧的台面板上;气候区设置在主司机右侧的操纵台中柜的面板上。

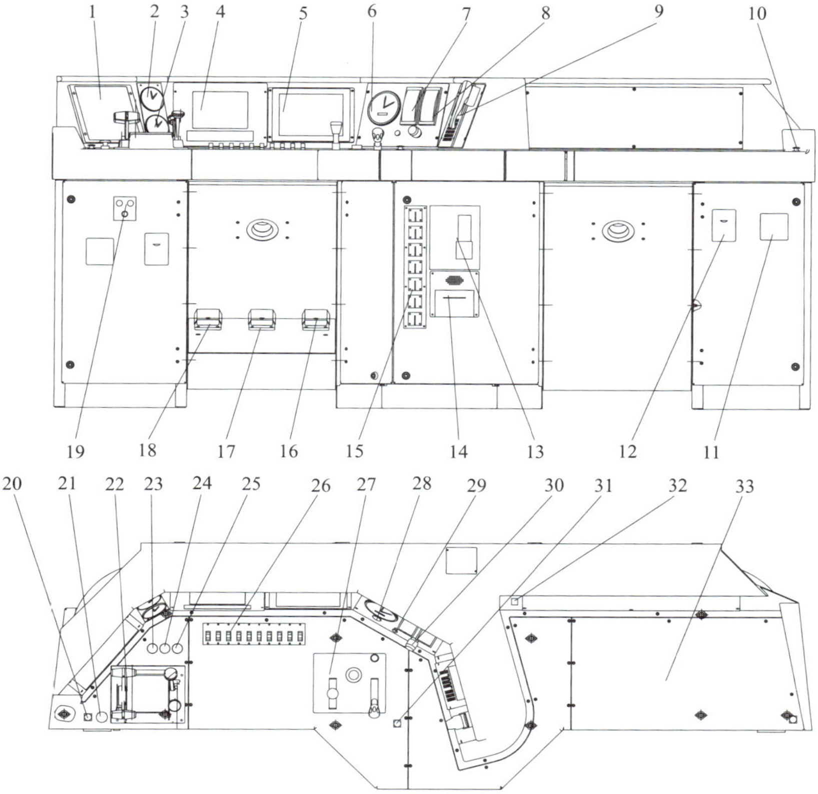

图 2.4 操纵台

1—制动显示屏;2—双针压力表(总风管/列车管);3—双针压力表(制动缸 1/制动缸 2);4—监控显示屏;5—微机显示屏;6—双针速度表;7—双针力矩表;8—网压控制电压表;9—综合通信装置(LCIR)显示屏和通话手柄;10—风笛按钮(高音);11—茶杯托架;12—烟灰盒;13—机车通信装置;14—综合通信装置(LCIR)扬声器和打印机;15—转换开关面板;16—低音风笛脚踏开关;17—无人警惕装置脚踏开关;18—撒砂脚踏开关;19—雨刮器操作面板;20—风笛按钮(高音);21—无人警惕装置瞬动开关;22—电子制动阀(EBV);23—自动换端按钮;24—停放制动施加按钮;25—停放制动缓解按钮;26—扳键开关;27—司机控制器;28—手动过分相按钮;29—后视镜阀;30—紧急制动按钮;31—风笛按钮(高音);32—USB 转储插座(仅Ⅰ端布置);33—夹层内布置接线端子排及 SIBAS 的 CIO 模块

主司机侧扳键开关的布置如图 2.5 所示。

操纵台左柜内布置有雨刮器的水箱。

在操纵台的中柜内布置有空调装置,空调装置的控制和其他转换开关位于中柜门,中柜门上还布置有机车通信装置和综合通信装置(LCIR)扬声器打印机单元。中柜门如图 2.6 所示。

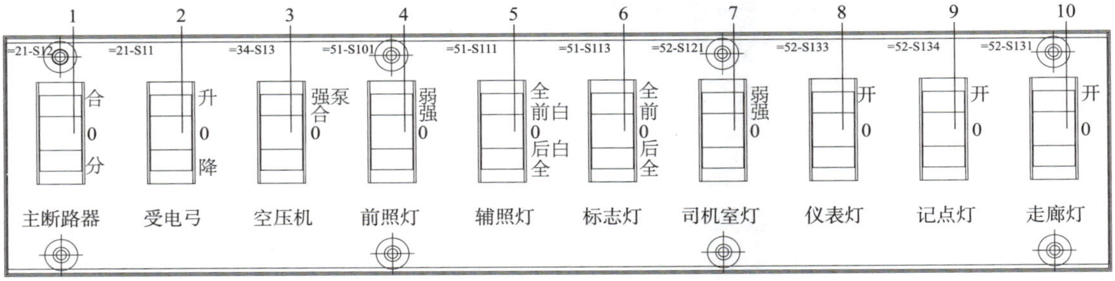

图 2.5　主司机侧扳键开关

1—主断路器控制开关；2—受电弓控制开关；3—空压机控制开关；4—前照灯控制开关；5—辅照灯控制开关；6—标志灯控制开关；7—司机室灯控制开关；8—仪表灯控制开关；9—记点灯控制开关；10—走廊灯控制开关

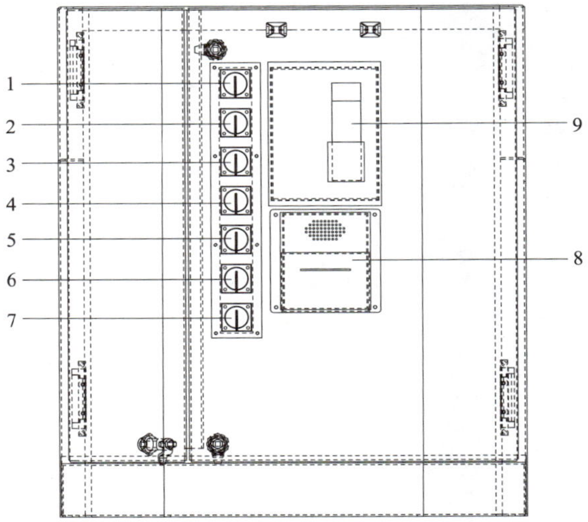

图 2.6　中柜门

1—后墙加热器选择开关；2—空调模式选择开关；3—空调风速选择开关；4—窗加热选择开关；5—监控隔离选择开关；6—无人警惕隔离选择开关；7—行灯插座选择开关；8—机车综合通信装置扬声器打印机单元；9—机车通信装置

在操纵台的右柜内布置了空调和后墙暖风机用继电器、接触器以及其他二极管等控制电器部件。

2.4.1.2　前　　墙

在前墙布置有遮阳帘、前窗玻璃、雨刮器等设备，在前窗的中间梁上安装了信号显示器。

2.4.1.3　左 侧 墙

左侧墙布置有气动后视镜、活动侧窗及司机室灯控制按钮，以及具备远程监控发送装置的 TSC1 车载通话器。

2.4.1.4　右 侧 墙

右侧墙布置有气动后视镜、活动侧窗、司机室灯控制按钮。

2.4.1.5 司机侧后墙柜

司机侧后墙柜设备布置如图 2.7 所示，此外在司机侧后墙柜的上方布置紧急放风阀，后墙上还布置有两个衣帽钩。

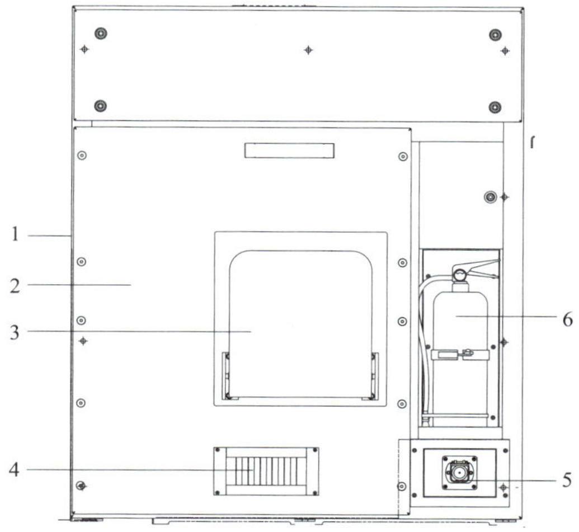

图 2.7 司机侧后墙柜设备布置

1—后墙暖风机进风口；2—后墙暖风机(布置在柜内)；3—添乘座椅；4—后墙暖风机出风口；5—行灯插座；6—灭火器

2.4.1.6 副司机侧后墙柜

副司机侧后墙柜设备布置如图 2.8 所示。

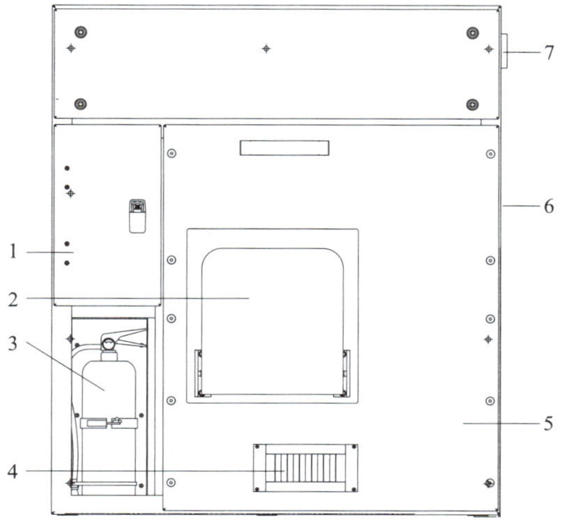

图 2.8 副司机侧后墙柜设备布置

1—工具柜；2—添乘座椅；3—灭火器；4—后墙暖风机出风口；5—后墙暖风机(布置在柜内)；6—后墙暖风机进风口；7—五孔插座

2.4.1.7 司机室顶棚

在司机室顶棚布置有两个司机室灯，司机室灯内有两个白炽灯和两个荧光灯管，可以实现强弱光功能。司机室顶棚还布置有记点灯和语音箱。

2.4.2 机械间设备布置

机械间内设备和屏柜沿车内中间走廊两侧平行布置，采用导轨安装方式固定，设备和屏柜基本采用斜对称布置，机械间设备布置如图 2.9 所示。

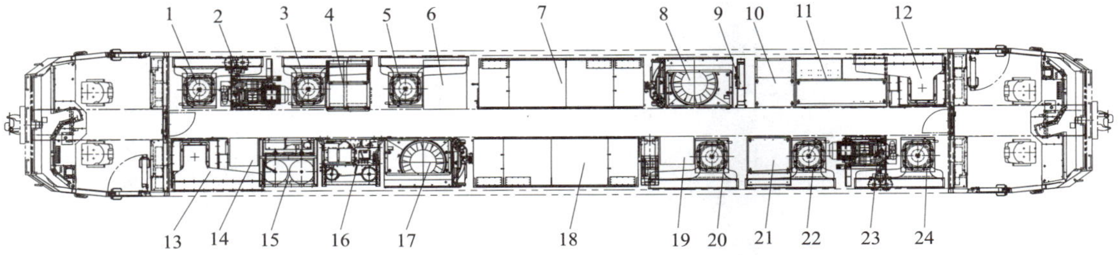

图 2.9 机械间设备布置

1—牵引通风机 1；2—主压缩机 1 及干燥器；3—牵引通风机 2；4—第三方设备柜；5—牵引通风机 3；6—整体式卫生间；7—牵引变流器 1；8—冷却塔 1；9—床及存放装置；10—控制电源柜；11—低压电器柜；12—辅助滤波柜 1；13—辅助滤波柜 2；14—工具柜及微波炉；15—风源柜；16—制动柜；17—冷却塔 2；18—牵引变流器 2；9—综合柜及冷藏箱；20—牵引通风机 4；21—蓄电池柜；22—牵引通风机 5；23—主压缩机 2 及干燥器；24—牵引通风机 6

主要设备的具体功能如下：

(1)牵引变流器：每台机车设有 2 个水冷牵引变流器，1 个变流器包含 2 个四象限整流器以及 3 个为相应 3 台牵引电动机供电的牵引逆变器和 1 个为辅助设备供电的辅助逆变器。牵引变流器通过外部牵引变压器与单相 25 kV/50 Hz 交流接触网相连。变流器输入线路接触器控制变压器次边绕组与牵引变流器的连接。直流支撑回路通过一个预充电单元(处于闭合状态)和两个并联的四象限整流器(4QC)模块供电。直流支撑回路内中包含有直流支撑电容，谐振回路，接地检测单元和保护模块。通过脉宽调制逆变器，直流支撑电压中的电能转换为变频变压的三相电，以提供给三相异步牵引电动机。

(2)辅助滤波柜：每台机车包括两个辅助滤波柜。辅助滤波柜中各含有 1 个辅助变压器，来自牵引变流器中辅助变流器模块的输入电源，经过辅助变压器进行电压调整后，为机车辅助系统所有负载提供三相电源。其冷却通风机除冷却辅助变压器外，还向机械间送风以保持机械间微正压。

(3)牵引通风机：每台机车包括 6 个牵引通风机。牵引通风机由侧墙上的百叶窗吸风后，经过独立的风道，然后将冷却风吹向牵引电机，带走牵引电机工作时产生的热量。

(4)冷却塔：每台机车包含两个冷却塔，冷却塔 1 带副油箱和布赫继电器。冷却塔通过冷却塔风机从车顶吸风，先通过封闭的水回路冷却牵引变流器的冷却液，然后再通过封闭的油回路冷却牵引变压器的变压器油。冷却塔上主要装有冷却塔通风机、油/水散热器、水泵、膨胀水箱、变压器副油箱等设备。

(5)低压电器柜：低压电器柜采取了功能化模块设计，左边是与辅助回路设备相关的自动开关及控制相关的转换开关、能耗表等，均安装在柜门上，便于司机操作和观察；右边上部为微机控制区，布置有中央控制单元(CCU)和机械间输入输出模块(KLIP station)，并在电磁兼容方面进行了特别设计；右侧下部为高压区，集中了辅助系统大部分高压设备，并设置了风扇用于低压柜内的空气循环及电器部件降温。

(6)卫生间：在机械间装有 1 个用于司乘人员盥洗的整体式卫生间。

(7)控制电源柜：主要有两个功能，低压配电功能和蓄电池充电机功能。控制回路所有的微型自动开关均布置在控制电源柜内，方便司机操作和检查。蓄电池充电机主要有两个功能：一是通过 AC-DC 整流，将机车辅助系统三相交流 440 V 电源变为直流 110 V 电源，为机车提供 110 V 电源，并为蓄电池组充电；二是将机车上的直流 110 V 电源变为直流 24 V 电源，为辅照灯、仪表等设备提供电源。

(8)空气管路柜：集成了 CCBⅡ制动机和空气管路系统相关部件以及 MVB 网络的相关接口，为机车空气制动的核心组成部件，在其内部还包括受电弓联锁钥匙阀 B01. U99。

(9)风源柜：风源柜主要包括两个 300 L 的总风缸、复轨器和辅助压缩机组等部件。

(10)主压缩机和干燥器：包括 2 个排量不小于 2.4 m^3/min 的主压缩机、2 个双塔式干燥器及 2 个风笛/轮喷/撒砂控制模块。

(11)第三方设备柜：主要安装了机车的信号主机及接线盒、LKJ2000 监控系统、CIR 机车综合无线通信其他设备等。

(12)蓄电池柜：蓄电池柜内布置有 48 节铅酸蓄电池，与蓄电池充电机并联为机车提供控制电源，并在蓄电池充电机故障时单独作控制电源。

(13)工具柜及微波炉：工具柜主要用来存放随车的工具和随车附件，在工具柜顶部布置有微波炉。

(14)综合柜和冷藏箱：综合柜主要用来安装自动过分相主机并为 LOCOTROL 系统设备预留安装空间，在综合柜顶部布置有冷藏箱。

2.4.3 车顶设备布置

机车车顶设备包括高压户外电气设备和通信其他用的天线设备，高压户外电气设备既要满足机车电气性能的要求，又要有足够的高压绝缘性能和抵抗风、沙、雨、雪、低温等恶劣自然环境的侵害及雷电过电压袭击的能力。

车顶设备布置在Ⅰ端司机室顶盖、顶盖 1、顶盖 2、顶盖 3、顶盖 4、Ⅱ端司机室顶盖上，具体布置如图 2.10 所示。

在顶盖 1 和顶盖 4 上安装 TSG15B 型受电弓、BT25.07 型高压隔离开关、母线支持绝缘子和母线，其中顶盖 1 上装有车载 WLAN/GPRS 二合一天线、顶盖 4 上装有 GPS-2000 天线；顶盖 2 上装有 JDZXW2-25A2 型高压电压互感器、母线支持绝缘子和母线；顶盖 3 上装有 BVAC. N99D 型真空主断路器、BTE 25.04D 型接地开关、YH10WT-42/105 型金属氧化锌硅橡胶避雷器、高压穿墙套管、母线支持绝缘子和母线。

受电弓安装时要求受流滑板中心线与转向架旋转中心线尽量一致，以减小机车运行时受电弓滑板与接触网的偏离值，提高受电弓的受流可靠性。

主断路器是机车 25 kV 电源的总开关，承担机车正常工作时主电路的分、合闸作用，当机

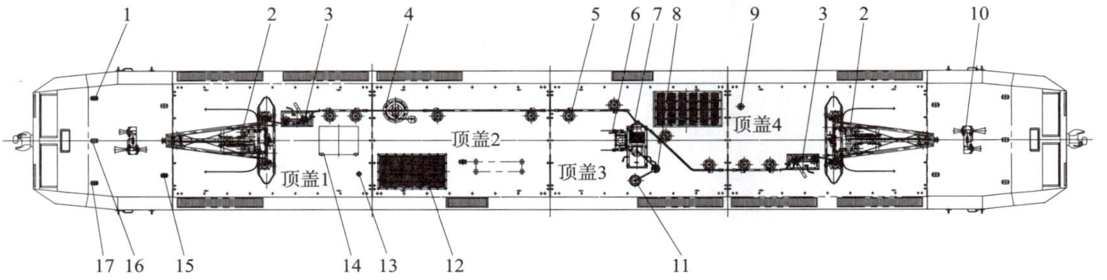

图 2.10　车顶设备布置

1—GSM-R 语音天线；2—受电弓；3—高压隔离开关；4—高压电压互感器；5—母线支持绝缘子；6—接地开关；7—主断路器；8—避雷器；9— GPS-2000 天线；10—高低音风笛；11—高压穿墙套管；12—冷却塔通风栅格；13—车载 WLAN/GPRS 二合一天线；14—车顶门；15—450 MHz 天线；16—GPS 天线；17—GSM-R 数据天线

车发生主电路、牵引或控制类相关故障时，起保护性分闸作用。

在主断路器和高压穿墙套管之间，装有过电压保护用氧化锌避雷器，可以对雷击过电压和操作过电压起保护作用。

主断路器输出端通过高压软连线与高压电缆穿墙套管连接，并经高压电缆将从接触网受流的电流引至牵引变压器。高压电缆上套装有原边电流互感器（机械间内），提供原边电流信号和机车能耗表输入信号，同时为网侧电路保护提供信号。

高压隔离开关起高压隔离作用，当端部的受电弓发生故障时，可通过断开对应的高压隔离开关来隔离故障受电弓；受电弓到高压隔离开关前的母线支持瓷瓶和母线故障也可通过高压隔离开关进行相关的隔离操作。

高压电压互感器主要提供网压信号，使司机在升弓后就能先观察到网压信号，为机车的牵引变流器和辅助变流器提供同步信号，使得牵引变流器和辅助变流器能正常工作，同时为机车能耗表提供输入信号，与原边电流信号一起通过能耗表显示机车的能耗情况。

登顶门设在顶盖 1 上，乘务和检修人员确认接触网无电后，可经此上车顶进行车顶设备检查和维修作业，为保证人身安全，登顶门设有安全电气连锁装置，打开登顶门前需将顶盖 3 上的接地装置至接地位，将网侧电路工作时积聚的电荷释放，确保人身电气安全，同时受电弓控制回路也被切断，无法升弓，避免误升弓操作发生的可能。

2.4.4　车下与车端设备布置

机车车下与车端主要设备布置如图 2.11 所示。

（1）转向架：两台 C_0 转向架分别位于 1、2、3 和 4、5、6 位牵引风机的下方。

（2）机车自动信号感应接收线圈（整车数量 4 个）：给信号安全系统提供地面信号，安装在车端排障器的后方距轨面高度 155 mm，安装座高度可调，当轮缘磨耗后可把接收线圈对轨面的距离调整到规定值，每端两个，附相应的接线盒。

（3）机车电子标签（整车数量 2 个）：根据相关的运输要求向外发射机车电子标识信号，安装在底架下牵引变压器面向司机室的方向。

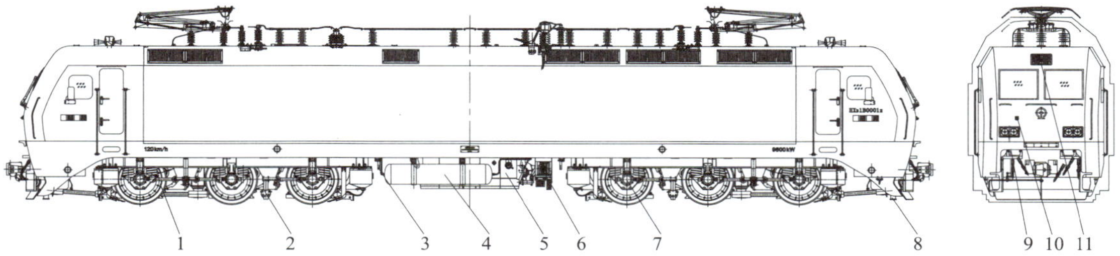

图 2.11 车下与车端设备布置

1—转向架；2—车载感应器；3—机车电子标签；4—总风缸；5—牵引变压器；6—库用插座；
7—轴端速度传感器；8—机车信号接收线圈；9—辅照灯及标志灯；10—外重联插座；11—前照灯

(4)总风缸：车下牵引变压器左右两侧各安装有 1 个容积为 500 L 的总风缸，为机车制动机及列车气动部件提供所需风源。

(5)牵引变压器：牵引变压器采用车体下悬挂安装方式，安装在车体中部，其作用是将网侧 25 kV 高电压变比为具有多种电压等级的低电压，通过牵引变流器和辅助电源设备等为机车牵引电机、辅助电器等供电源。

(6)库用插座：包括行灯插座、库内动车插座、辅助回路库用插座。其中行灯插座为车下照明提供 DC 110 V 电源；当机车在库内动车时，通过库内动车插座给辅助电路提供三相 380 V/50 Hz 电源；当机车在车库内时，通过辅助回路库用插座给辅助回路各电气设备提供三相 380 V/50 Hz 电源。

(7)轴端速度传感器(整车数量 2 个)：给监控系统提供机车速度信号，安装在 3、4 轴的轴端，对称布置，附相应的数模转换盒。

(8)机车信号接收线圈：给信号安全系统提供地面信号，安装在车端排障器的后方距轨面高度 150 mm，安装座可调，当轮缘磨耗后可把接收线圈对轨面的距离调整到规定值，每端两个。

(9)辅照灯及标志灯：机车前窗玻璃下部左右两侧各有一个白色标志灯(也为辅照灯)和一个红色标志灯，其中辅照灯用于机车近距离的照明并提供白色信号标志，标志灯用于提供红色信号标志。

(10)外重联插座：机车车外两前端各布置有一个重联插座，用于机车重联时控制指令和状态信息等传输。

(11)前照灯：前照灯安装在机车两端司机室的顶部，为机车行驶提供必要的照明。

3 牵引电传动系统

3.1 概　　述

HXD_{1B} 型电力机车牵引电传动系统是按 AC 25 kV，50 Hz 牵引供电制式设计的，并能适应我国铁路接触网电压范围较宽的特点。

该系统由 1 台牵引变压器、2 台牵引变流器和 6 台牵引电机组成，控制方式为轴控，即同一转向架上的 3 台牵引电机分别由独立的电压型脉宽调制逆变器供电，提高了整车利用率。系统采用再生制动将机车能量反馈回电网，达到了节能的效果。

3.2 牵引电路

3.2.1 牵引电路结构

HXD_{1B} 型电力机车牵引变压器的原边通过受电弓、主断路器等网侧高压设备得电。牵引变压器次边 4 个独立牵引绕组分别向 2 台牵引变流器的 4 个四象限变流器供电，每台牵引变流器的 2 个四象限变流器并联输出，共用一个中间直流回路。这个中间直流回路同时向 4 个电压型脉宽调制逆变器 PWM(3 个牵引逆变器和 1 个辅助逆变器，辅助逆变器集成在牵引变流器中)供电，每个牵引逆变器分别向 1 台异步牵引电动机供电，实现单轴独立控制。再生制动过程相反。牵引电路结构原理如图 3.1 所示。牵引电路按其主要功能和电压等级可分为网侧电路、四象限变流电路、中间直流回路、脉宽调制逆变电路和保护电路等。

3.2.2 网侧电路

网侧电路原理如图 3.2 所示，其主要功能是从网侧获取电能，属于 25 kV 电路。每台机车网侧电路由 2 台受电弓、2 台高压隔离开关、1 台带高压接地开关的主断路器、1 台避雷器、1 台高压电压互感器、1 台高压电流互感器、牵引变压器的原边绕组、1 台接地电流互感器和 6 个轴端接地装置等组成。从功能上可以分为网侧受流、网侧检测和网侧保护等。

3.2.2.1　网侧受流过程

接触网电流通过受电弓，经高压隔离开关、主断路器，牵引变压器原边绕组给机车供电，再由牵引变压器原边低压端子经轴端接地装置、轮对、钢轨，返回变电所。

3.2.2.2　网侧检测

通过高压电压互感器、原边电流互感器和回流电流互感器等测量器件，向牵引控制单元(TCU)和能耗表等提供网侧电压和电流信号。能耗表显示机车从电网取得的电能和机车再生制动向电网反馈的电能，同时显示当前网压。

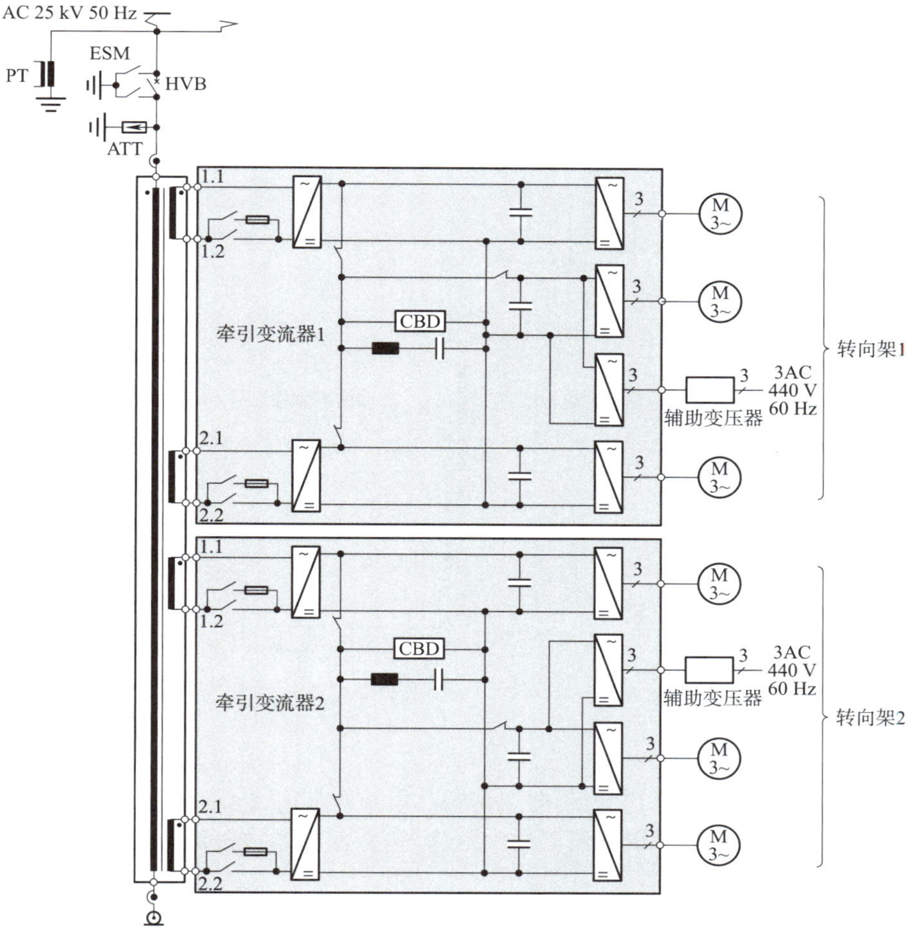

图 3.1　牵引电路结构原理

3.2.2.3　网侧保护电路

(1)网侧短路保护

当流经高压电流互感器的电流超过整定值时，主断路器将进行分断保护。

(2)网侧过压保护

网侧装有避雷器，主要用于抑制操作过电压及雷击过电压。

(3)网压监测保护

通过高压电压互感器的检测，在网压异常的情况下，主断路器将进行分断，保护主电路相关设备。

(4)网侧过流保护

通过高压电流互感器的检测，在电流超过整定值时，主断路器将分断保护。

(5)原边接地保护

检测高压端电流和接地回流电流的差值，当大于整定值时，判定为原边接地，主断路器进

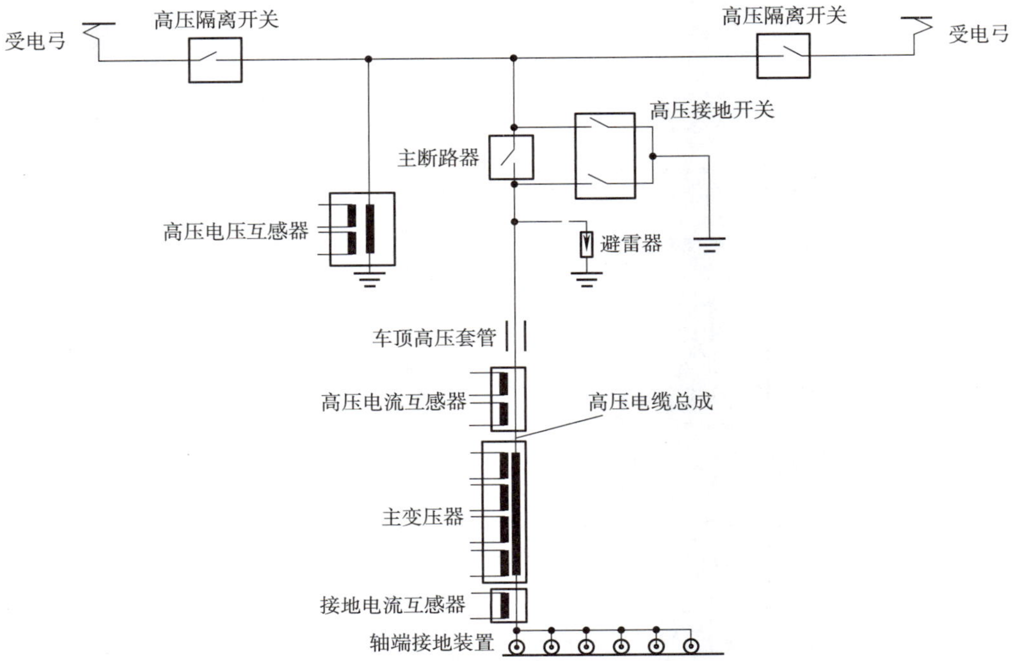

图 3.2　网侧电路原理

行分断保护。

(6)牵引变压器次边和牵引变流器短路保护

如果牵引变压器次边或牵引变流器发生短路，牵引变流器内电流传感器在检测到短路的瞬间，触发分断主断路器的信号。

3.2.3　四象限变流电路

四象限变流器在牵引工况下进行交—直变换，为中间直流回路提供电能；在再生制动工况下进行直—交变换，将电能回馈给电网。

牵引电路中有两台独立的牵引变流器，如图 3.1 所示。在每台牵引变流器中，由 2 个预充电电阻和 2 个交流接触器把 2 个四象限变流器和牵引变压器的 2 个次边牵引绕组连接起来，2 个四象限变流器将交流电变换成直流电，并联向中间回路供电。四象限变流电路使得中间直流回路的电压保持稳定，并使牵引变压器次边的功率因数接近于 1。

3.2.4　中间直流回路

中间直流回路由中间支撑电容、二次谐振电路、保护单元和接地检测电路组成。

3.2.5　PWM 逆变电路

PWM 逆变电路根据机车运行要求，将中间直流电压变换为所需要的频率和幅值的三相交流电压。

每台牵引变流器包含 3 个牵引逆变器和 1 个辅助逆变器，每个牵引逆变器向同一台转向架上的其中 1 台牵引电机供电，辅助逆变器输出经辅助变压器给辅助系统的辅助设备供电。

3.2.6 牵引变流器及牵引电机短路保护

牵引变流器可实现四象限变流器和 PWM 逆变器模块的过压和过流保护，当牵引电机端子或绕组内发生短路时，PWM 逆变器或四象限变流器的触发脉冲将被封锁，并断开主断路器。

3.2.7 库用动车电路

三相 380 V 交流电由库内电源插座引入到机车的辅助系统，经辅助变压器反向升压后由相应的辅助逆变器向中间直流回路充电。中间直流回路上的电压通过 PWM 逆变器转换为三相交流电提供给牵引电机，以产生力矩，驱动机车以约 5 km/h 的速度运行。此时机车由司机操纵台上的主控制器进行操纵。

3.3 牵引变压器

HXD_{1B} 型机车采用的牵引变压器有两种型号，进口变压器的型号为 EFAT 7045，国产化变压器的型号为 TBQ31-11000/25。两种变压器性能及参数一致。

牵引变压器芯式单相变压器，卧式结构，采取车体下悬挂安装方式。牵引变压器油箱内设置了一个牵引变压器和 2 台谐振电抗器，用双循环油路进行冷却，实现了一体化安装。以下以国产化变压器 TBQ31-11000/25 为例进行介绍。

3.3.1 主要技术参数

型号	TBQ31-11000/25
额定容量	
高压绕组	11 000 kV·A
牵引绕组	4× 2 750 kV·A
额定电压	
高压绕组	25 000 V
牵引绕组	2 121 V
额定电流	
高压绕组	440 A
牵引绕组	1 297 A
空载电流	0.5%
空载损耗	2.9 kW
负载损耗(85℃)	252 kW
阻抗电压	
高压绕组—牵引绕组	39.5%

冷却方式	强迫油循环风冷(ODAF)
变压器总质量	10.5 t
绝缘等级	A 级

3.3.2 基本原理

牵引变压器是利用电磁感应原理将一种电压的交流电能变成同频率的另一种或多种电压的交流电能制成的静止感应电器。接线原理如图 3.3 所示，其中 UE 原边绕组接系统高电压，称为高压绕组。LV1、LV2、LV3、LV4 为四个次边绕组，给机车牵引电传动系统和辅助系统供电。

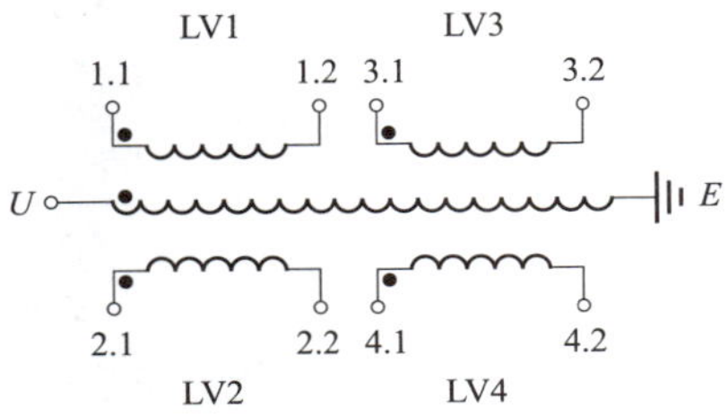

图 3.3 牵引变压器原理

3.3.3 构造说明

TBQ31-11000/25 型牵引变压器总示意如图 3.4 所示。牵引变压器吊挂在机车中部地板下变压器安装梁上，冷却设备(冷却塔)安装在车内，它们之间用油管连接起来。储油柜安装在冷却柜内，它与变压器通过快速接头用软管连通。除高压 A 端子安装在油箱端部外，其余低压套管都在箱盖上。牵引变压器采用卧式结构，器身与 2 个谐振电抗器共油箱。器身由铁芯和绕组构成，绕组采用同芯式线圈结构、铁芯整体包扎。

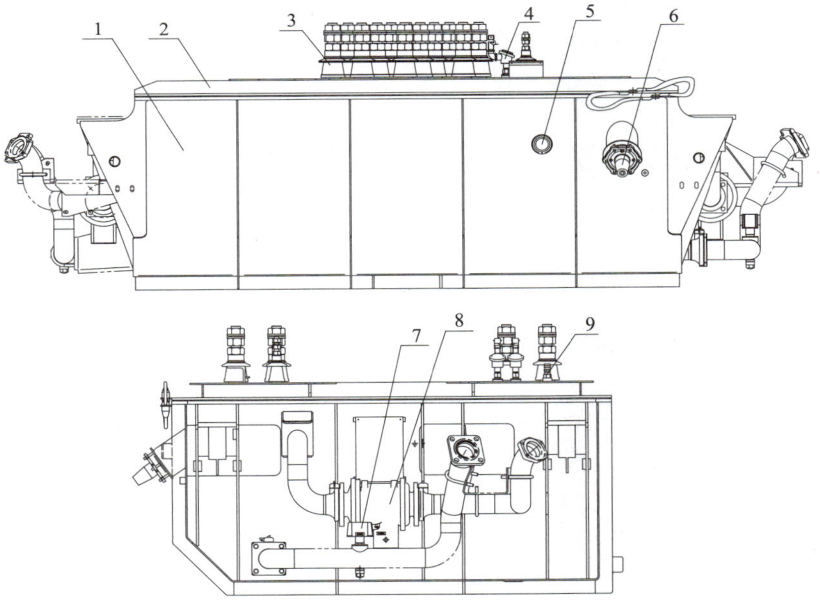

图 3.4 牵引变压器总示意

1—油箱；2—箱盖；3—低压套管；4—温度传感器 PT100；5—放油阀；
6—高压 A 端子；7—油流继电器；8—油泵；9—快速接头

3.3.3.1 铁　　芯

铁芯由冷轧硅钢片叠积而成，芯柱采用多级近似为圆形的截面。芯柱硅钢片不冲孔，采用预浸渍玻璃纤维带绑扎，然后烘干固化。铁轭用夹件夹紧，夹件与硅钢片之间有夹件油道以作绝缘和油流路径。

3.3.3.2 绕　　组

牵引变压器有 2 种绕组，如图 3.3 所示，绕组的导体由电工用铜材制成。

(1)高压绕组

高压绕组有两个，分别套装在两个铁芯柱，绕组的出头为 U、E，绕组结构特点为连续式。

(2)牵引绕组

牵引绕组有 4 个，线圈结构为多层层式线圈，采用换位导线绕制以避免由漏磁电势在导体内部引起环流。

3.3.3.3 油　　箱

牵引变压器的器身装在充满变压器油的油箱中，油箱壁是用钢板焊接而成。油箱壁上焊有 4 个安装座，每个安装座上有 4 个安装孔，用螺栓把变压器吊在车体上的变压器安装梁上。箱壁四周焊有加强筋板，油箱侧壁装有放油阀，以作注油、滤油和放油用。

3.3.3.4 油保护装置

(1)储油柜

储油柜装在车体内，通过快速接头和软管与油箱连通。储油柜的主要作用：①减小变压器油与空气接触的面积，减缓变压器油的老化过程；②当油箱中变压器油受热膨胀时，多余的变压器油进入储油柜中，当油箱中的变压器油变冷收缩时，油箱没有充满，此时储油柜里的油就通过软管进入油箱，使油箱在任何时候都充满变压器油。

(2)油表

油表在储油柜上，油表旁有刻度：＋40℃、＋20℃、－30℃，表示在环境温度分别为＋40℃、＋20℃、－30℃且牵引变压器未工作时储油柜里的油位，根据油位指示调整变压器油量。

(3)吸湿器

吸湿器安装在冷却塔的储油柜上，用金属管与储油柜上部空间连接起来。当储油柜油面上升，柜内油位上部空间的部分空气通过硅胶呼吸器排往大气。当储油柜内的油位下降时，柜内油位上部的空气不足，此时外部空气经吸湿器吸收湿气和杂质后进入储油柜。

吸湿器的玻璃筒中装有能吸收水分的硅胶，在干燥状态下呈橙色，吸湿后变无色，经烘干后，硅胶又呈橙色，可以继续使用。

(4)PT100 温度传感器

PT100 温度传感器装在箱盖上，共两只，用来测量变压器油箱中上层油温，机车控制系统通过 PT100 采集和监测油温，并在司机室显示屏上显示油温。

(5)油流继电器

油流继电器装在油管中，当油泵正常运行时，油流继电器的常开接点闭合，控制系统可监测到油流正常信号。另外，还可观察玻璃面板内的指针摆动位置，判断油循环是否正常。

3.3.3.5 变压器油

牵引变压器油箱内充满变压器油。变压器油既是绝缘介质，又是冷却介质。

3.3.3.6 谐振电抗器

谐振电抗器和牵引变流器中的谐振电容组成二次谐振电路，用来消除四象限变流器工作时产生的 2 倍工频电流，工作频率 100 Hz。每台牵引变压器装有两台谐振电抗器。谐振电抗器采用空心电抗器结构，具有很好的线性特性。

(1)主要参数

额定电压	248.5 V
额定电流	1 130 A
电感值	0.35 mH
频率	100 Hz
绝缘等级	A 级

(2)结构简介

谐振电抗器主要由线圈，上、下磁轭，引线 3 大部件组成。线圈采用层式绕组，分左右两柱。铁芯为上、下磁轭，磁轭用 W470-50 硅钢片叠压成形。谐振电抗器结构如图 3.5 所示。

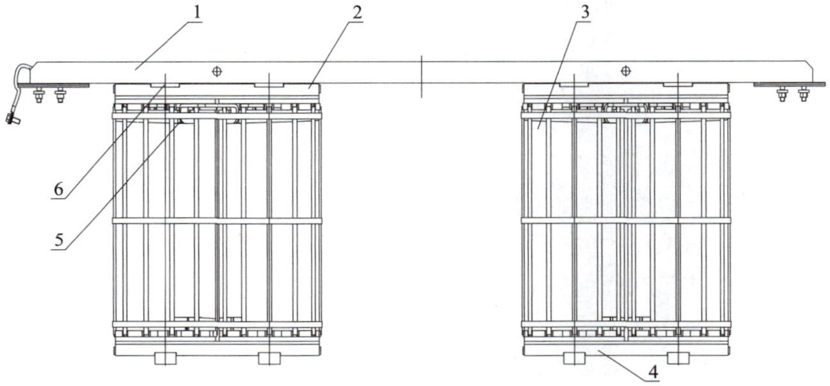

图 3.5 谐振电抗器结构

1—压梁；2—上磁轭；3—线圈；4—下磁轭；5—引线；6—拉螺杆

3.4 牵引变流器

每台机车设有 2 台牵引变流器，每台牵引变流器包含 2 个四象限整流器、3 个牵引逆变器和 1 个为辅助设备(例如风机、压缩机等)供电的辅助逆变器。

牵引变流器控制着牵引变压器和牵引电机之间的能量传输，进而控制牵引电机以获得所期望的转矩和转速。为此，牵引电机的电压和频率必须由牵引变流器根据需要进行调节。

3.4.1 技术参数

(1)电气参数

四象限变流器

标称输入电压	2×AC 2 121 V

输入频率	50 Hz
IGBT-开关频率	最大 450 Hz
标称输入电流	1 297 A
牵引逆变器(对牵引电动机供电)	
牵引/制动输出基波频率	0～165 Hz
标称额定输出电流	420 A
标称最大输出电流	480 A
IGBT-开关频率	最大 500 Hz
中间直流回路	
牵引/制动工况中间直流回路电压	DC 3 500 V
控制电压	
控制电压(机车蓄电池)	DC 110 V
(2)冷却	
冷却模式	水冷
(3)机械参数	
长×宽×高	3 600 mm×1 060 mm×2 000 mm
质量	2 800×(1±2%) kg

3.4.2 基本原理介绍

牵引变流器柜体内的主要电气部件如图 3.6 所示。

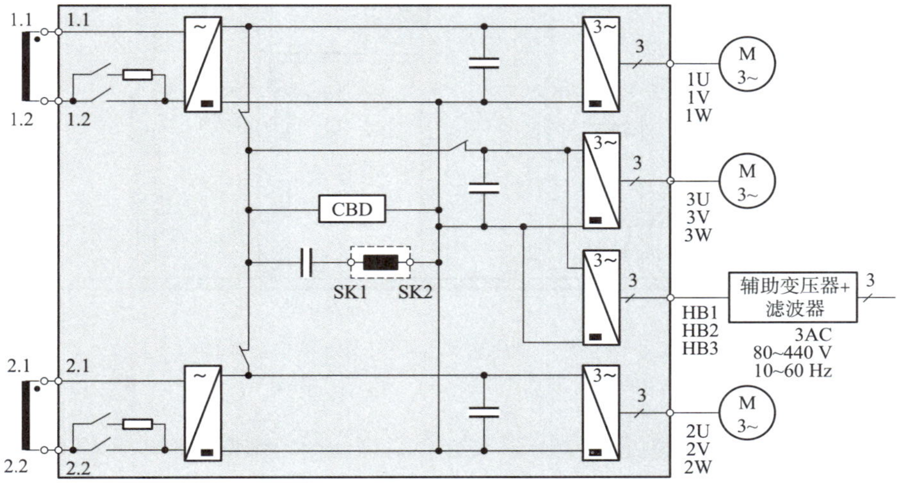

图 3.6 HXD1B 型电力机车牵引变流器柜内主要部件

牵引变流器的四象限变流器通过预充电环节和输入线路开关与牵引变压器次边连接。牵引变流器工作时将牵引变压器次边绕组单相交流电转换为恒定的直流电提供给中间直流回路。中间直流回路中包含有直流支撑电容,二次谐振电路,接地检测单元和保护单元。通过

PWM 逆变器，中间直流回路中的电能被转换为三相交流电，提供给三相异步牵引电动机。

牵引变流器中重要部件的布置如图 3.7、图 3.8 所示。

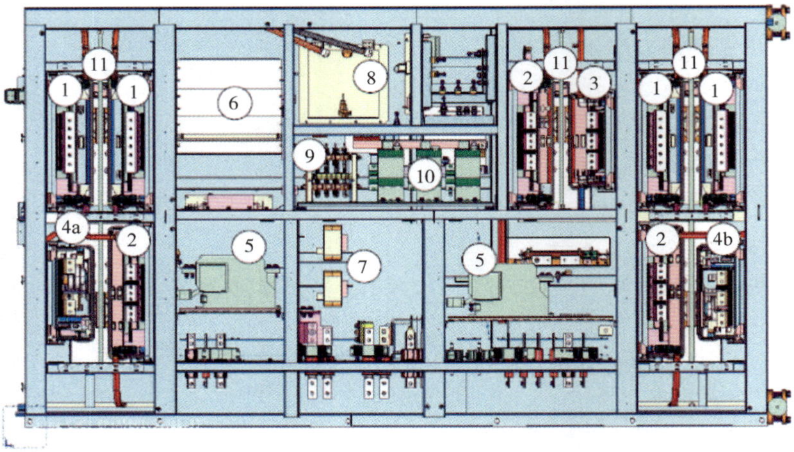

图 3.7　HXD1B 型电力机车牵引变流器柜正视图

1—四象限变流器模块；2—PWM 逆变器模块；3—辅助逆变器模块；4—保护模块(4a 和 4b)；5—输入线路开关；6—牵引控制单元(TCU)；7—预充电接触器；8—风机；9—预充电电阻；10—直流支撑回路线路开关；11—放电电阻

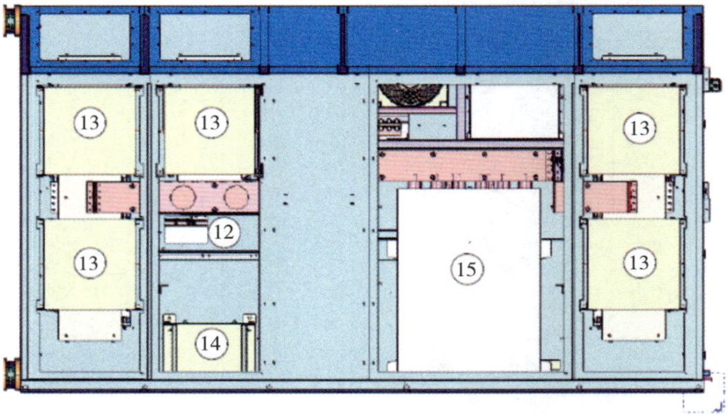

图 3.8　HXD1B 型电力机车牵引变流器柜后视图

12—接地检测电阻；13—直流支撑电容器；14—SCB 电阻；15—谐振电容器

牵引变流器作为一台完整的组装设备，安装在机械间内。牵引控制单元(TCU)位于牵引变流器柜体内部，机车的中央控制单元(CCU)位于牵引变流器的外部。机车的操作性和指示性元件必须靠近驾驶员，被置于司机室内，牵引变流器柜体上没有操作控制和显示元件。牵引变流器必须与必要的外部部件一起工作。

牵引变流器由下列功能模块组组成：

(1)输入线路开关和预充电单元。

(2)四象限变流器。

(3)直流支撑电容。

(4)固定放电电阻器及接地故障检测单元。

(5)二次谐振电路,谐振电抗器(集成安装在牵引变压器内)。

(6)保护单元。

(7)PWM 逆变器(用于牵引驱动和辅助供电)。

(8)控制和监视设备。

3.4.3　结构简介

3.4.3.1　输入线路接触器和预充电单元

在牵引变压器每个次边绕组和四象限整流器单相输入之间,都使用了一个输入线路开关,如图 3.9 所示。

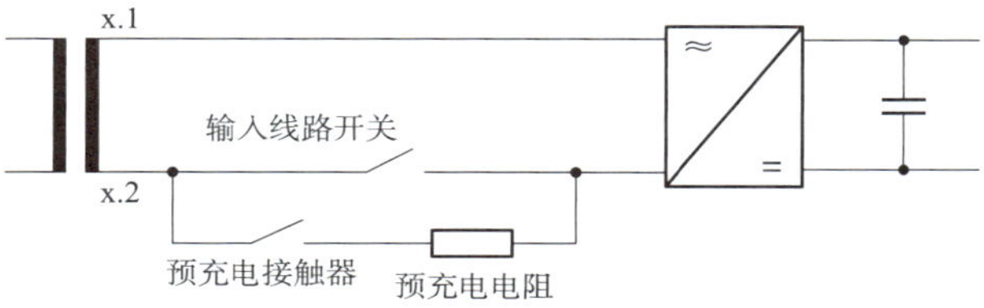

图 3.9　四象限整流器的输入电路

输入线路开关用于控制牵引变流器与牵引变压器的通断。如果牵引变流器出现故障,就可以通过分断线路开关将故障牵引变流器隔离,而与变压器相连的其他工作部件(如其他牵引变流器)就不会受到影响。预充电单元以并联方式连接到线路接触器上。预充电单元由一个预充电接触器和一个预充电电阻组成。当牵引变流器投入运行时,首先通过预充电单元对中间支撑电容进行充电,然后再闭合输入线路开关,这样可以避免大的电流冲击。否则,如果输入电压直接加载到未充电的支撑电容器组上,将会导致瞬间峰值电流。当中间直流电压达到其理论终值(牵引绕组的峰值电压)的 95%后,线路开关才可以切换至闭合状态。

3.4.3.2　四象限变流器(4QC)

在每台牵引变流器中,有 2 个并联的四象限变流器。每个四象限变流器由两个相模块(半桥)组成。四象限变流器将来自牵引变压器的单相交流输入电压转换为直流电压供给中间直流回路。四象限变流器(4QC)这一术语表示的是在牵引工况以及制动工况下,电压 U_{ST} 和电流 I_N 之间的相位角是完全可调节的。通过对电压和电流间的相位角的控制,能实现变流器的四象限运行,并使变压器次变的功率因数控制在±1。

IGBT 是电子开关元件,其开关频率很高。下面通过整流器从一个电流为零的状态开始工作的例子来说明其功能。如图 3.10 所示,如果在正半波时,S2 或 S3 两个 IGBT 开关元件中的一个处于开通状态,变压器次边绕组处于短路状态,电流开始上升。此时,如果原来开通的 IGBT 关断,由于变压器的漏电感,电流不能发生突变。电流通过 IGBT 开关元件 S1 或 S4 的续流二极管流入中间直流回路并缓慢降低。利用这一原理,电流就可以围绕一个参考值上下波动且中间直流电压值能保持在要求的范围内。

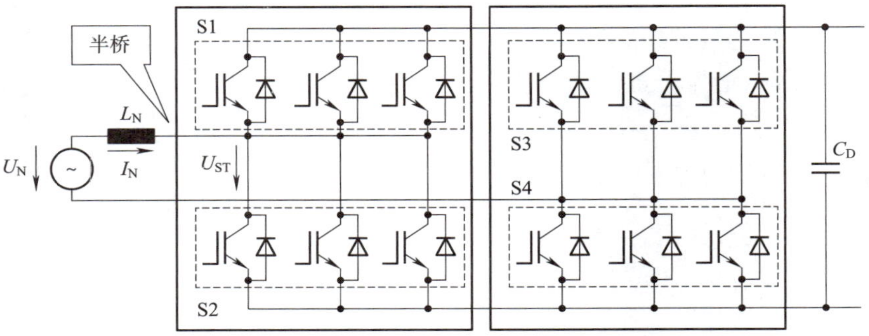

图 3.10　四象限变流器原理

3.4.3.3　直流支撑电容

直流支撑电容作为储能器，起缓冲和平滑中间直流回路电压的作用。这个储能器是必要的，因为在一个短的时间周期内输入的能量和输出的能量不相等，因此也可以说支撑电容对四象限变流器侧和逆变器侧进行了能量解耦。

3.4.3.4　固定放电电阻器及接地故障检测

高阻值电阻器并联在牵引变流器的中间直流回路和谐振电容器上。这些电阻器用于变流器非正常关闭后电容的放电。

接地故障检测由分压电阻、差动放大器和一个比较电路组成。分压电阻按 3∶1 的比例分成两部分。电阻器的中心抽头接地，一个滤波电容器并联在阻值低的电阻器上。差动放大器监控该电容器的电压，当发生接地故障时，被测电压发生变化，比较电路输出接地故障信号，相关联的牵引控制单元 TCU 就能识别此接地故障。

3.4.3.5　二次谐振电路

二次谐振电路由谐振电容器和置于牵引变压器中的谐振电抗器组成，用来过滤中间直流回路中双倍基频的电流纹波分量。它是一个串联谐振电路，谐振频率为两倍基波频率。为了保证其谐振频率精准，谐振电容器分为固定电容器和可调电容器两部分。可调电容器可由用户定期调整，以避免频率漂移。

3.4.3.6　保护单元

保护单元是一个双功能撬杠放电装置。双功能撬杠放电装置由硬撬杠放电装置（HCB）和软撬杠放电装置（SCB）组成，如图 3.11 所示。

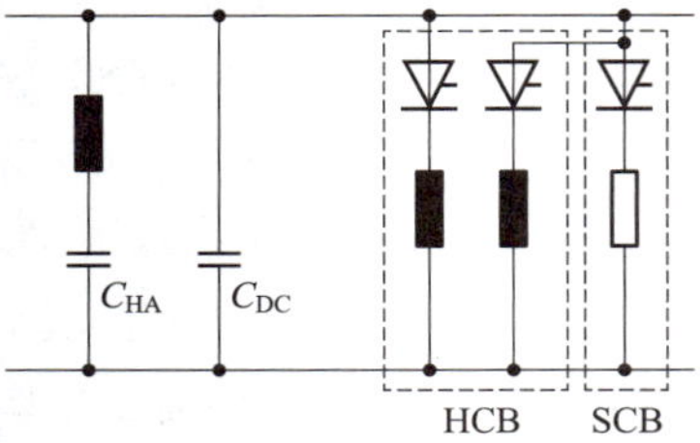

图 3.11　中间直流回路撬杠放电装置

软撬杠放电装置是一个晶闸管与一个 1.3 Ω 的电阻相连组成。

硬撬杠放电装置由两个并联连接的基本硬撬杠放电装置组成，基本硬短路放电装置包含一个晶闸管和扼流圈。硬撬杠放电装置仅用于 IGBT 非常危急的情况，能够迅速地对中间直流回路放电，以一定的周期及时地吸收来自牵引变压器和牵引电机（反馈）的能量，避免其他部件受到任何损坏。

3.4.3.7　PWM 逆变器

PWM 逆变器由一个 IGBT 相模块组成。逆变器在输出端 U，V，W 处提供一个变频变压的三相交流电源。在原理上，可以将 IGBT 简单理解为非常快速的开关。通过控制各 IGBT 的开通和关断可以将 3 个输出端 U，V，W 与中间直流回路中的＋或－端相连，其开通或者关断的模式必须保证逆变器的输出为三相正弦交流电。PWM 逆变器电路如图 3.12 所示。

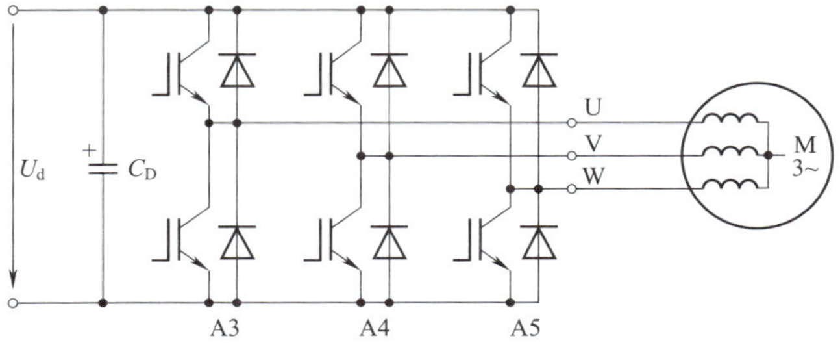

图 3.12　PWM 逆变器电路

3.4.3.8　控制与监视设备

每一个独立的牵引变流器都有一个专用的 TCU（牵引控制单元）。牵引变流器柜外面有机车的 CCU（中央控制单元）。

牵引控制单元用来监视和控制/调节牵引变流器。

3.5　牵引电机

牵引电机是机车进行机械能和电能相互转换的重要部件。它安装在机车转向架上，通过传动装置与轮对相连。机车在牵引状态时，牵引电机将电能转换成机械能，驱动机车运行。当机车在电制动状态时，牵引电机将机械能转化为电能。

3.5.1　基本原理介绍

异步电机的主要运行原理：定子通上三相交流电后，在气隙中产生旋转的磁场，该磁场切割转子导条后在转子导条中产生感应电流，带电的转子导条处于气隙旋转磁场中将产生电动力，使转子朝定子旋转磁场的同一方向旋转。由于转子导条中的电流是因转子导条切割由定子绕组产生的气隙磁场感应产生，所以转子的转速只能低于气隙旋转磁场的转速，永远不可能与其同步，否则转子导条与气隙磁场同步旋转，转子导条不再切割磁场产生感应电流和产生电动力，转子不可能旋转，按这种原理运行的电机为异步电动机。

改变定子频率即可改变电机转速，随着定子频率的增加，电机转速相应增加，如果电压不增加，将导致电机磁场减弱，电机转矩将降低，电机磁场降到很低时，电机不能输出足够的转矩，不能满足负载要求；另一方面，低频启动时，如果电压很高，将导致电机过分饱和。因此异步电机变频时，电压也应在一定范围内保持一定比例的变化，这种调速方式称之为变频变压调速。异步牵引电机变频调速主要采用了恒转矩变频调速（恒磁通变频调速的一个区段，磁通和电流不变)、恒磁通变频调速、恒功率变频调速等调速方式。

异步电机牵引与再生制动原理:在 $1>s>0$ 的范围内,电磁转矩与转子转向相同,它拖动转子旋转,电机从逆变器吸收电能转换为机械能,克服机车阻力驱动机车运行,处于电动机运行状态。$s=1$ 为启动运行状态。在 $s<0$ 的范围内,转子转向与定子旋转磁场一致,转子转速 n 大于电机同步转速 n_1,电磁转矩与转子转向相反,它阻碍转子旋转,电机将机车机械能转换为电能传送给逆变器,对机车产生制动转矩,电机处于发电机运行状态,称之为再生制动。

3.5.2 技术参数

HXD1B 型电力机车采用的异步牵引电动机有两种型号,进口电机的型号为 1TB2822-0SF02,国产化电机的型号为 YQ-1633。两种电机结构性能一致,以下以国产化电机 YQ-1633 为例进行介绍。

机车主要技术参数:

电机电压范围	0~2 886 V
工作制	S1
额定功率	1 633 kW
额定电压	2 750 V
额定电流	405 A
额定频率	76.4 Hz
额定转速	2 275 r/min
额定效率	96.2%
额定功率因数	0.88
额定转矩	6 850 N·m
最大转速(全磨耗)	4 065 r/min
启动转矩	9 240 N·m
冷却方式	强迫通风空气冷却
绝缘等级	200 级
极　　数	4 极
悬挂方式	抱轴式
质　　量	2 895 kg

3.5.3 结构简介

YQ-1633 型异步牵引电机与驱动单元一体化设计,牵引电机为单端盖结构,以小齿轮箱作为电机传动端支撑,牵引电机转子与驱动单元的小齿轮由柔性联轴节连接。采用四轴承的组合配置,牵引电机非传动端由一个 NUB219 轴承支撑,小齿轮箱有 3 个轴承,两个 NU226 支撑小齿轮,由 4 点接触轴承 BAQ7115 作为轴向定位。该轴承组合结构优化了轴承的受力,较大程度地提高了轴承寿命。牵引电机与小齿轮箱的组合结构纵剖面如图 3.13 所示。

牵引电机主要由定子、转子、端盖、轴承、测速装置等部分组成。定子的作用是产生旋转磁场并从机械上支撑整个电机，它的主要零部件有定子铁芯、定子绕组等。转子是用来产生感应电势和电磁转矩以实现能量转换的主要部件，它由转子铁芯、导条、端环和转轴等组成。端盖用于支撑转子和实现电机内部与外部的隔离，方便电机转子的安装。轴承是连接静止的定子和旋转的转子的部件，使得转子旋转时不与定子相擦，实现电机定子和转子稳定的、转动灵活的机械连接。测速装置用于测量电机转子转速，将转速信号传送给控制系统，是实现异步牵引电机转速调节的重要环节。

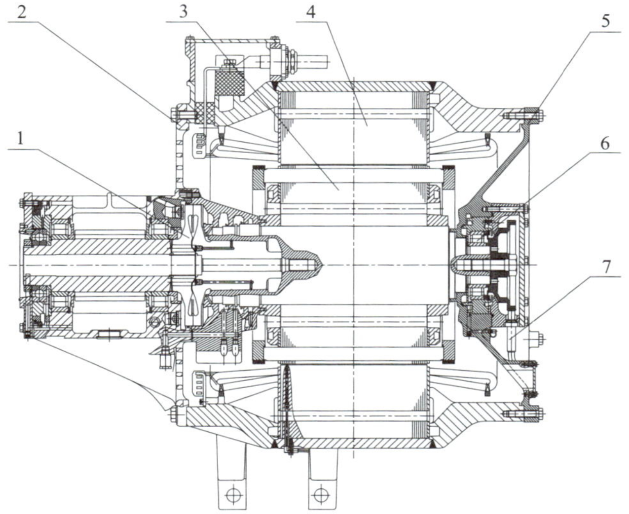

图 3.13　电机纵剖面

1—柔性联轴节；2—小齿轮箱；3—转子；4—定子；5—端盖；6—轴承；7—测速装置

3.5.3.1　定　　子

定子由定子铁芯、定子线圈绕组等零部件组成。

定子铁芯采用焊接结构，即用 4 块筋板将带有轴向通风孔的定子冲片、定子端板和两端的压圈在施压状态下焊接成一个整体，铁芯长度 350 mm。该结构定子铁芯具有体积小、散热冷却效果好、结构强度高等特点。

定子线圈采用的导体高度较小、宽度大，有效减小集肤效应导致的电阻增大、铜耗增加，为了降低导体刚度利于绕组成型尺寸的稳定性和便于嵌装，在宽度方向采用两根并绕的方式。定子槽内布置如图 3.14 所示。

接线盒位于定子铁芯斜上方，电机的内部引出线和外部电缆线在接线盒内通过接线座相连固定。接线盒由接线盒主体、接线座、盖板等组成。接线盒主体为铸造成型的钢件，运行中尺寸稳定性好，不易变形；接线座使用高强度复合材料压制而成，具有良好的电气和机械性能。

3.5.3.2　转　　子

转子主要由导条、端环、护环、压圈、铁芯和转轴等部件组成，其结构如图 3.15 所示。

转子采用铜条鼠笼结构，适用于逆变器供电工况。为获得更大的额定功率和减少损耗，转子铁芯进行了优化设计，采用宽而浅的导条，克服集肤效应，减小损耗，增大最大转矩，以获得宽的恒功运行区，转子槽形设计合理，槽漏抗、谐波漏抗和总漏抗大，有效地抑制了谐波电流，降低谐波损耗。

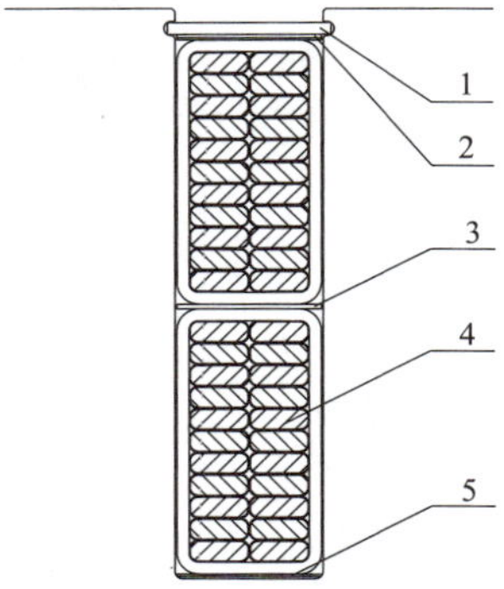

图 3.14　定子槽内布置

1—槽楔；2—楔下垫条；3—层间垫条；4—导体；5—槽底垫条

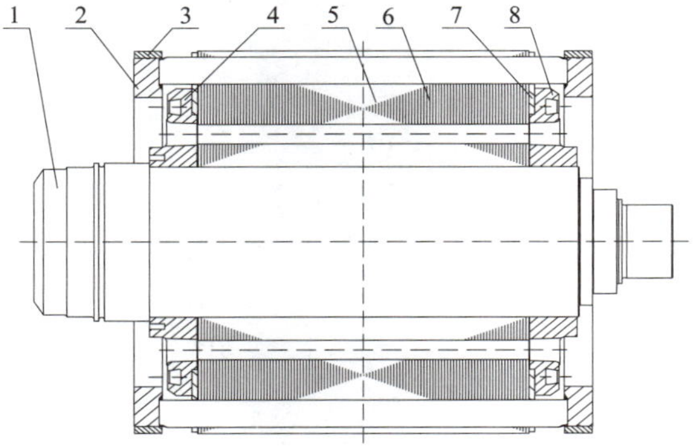

图 3.15　转子结构

1—转轴；2—端环；3—护环；4—D 端压圈；5—铁芯；6—导条；7—端板；8—N 端压圈

为了降低转子发热，导条和端环采用低电阻率的无氧铜；为使鼠笼结构具有高可靠性，导条端部弯型后和端环采用高频钎焊一次性成型焊成一体，端环采用高强度护环进行保护。为防止转子导条在转子冲片槽中振动而产生断条，转子导条插入转子冲片槽后采取冲紧和端部弯形工艺，导条与端环配合经优化设计减小应力集中，转子导条与转子槽采用小配合间隙设计以保证冲紧效果。

转子铁芯由转子冲片和两端压圈预叠压后，热套至转轴上。

由于本电机转速高且启动较频繁，因此转轴必须满足强度、刚度以及疲劳等方面的要求。在转轴强度上本电机传递不小于 9 240 N·m 的最大转矩，另外，在变流器短路(换流失败)时，转轴能承受轴上产生的一个 39 000 N·m 的短路冲击转矩，转轴采用高强度合金钢。同时转轴的刚度满足防止定转子相擦以及电机振动要求。

3.5.3.3　轴承及润滑结构

轴承是电机的一个重要部件，它关系到电机能否安全运行。

牵引电机仅在非传动端有 1 个绝缘轴承，另一端的轴承在小齿轮箱中，小齿轮箱轴承均为绝缘轴承，以防止电腐蚀损伤轴承。

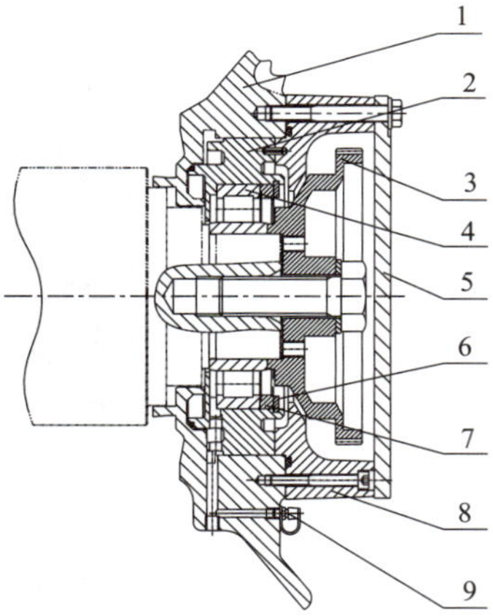

图 3.16　电机非传动端结构

1—N 端端盖；2—N 端轴承套；3—测速齿盘；4—轴承 NUB219；5—N 端盖板；6—弹性挡圈；7—隔离环；8—轴承盖；9—油杯

非传动端轴承采用无接触式迷宫密封结构，如图 3.16 所示，设有油杯，方便补充润滑脂。非传动端内侧密封迷宫间隙值大，数量多，既可保证安全运行，又可保证密封效果；外侧密封迷宫间隙值很大，而且数量少，长时间运行后，废润滑脂将易于排到外轴承盖内，缓解轴承发热。轴承室体积大，可存储备用润滑脂多，延长润滑周期。

3.5.3.4 测速装置

为了检测电机的转速，在非传动端安装了测速装置，测速装置由测速齿盘和产生信号的速度传感器组成。测速齿盘采用球墨铸铁，设有 110 个矩形齿。采用了高品质速度传感器，传感器为双通道，两个通道信号相位差 90°。控制系统通过两路信号的相位差识别电机的正、反转向，电机每转一圈，传感器发出 110 个脉冲信号，信号波形如图 3.17 所示，左边为正转时波形，右边为反转时波形。转速信号用于控制系统对电机进行控制。

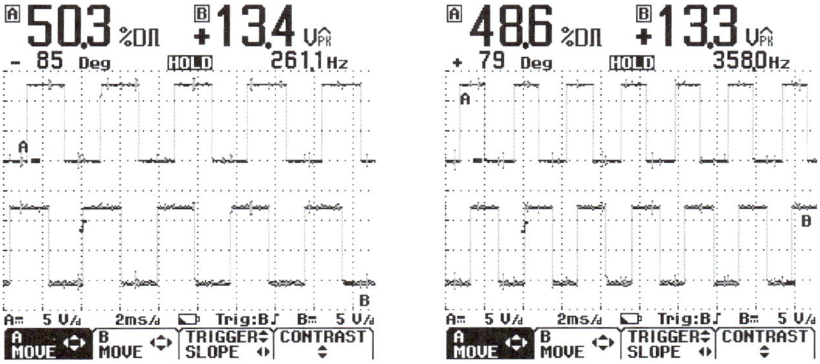

图 3.17 速度传感器信号波

3.5.3.5 温度监测装置

在定子铁芯齿部安装有温度传感器 PT100，用于检测电机的温度，PT100 信号传送给控制系统，由控制系统监控电机定子铁芯温度，以及防止电机过热。

3.5.3.6 柔性联轴节

柔性联轴节压装在电机转轴传动端的内锥孔中，使用液压工具将联轴节压入转轴。

柔性联轴节由两部分焊接组成，柔性联轴节与小齿轮相连的端面为福伊特端面齿，安装于电机转轴内的部分为锥面，如图 3.18 所示。选择柔性联轴节时应注意抗弯刚度、轴向刚度、径向刚度和抗扭刚度。

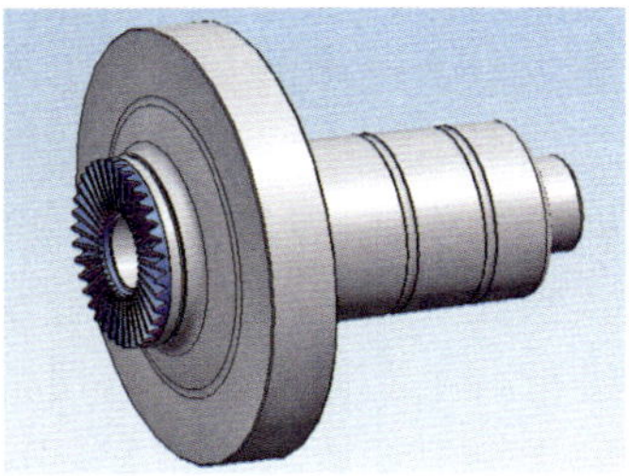

图 3.18 柔性联轴节

3.5.3.7 通风系统

YQ-1633 型异步牵引电机采用强迫通风冷却，冷却空气从非传动端压圈上部进风口进入电机，然后分成三路（图 3.19）；一路经过定子铁芯和转子铁芯之间的间隙，到传动端；一路经过非传动端线圈端部缝隙进入定子铁芯通风道，通过传动端线圈端部缝隙，汇入传动端；另一路经转子铁芯通风道，汇入传动端；最后三路汇总后由传动端端盖的出风口排出。风路设计合理，定子和转子温升平衡，两端轴承温升较低。

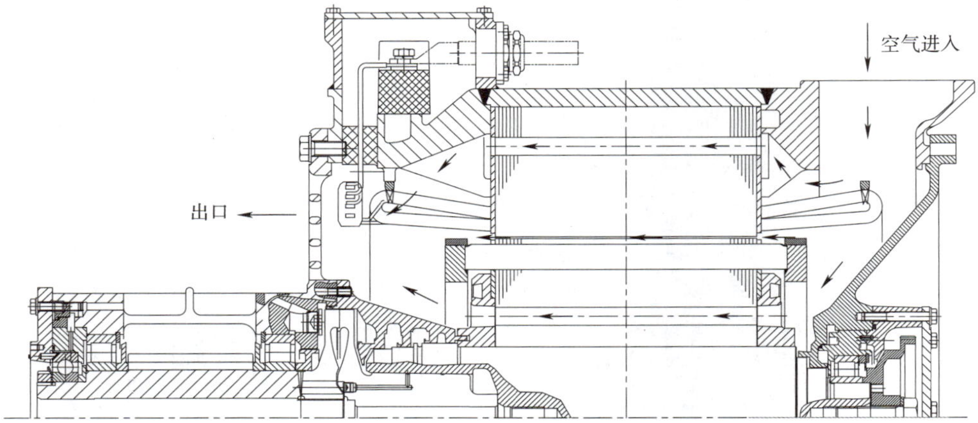

图 3.19　通风系统示意

3.6　典型故障分析及处理

布赫继电器动作时：

3.6.1　故障说明

布赫继电器动作后，机车的典型表现有以下两种：现象一，司机室微机显示屏进行布赫继电器警告提示；现象二，机车主断路器不能闭合或者主断路器发生保护性分断保护，司机室微机显示屏提示布赫继电器报警。

3.6.2　故障分析

布赫继电器中有上、下两个浮子和一个流速检测挡板，两个浮子的动作分别对应一个开关触点的动作，上浮子开关触点对应初级警告信号，下浮子开关触点对应严重级报警信号；流速检测挡板的动作也会触发下浮子开关触点动作发出报警信号。

当牵引变压器油中气体在布赫继电器内积累或油位轻微下降，引起布赫继电器上浮子开关初级动作，触发布赫继电器警告动作，司机室微机屏进行布赫继电器警告提示。

当如果油位继续下降触发布赫继电器下浮子开关动作，则会触发布赫继电器报警动作，机车进行跳主断保护，同时，司机室微机显示屏提示布赫继电器报警。

当牵引变压器异常，牵引变压器油产生了向副油箱方向运动的压力波流，流过布赫继电器流速检测挡板油的速度超过挡板整定值，挡板动作触发下浮子开关动作，也会触发布赫继电器报警保护。

此外，布赫继电器故障也会触发警告或报警信号。

3.6.3　处理方法

布赫继电器发出警告动作，系统不会有进一步的保护，可维持运用。但机车回段后需通知维护人员进行油样化验。油样化验合格后，可通过以下方式进行故障排查：

(1)在布赫继电器上进行排气复位。

(2)如果排气操作不能复位警告动作,检查牵引变压器副油箱油位是否正常,油位偏低再巡视牵引变压器油管、蝶阀等位置是否漏油。

(3)如果牵引变压器没有出现漏油,且布赫继电器排气不能复位警告动作,需排查吸湿器的呼吸孔是否堵塞。

(4)如果经过上述排查,布赫继电器仍然不能复位警告动作,需更换布赫继电器。

布赫继电器第一次发出报警动作,机车发生保护性分主断,故障消失后可维持运用。但机车回段后需通知维护人员进行油样化验。

布赫继电器第二次发出报警动作,系统将产生禁止高压保护,机车停止使用。此时,油样化验合格后,才能复位投入使用。牵引变压器漏油触发的布赫继电器报警动作,油位恢复正常后,自动复位。流速挡板动作触发布赫继电器发出报警动作,需在布赫上进行手动复位。如果上述措施均无法复位报警动作,需更换布赫继电器。

4 高压电器

4.1 概　　述

HXD1B 型电力机车上采用的高压电器包括受电弓、主断路器、高压接地开关、高压隔离开关、高压电压互感器、高压电流互感器、接地电流互感器、避雷器和高压电缆总成等，网侧电路中对应的位置如图 4.1 所示。

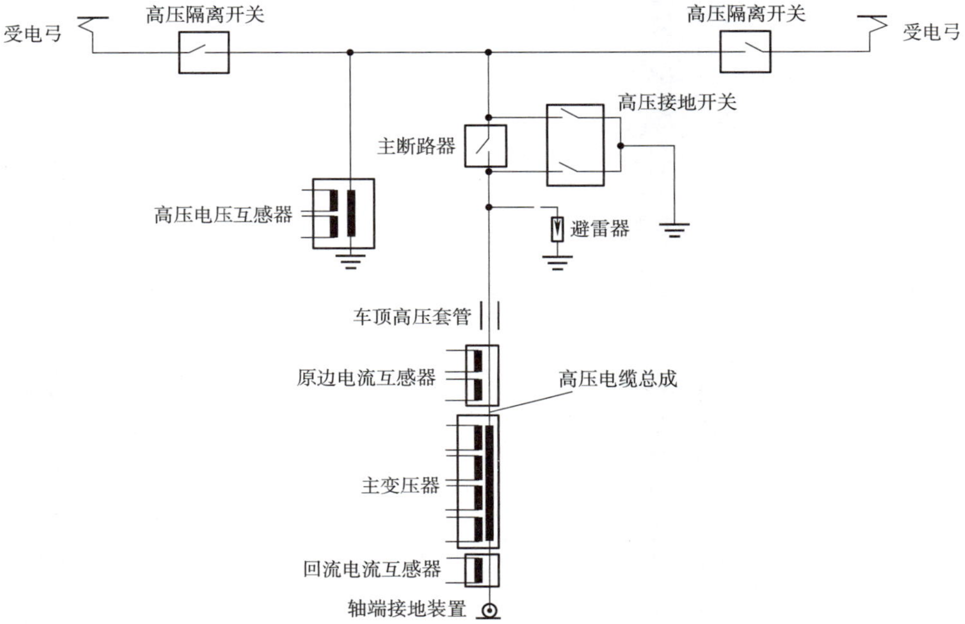

图 4.1　高压电器位置示意

4.2 受 电 弓

HXD1B 型电力机车每台车配属两架受电弓，并通过支持绝缘子安装于机车车顶。受电弓弓头升起后与接触网导线接触，从接触网上集取电流，并将其通过车顶母线传送到车内供机车使用。该型受电弓是一种采用气囊驱动升弓的单臂受电弓，主要应用于干线电力机车，配备阻尼器和 ADD 自动降弓装置。

4.2.1 主要技术参数

额定工作电压	AC 30 kV
额定工作电流	1 000 A
额定运行速度	200 km/h
静态接触压力	(70±10) N(可调)
最高工作高度(以落弓位滑板上表面为基准)	2 250 mm
折叠高度(包括绝缘子)	670^{+8}_{-10} mm
降弓位置保持力	≥150 N
升弓时间	6～10 s
降弓时间	≤6 s
质量(不包括支持绝缘子)	≤110 kg

4.2.2 结构组成

受电弓结构如图 4.2 所示，该型受电弓主要由底架部分、铰链机构、弓头部分、升弓装置和气路组装等部分构成。

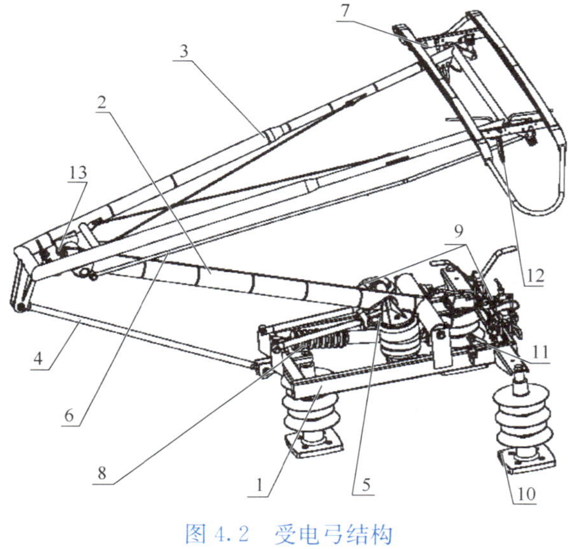

图 4.2 受电弓结构

1—底架；2—下臂杆；3—上框架；4—拉杆；5—气囊升弓装置；6—平衡杆；7—弓头组装；8—受电弓阻尼器；9—气路及 ADD 装置；10—支持绝缘子；11—底架电流连接组装；12—弓头电流连接组装；13—肘接电流连接组装

4.2.2.1 底架部分

图 4.2 中所示的刚性底架(1)由型材(钢材)组焊而成，是整个受电弓的基座部分，并通过支持绝缘子(10)固定于机车车顶。底架(1)上安装有气囊升弓装置(5)、一套铰链机构和受电弓阻尼器(8)。气囊升弓装置(5)和受电弓阻尼器(8)一端安装在底架(1)上，另一端均安装在铰链机构中的下臂杆(2)上。

4.2.2.2　铰链机构

铰链机构是实现受电弓弓头升降运动的机构，由图 4.2 所示的下臂杆(2)、上框架(3)、拉杆(4)、平衡杆(6)等构成，它们之间通过各种铰链座铰接。上框架(3)由变径铝合金管和板材焊接而成，下臂杆(2)和平衡杆(6)由钢管材组焊而成，拉杆(4)为铝合金材料。连接各主要构件的铰链座都装有滚动轴承，并采用金属软导流线进行短接，以防止电流对轴承的电腐蚀。平衡杆(6)可以保证弓头滑板面在受电弓整个工作高度范围内始终保持水平状态。

4.2.2.3　弓头部分

图 4.2 中的弓头组装(7)包括弓头和弓头悬挂。弓头是直接与接触网导线接触受流的部件，其上安装有碳滑板。弓头悬挂采用橡胶弹簧元件结构。橡胶弹簧元件的一端与上框架(3)中的转轴相连接，另一端与弓头上的滑板托架相连接，这种结构使滑板在机车运行方向上移动灵活，而且能够有效吸收各方向上的冲击，达到保护滑板与接触网导线的目的。

滑板中有气腔并通有压缩空气，是自动降弓装置的一部分。如果滑板出现磨损到极限或断裂时，触发自动降弓装置，受电弓迅速自动地降下。

4.2.2.4　气囊升弓装置和气路组装

图 4.2 中的气囊升弓装置(5)通过钢丝绳组装、升弓气囊等实现对受电弓升降运动的控制。气囊升弓装置(5)一端安装在底架(1)上，另一端通过钢丝绳与螺栓固定在下臂杆(2)的调整板上。

气路及 ADD 装置(9)是提供压缩气体的管路系统，其一端与气囊升弓装置(5)的气囊连接，为受电弓提供工作气压，另一端通过绝缘软管连接到车内供风设备，实现受电弓的升、降弓控制。

4.2.3　工作原理

受电弓采用气囊驱动方式升弓，受电弓气阀板控制原理和气囊升弓装置如图 4.3 和图 4.4 所示。

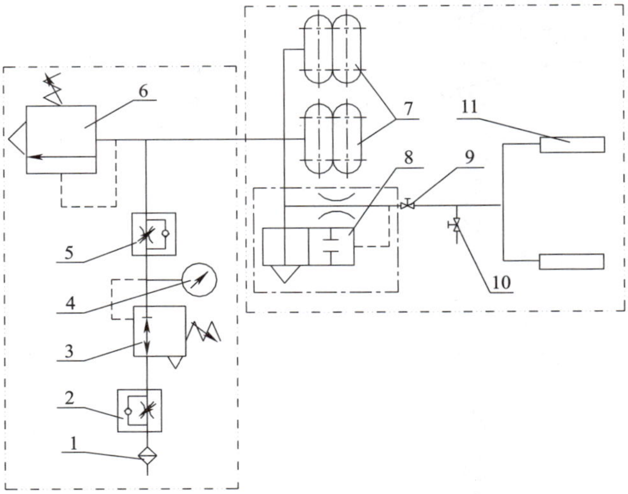

图 4.3　升弓气路原理

1—空气过滤器；2—单向调速阀(升弓)；3—调压阀；4—气压表；5—单向调速阀(降弓)；6—安全阀；7—气囊；8—快排阀；9—截止阀；10—试验阀；11—受电弓碳滑板

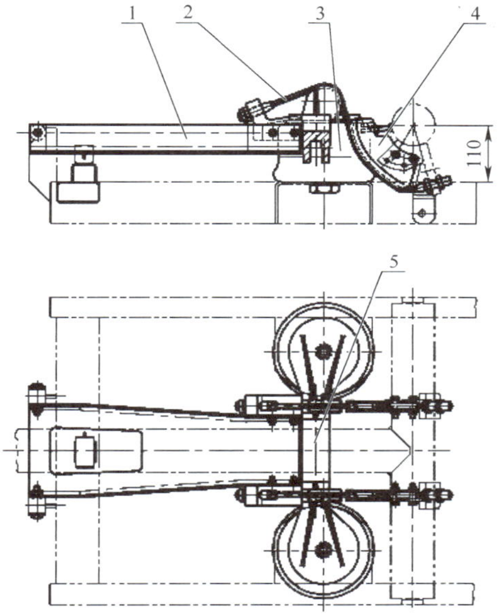

图 4.4 气囊升弓装置

1—连接板;2—钢丝绳组装;3—升弓气囊;4—调整板;5—蝴蝶座

受电弓升弓时,电磁阀得电,气路打开,压缩空气通过图 4.3 所示的空气过滤器(1)、单向调速阀(升弓)(2)、调压阀(3)、气压表(4)、单向调速阀(降弓)(5)、安全阀(6),进入气囊(7),构成升弓气路。同时压缩空气经安全阀(6)后通过快排阀(8)向具有气腔的受电弓碳滑板(11)供气,构成自动降弓保护气路。电力机车的接地电位与接触网线间的电位差为 25 kV,自动降弓装置的压缩空气输入端与管路间通过绝缘软管连接,通过该绝缘软管的空气须保证其绝缘性能。

当受电弓正常降弓时,启动受电弓气阀板的电控排气阀并进行排气,受电弓靠自重降弓。

当受电弓滑板破裂、磨耗到限或管路泄漏时,控制管路的气压下降,快排阀打开,气囊(7)及管路中的压缩空气经过快排阀的排气口排放到大气中。同时空气压力继电器动作,发出机车空气管路压力下降信号,主断路器紧急切断,从而防止受电弓在带电负载情况下从接触网线脱离。

如图 4.4 所示,气囊升弓装置主要包括连接板(1)、钢丝绳组装(2)、升弓气囊(3)、调整板(4)和蝴蝶座(5)。升弓气囊(3)下端安装于底架上,上端与蝴蝶座(5)连接。蝴蝶座(5)与连接板(1)和钢丝绳组装(2)连接。钢丝绳组装(2)通过调整板(4)连接下臂杆。调整板(4)固定在下臂杆上。

升弓气囊(3)充以压缩空气时,逐渐膨胀并抬升蝴蝶座(5),此时连接板(1)相对底架转动,同时抬升力通过钢丝绳组装(2)经过调整板(4)传递到下臂杆,下臂杆相对底架旋转,通过铰链机构实现弓头的上升,从而实现整个受电弓的升弓运动,反之则靠自重降弓。升弓气囊(3)采用特殊橡胶材料制作,在−40~+70℃的环境温度下可长期有效的工作。

4.3 主断路器

HXD_{1B} 型电力机车主断路器为交流真空断路器(图 4.5),安装在电力机车顶部,用于开断、接通电力机车 25 kV 主电路,同时可用于电力机车的过载、短路和接地等保护。主断路器是通过电空控制,利用压缩空气进行操作并利用真空进行灭弧的高压电器,具有如下特点:

(1)绝缘性高;

(2)采用真空灭弧,环境稳定性好;

(3)结构简单;

(4)开断容量大;

(5)机械寿命长;

(6)维护保养简单;

(7)与空气断路器具有互换性。

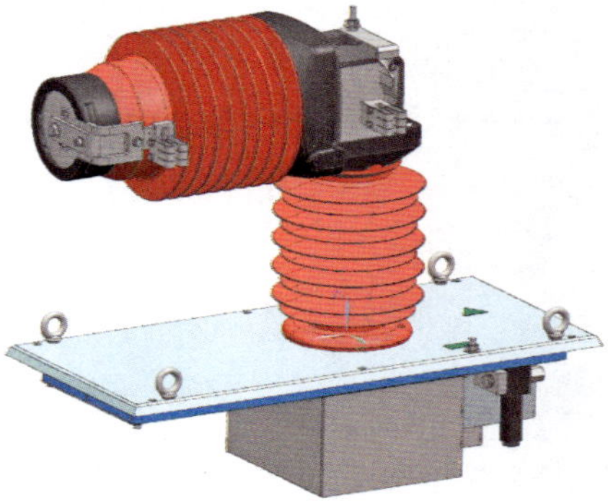

图 4.5　主断路器示意

4.3.1　主要技术参数

额定电压	31.5 kV
额定电流	1 000 A
额定短路接通能力	50 kA(峰值)
短路分断电流能力	20 kA
短路分断容量	600 MV·A
短时耐受电流能力	25 kA/s
固有分闸时间	20～60 ms
合闸时间	≤60 ms
机械寿命	250 000 次
质量	约 140 kg

4.3.2　结　　构

主断路器结构如图 4.6 所示,分为高压、中间绝缘和控制 3 个部分。

4.3.2.1　高压部分

高压部分结构如图 4.7 所示,包括水平绝缘子、真空开关管组装和传动轴头组装等。真空开关管组装安装于水平绝缘子内部,构成机车顶上的高压电路,确保开断交流电弧。真空开关

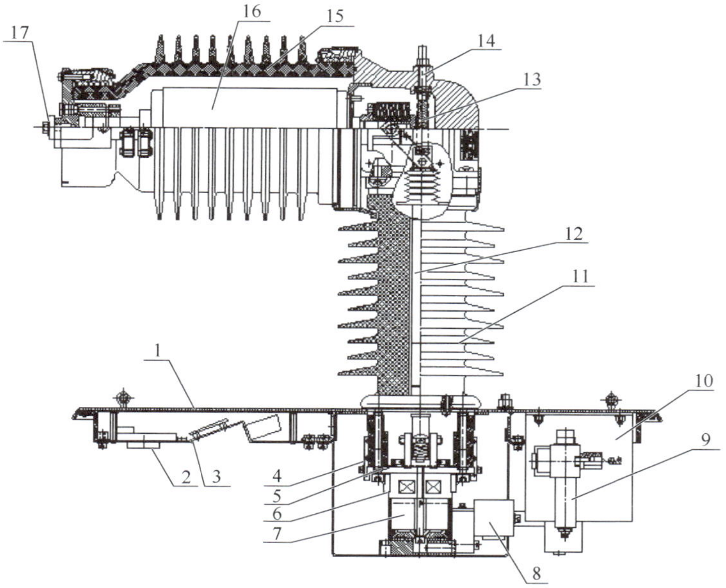

图 4.6 BVAC. N99D 主断路器结构

1—底板；2—插座连接器；3—110 V 控制单元；4—辅助触头；5—肘节机构；6—保持线圈；7—风缸；8—电磁阀；9—调压阀；10—储风缸；11—垂直绝缘子；12—绝缘操纵杆；13—传动轴头组装；14—高压连接端(HV1)；15—水平绝缘子；16—真空开关管组装；17—高压连接端(HV2)

管通过密封和大气隔离，其包括动触头、静触头和瓷质外罩等，真空开关管的结构如图 4.8 所示。同时，真空开关管的真空度是其最重要的参数之一，与真空开关管的开断能力成一定关系，具体如图 4.9 所示。

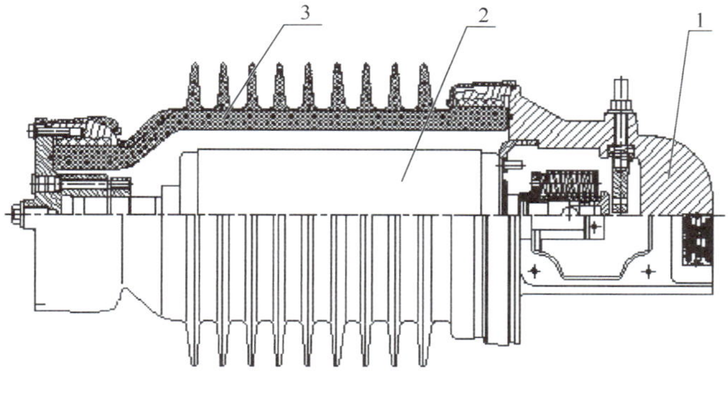

图 4.7 高压部分结构

1—传动轴头组装；2—真空开关管组装；3—水平绝缘子

真空开关管的分、合闸即体现了整个主断路器的分合闸情况，具体表现为对动触头的操作，其通过来自气动部分产生的机械动力推动连杆机构的操纵杆来完成，以保证它的轴向运动。

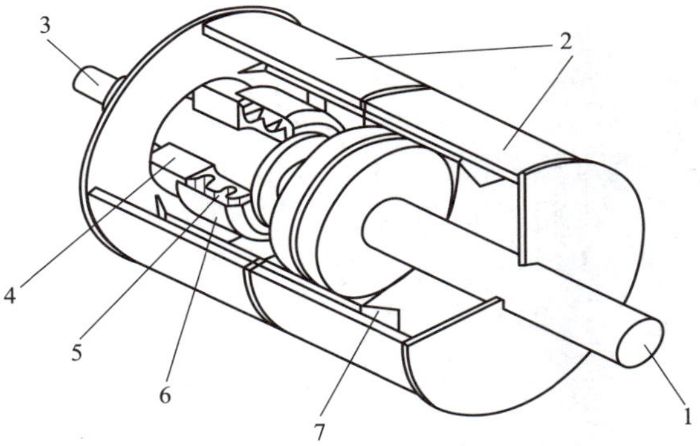

图 4.8　真空开关管结构

1—静触头；2—瓷质外罩；3—动触头；4—导套；5—金属波纹管；6—波纹管罩；7—金属罩

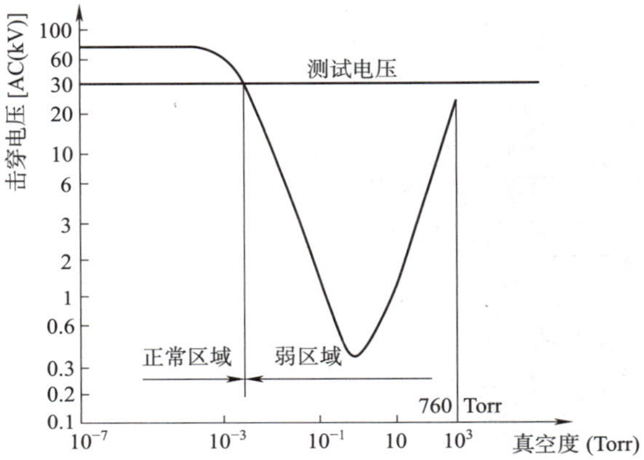

图 4.9　真空开关管真空度和开断电压关系曲线示意

4.3.2.2　中间绝缘部分

中间绝缘部分包括如图 4.6 所示的垂直绝缘子和底板以及安装于车顶和断路器之间的 O 形密封圈。

垂直绝缘子安装在底板上用以满足 30 kV 电压的绝缘要求，同时绝缘操纵杆通过垂直绝缘子的轴向空腔，连接电控的机械装置和真空开关管的动触头。底板安装与车顶 O 形圈用以保证断路器和车顶之间的密封。

4.3.2.3　控制部分

控制部分包括如图 4.6 所示的储风缸(10)、调压阀(9)、压力开关、电磁阀(8)、风缸(7)、保持线圈(6)、肘节机构(5)、110 V 控制单元(3)等操纵控制部件。

主断路器采用电空控制。该控制通过空气管路，在动触头快速合闸过程中提供必需的压力。储风缸(10)是实现断路器气动控制的气压源，能够满足在机车对断路器不供气的状态下，其残存的压缩空气至少能够使断路器完成一次动作；调压阀(9)安装在断路器进气口与储风缸之间，通过它来对气压值进行预设整定，用以保证进入储风缸内的气压能充分满足断路器的正常动作，同时，调压阀上安装有一空气过滤阀，以保证进入储风缸气体的清洁与干燥；压力开关安装于储风缸上与调压阀相对一侧，其与储风缸内气体相连，并通过低压控制线路将信息反馈给 110 V 控制单元，以使断路器拒绝进行操作；电磁阀(8)控制储风缸内的气流的通断，风缸(7)把空气压力转化为机械作用力；保持线圈(6)安装与气缸上部，通过对气缸活塞的吸合，实现对断路器合闸状态的保持；肘节机构(5)用以实现主断路器分闸时的快速脱扣，保证断路器快速的分断；110 V 控制单元(3)安装在主断路器底板下部，通过其对断路器的动作进行整体控制。

4.3.3 动作原理

主断路器操作包括分闸与合闸操作动作示意如图 4.10 所示。

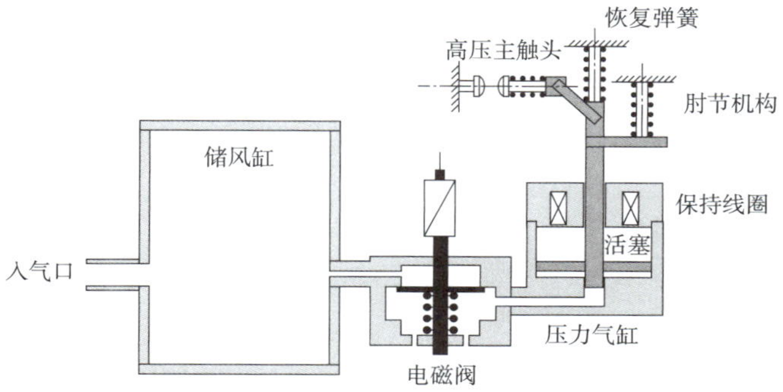

图 4.10 主断路器动作示意

4.3.3.1 合闸操作

只有满足如下条件，断路器才能闭合：

(1)主断路器必须是断开的。

(2)必须有充足的气压。

(3)保持线圈必须处于得电状态。

具体合闸过程如图 4.11～图 4.15 所示。

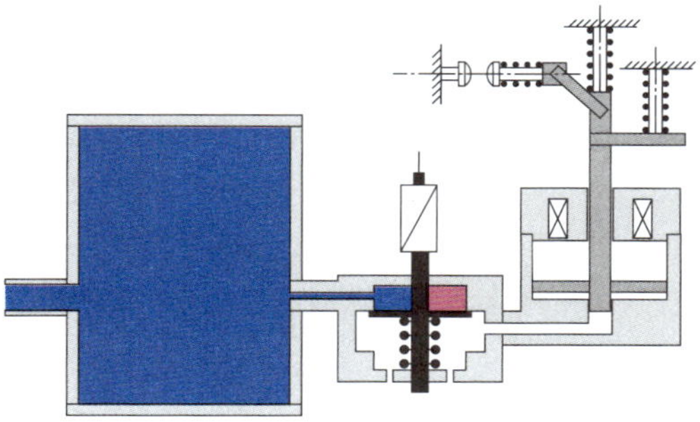

图 4.11 合闸示意

(1)按“开/关”键。

(2)电磁阀得电，气路打开。

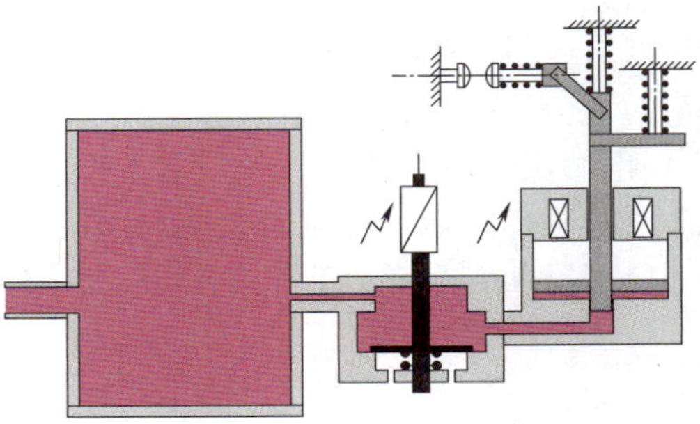

图 4.12　气路打开

(3)压缩空气由储风缸通过电磁阀流入压力气缸，推动活塞向上运动。

(4)主动触头随着活塞的移动而运动。

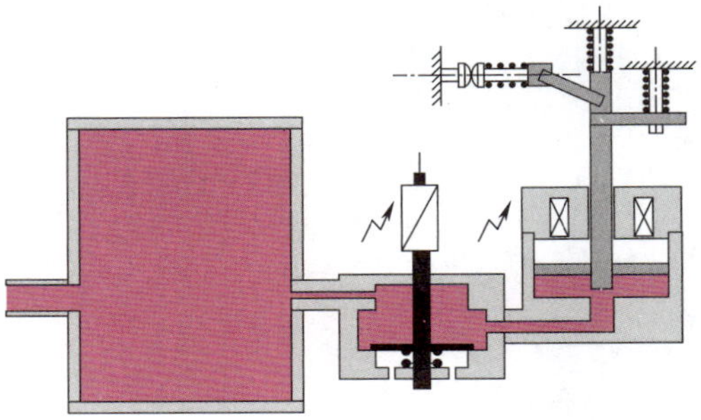

图 4.13　活塞移动

(5)恢复弹簧压缩。

(6)主触头闭合。

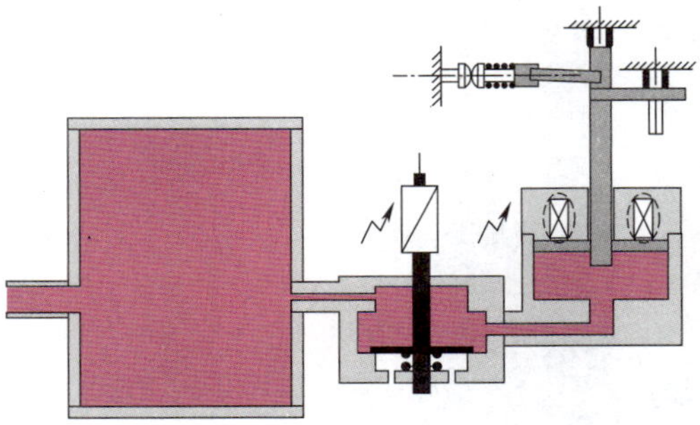

图 4.14　主触头闭合

(7)触头压力弹簧压缩。

(8)活塞到达行程末端。

(9)保持线圈在保持位置得电。

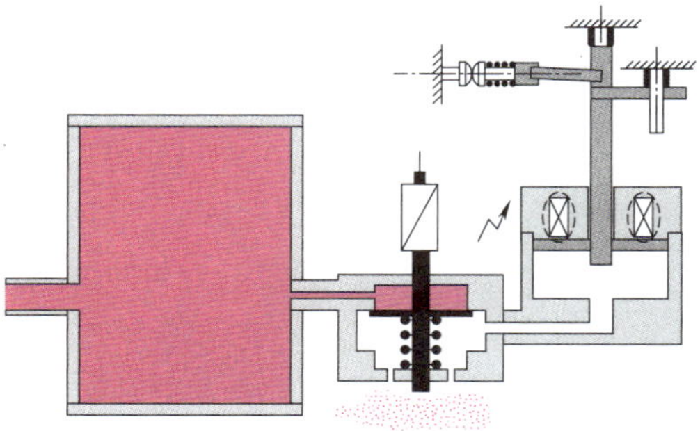

图 4.15 保持线圈得电

(10)电磁阀失电。

(11)压力气缸内的空气排出。

4.3.3.2 分闸操作

在任何情况下,只要控制电源失电,断路器就会断开。

具体分闸过程如图 4.16 和图 4.17 所示。

(1)保持线圈失电。

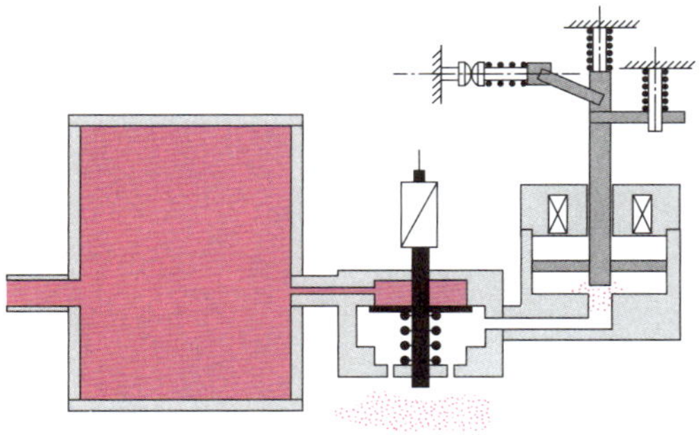

图 4.16 保持线圈失电

(2)活塞在弹簧力作用下(恢复弹簧、肘节机构等)移动。

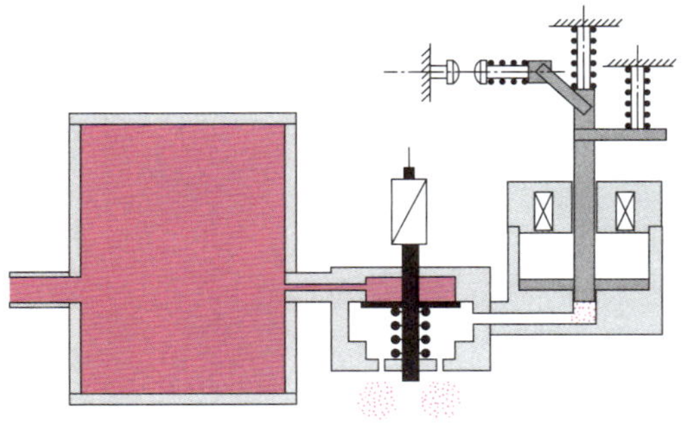

图 4.17 活塞移动

(3)主触头打开,真空开关管灭弧。

(4)行程结束,活塞缓冲。

4.4 高压接地开关

HXD1B 型电力机车装有高压接地开关,其安装在电力机车顶部,与断路器配套使用,如图 4.18 所示,高压接地开关外形如图 4.19 所示,主要功能是把网侧 25 kV 电路的高压设备接地。在网侧电路无流,接地开关至接地位后,工作人员方可进行机车检查或维护,消除缺陷或进行修理,保证了工作人员的电气安全。

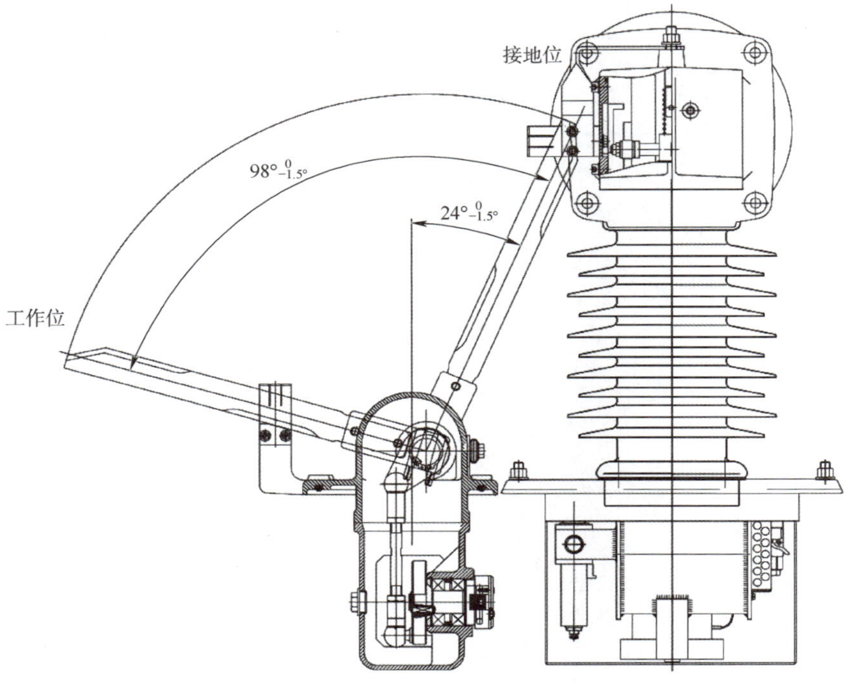

图 4.18 高压接地开关与主断路器配合示意

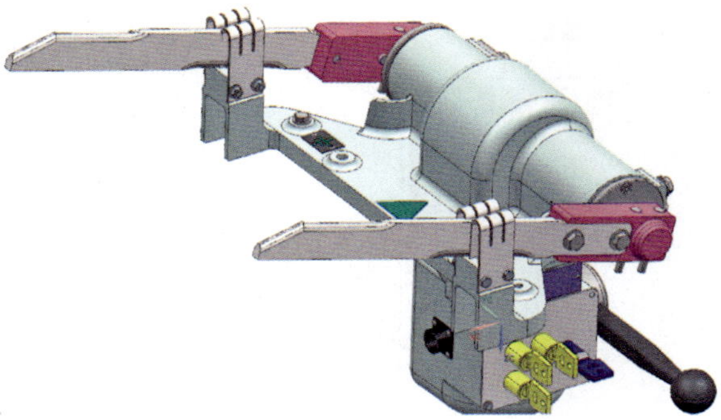

图 4.19 高压接地开关外形

4.4.1 主要技术参数

标称电压	25 kV
额定电压	31.5 kV
额定电流	400 A
短时耐受电流	16 kA/s
峰值耐受电流	40 kA
闸刀转换角度	$98^{\circ}{}_{-2^{\circ}}^{0}$
机械寿命	20 000 次
质量	23.5 kg

4.4.2 结　　构

高压接地开关主要分车外部分和车内部分。车外部分主要包括上罩、闸刀、触头弹簧片以及在上罩内的轴等传动机构。车内部分则主要包括下罩、操纵杆组装、锁组装以及在下罩内的传动机构。其具体的结构如图 4.20 所示。

在轴的两端安装两个闸刀，用 4 个 M10 螺栓把上罩固定在牵引机车车顶上。延伸到机车内的下罩有一个操纵杆位于罩面上，这样使带有闸刀的轴可以通过安装在箱子内的曲柄从一端位置(操作)旋转到另一端位置(接地的)，并且两端提供有球面轴颈。在下罩的左侧是一个锁盖板，锁盖板带有 5 个锁，其中一个供“蓝色”钥匙使用，四个供“黄色”钥匙使用。仅在蓝色锁被蓝色钥匙打开后，释放杠杆旋转，操纵杆才能从“操作”位置旋转到“接地”位置。当被机械挡在槽里时，通过把操纵杆拉向操作人员所在方向，将其从槽里移出来，才有可能旋转杠杆。一旦把杠杆旋转到“接地”位置，杠杆阻塞机构就被带有黄色钥匙的锁锁在此位置，然后可把钥匙从锁中拔下来。黄色钥匙用作打开到达牵引机车其他电路的通道门。

4.4.3 动作原理

如图 4.18 所示，闸刀通过支架安装在轴上，而轴、曲柄组装、连接杆组装、转盘组装以及操纵杆组装则组成一个传动机构，转动操纵杆，使整个传动机构进行传动，进而使得轴带动闸刀旋转一定的角度。

根据设计，在操纵杆从一端旋转 180°到另一端时，闸刀也相应从“工作”位旋转 98°到“接地”位或者从“接地”位旋转 98°到“工作”位。而控制其是否能够转动的则是锁组装。锁组装共有 5 个锁，其中一个供蓝色钥匙使用(制动柜上控制受电弓气路通断的 BSV 型安全联锁箱)，四个供黄色钥匙(用于高压部分)使用。高压接地开关有“接地”和“工作”两个状态。

4.4.3.1 “接地”状态操作

高压接地开关操作到“接地”状态，步骤如图 4.21 所示。

(1)转动蓝色钥匙(钥匙 A)，将 BSV 型安全联锁箱转换到气路截断位置，取下蓝色钥匙，插入到接地开关锁组装。仅在蓝色锁被蓝色钥匙打开后，操纵杆才能从“工作”位旋转到“接地”位。

(2)转动蓝色钥匙 A，拉出操纵杆，旋转 180°到“接地”位。此时，接地开关闸刀旋转 98°到

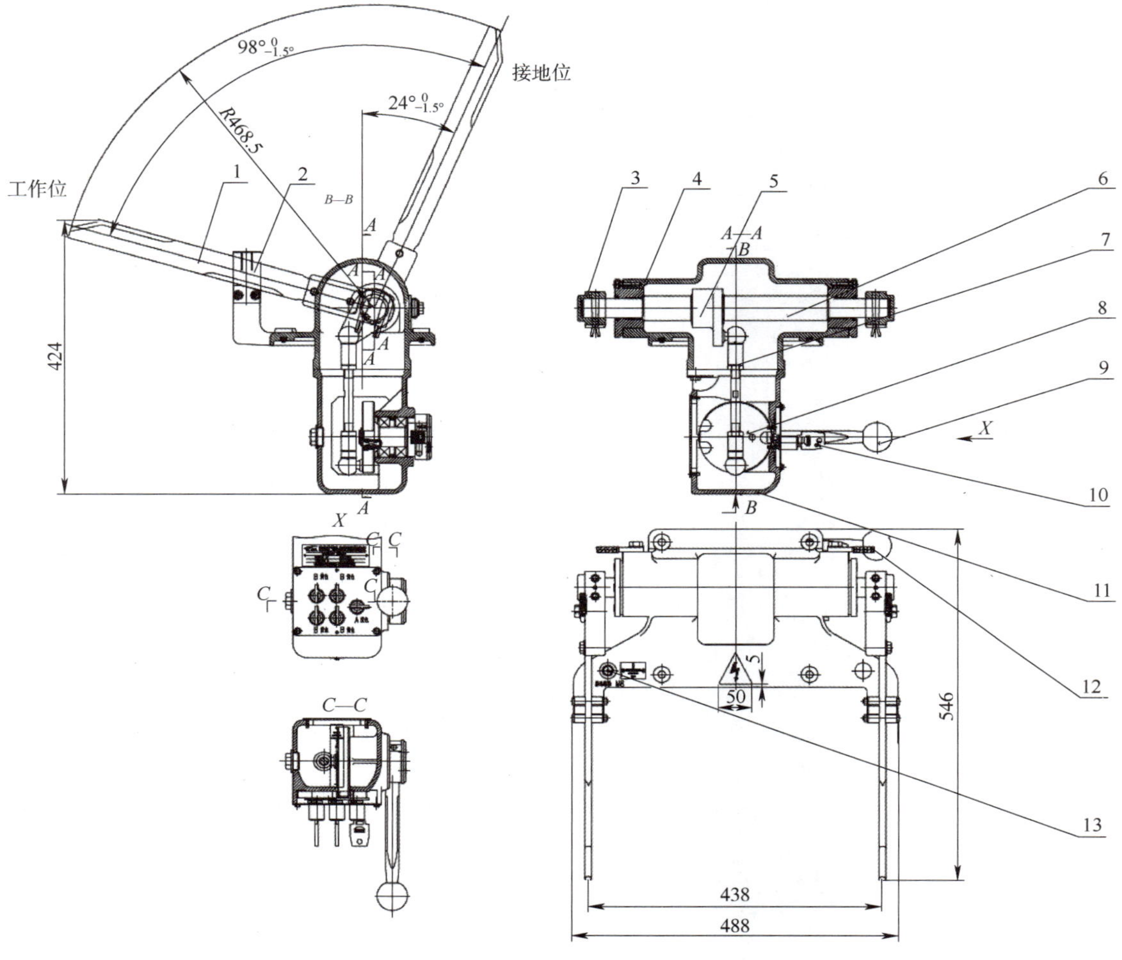

图 4.20　高压接地开关结构

1—闸刀；2—触头弹簧片；3—支架；4—上罩；5—曲柄组装；6—轴；7—连接杆组装；8—转盘组装；9—操纵杆组装；10—锁组装；11—下罩；12—软连线；13—接地螺栓

“接地”位。

(3)转动黄色钥匙(钥匙 B)，取出四把黄色钥匙 B(联锁机构就被带有黄色钥匙的锁锁在此位置)，解除机车高压部分机械联锁。

4.4.3.2　“工作”状态操作

高压接地开关操作到“工作”状态，步骤如图 4.22 所示。

(1)在两把黄色钥匙使用的地方转动黄色钥匙，取下黄色钥匙，恢复机车高压部分机械联锁。将两把黄色钥匙插入接地开关锁组装。仅在黄色锁被黄色钥匙打开后，操纵杆才能从“接地”位旋转到“工作”位。

(2)转动黄色钥匙 B，拉出操纵杆，旋转 180°到“工作”位。此时，接地开关闸刀旋转 98°到“工作”位。

(3)转动蓝色钥匙，取出蓝色钥匙(联锁机构就被带有蓝色钥匙的锁锁在此位置)。将蓝色钥匙插入 BSV 型安全联锁箱，转动蓝色钥匙，BSV 型安全联锁箱转换到气路开通位置。

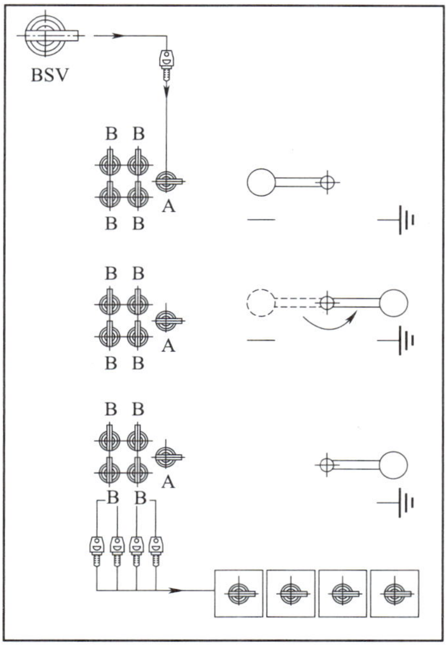

图 4.21 “接地”状态操作

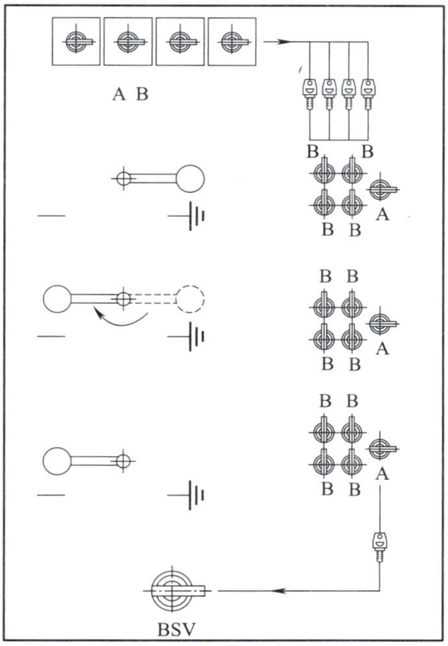

图 4.22 “工作”状态操作

4.4.4 保护原理

转动蓝色钥匙，将 BSV 型安全联锁箱转换到气路截断位置，取下蓝色钥匙，插入到接地开关锁组装，然后，将操纵杆从一端旋转 180°到另一端，闸刀也相应从“工作”位旋转 98°到“接地”位。此时，高压接地开关把牵引机车上的主断路器两侧的电路接地，因而保证了牵引机车的安全操作。同时，当工作人员进行检修或维护时，消除缺陷或进行修理时，保证了工作人员的人身安全。

4.5 高压隔离开关

高压隔离开关外形如图 4.23 所示，属于车顶保护电器。它的主要作用是优化配置 25 kV 电路内高压设备的运行工况，并当受电弓发生故障时，能将故障部分隔离，维持机车运行，或在机车车顶检查维护时，隔离受电弓电路，保证人员电气安全。高压隔离开关根据驱动方式可以分为手动和气动，HXD_{1B} 型电力机车使用的是气动高压隔离开关。

4.5.1 主要技术参数

标称电压	25 kV
额定电压	30 kV

额定电流	700 A
峰值耐受电流	40 kA
短时耐受电流	20 kA/s
额定工作气压	400～1 000 kPa
最小动作气压	350 kPa
直流额定控制电压	DC 110 V
机械寿命	20 000 次

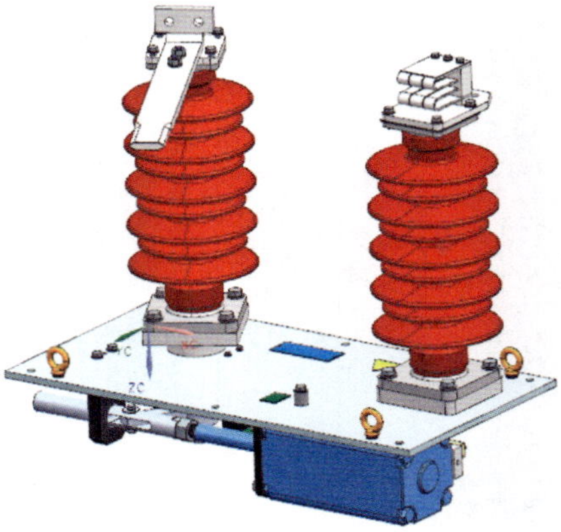

图 4.23　高压隔离开关外形

4.5.2　结　　构

高压隔离开关结构如图 4.24 所示，高压隔离开关通过铝制底板(6)安装于机车车顶上。它装有一个闸刀(1)和两个簧片(4)，闸刀(1)装于转动绝缘子(2)上方，转动绝缘子下方与转轴(8)连接，簧片(4)装于固定的转动绝缘子(2)上方，固定绝缘子焊接在底板上。闸刀(1)和簧片(4)分别为隔离开关的动静触头，它们间的分离或闭合动作会断开或接通机车车顶高压电路。底板(6)下方是隔离开关的电控气动机构，气路接头与电磁阀(14)连接，气路板(15)和与其连接的电磁阀(14)固定于气缸(13)上，气缸(13)与拉杆(5)连接。当气缸(13)阀体左右运动时，带动拉杆(5)同向运动，拉杆(5)带动操纵杆组装(7)运动，操纵杆组装(7)将左右运动转换为旋转运动，它使与其连接的转轴(8)顺时针或逆时针转动。同时，转轴下方的凸轮(10)跟随转轴(8)转动，凸轮(10)左右两侧的辅助联锁(11)将凸轮的机械运动状态转变为电信号，电信号通过电连接器(12)反馈给电路系统。底板上还装有一个带有 M8 螺栓的接地座(9)，它将隔离开关与机车的接地系统相连。气路板(15)上还装有两个浪涌吸收器(16)，它们与电磁阀左右线圈并联，防止线圈过电流烧损。

4.5.3　工作原理

(1)分闸：当高压隔离开关处于合闸状态时，电磁阀得到分闸信号，得电动作，打开气路，压缩空气经电磁阀进入压力气缸，推动操纵杆，使转轴旋转 60°，隔离开关分断。转轴转动的同时，固定在主轴上的凸轮驱动低压联锁改变为分闸状态。

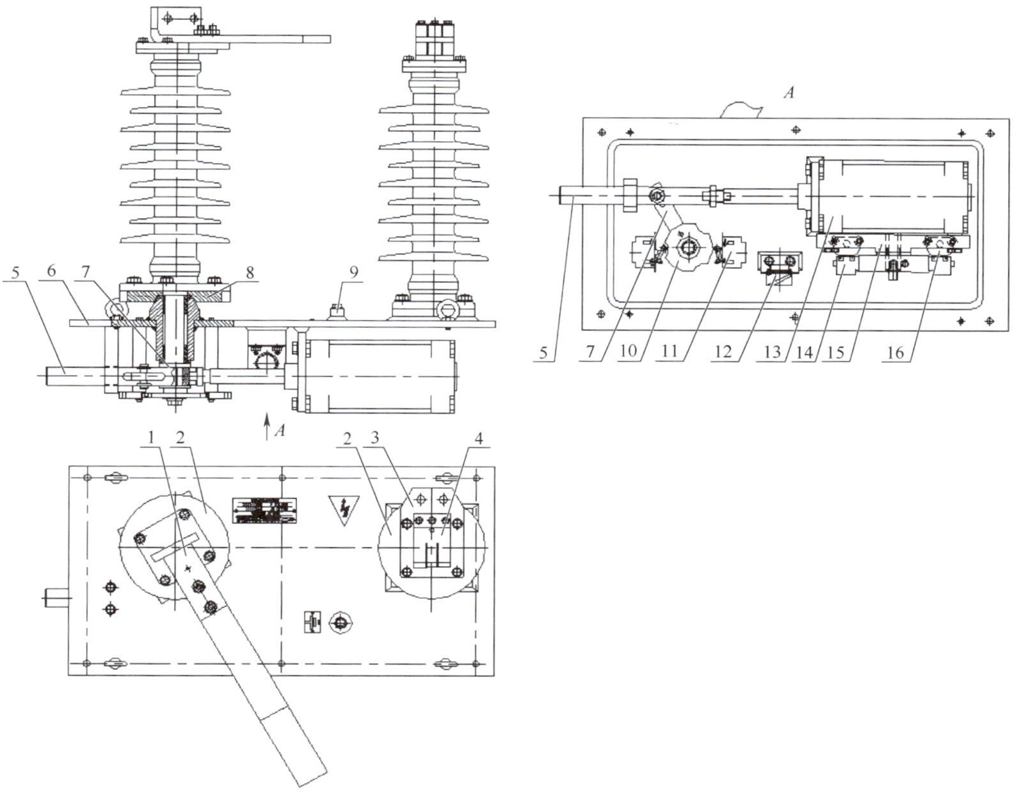

图 4.24 高压隔离开关结构

1—闸刀;2—转动绝缘子;3—夹板端子;4—簧片;5—拉杆;6—底板;7—操纵杆组装;8—转轴;9—接地座;10—凸轮;11—辅助联锁;12—电连接器;13—气缸;14—电磁阀;15—气路板;16—浪涌吸收器

(2)合闸:当高压隔离开关处于分闸状态时,电磁阀得到合闸信号,得电动作,打开气路,压缩空气经电磁阀进入压力气缸,推动操纵杆,使转轴旋转 60°,隔离开关闭合。转轴转动的同时,固定在主轴上的凸轮驱动低压联锁改变为合闸状态。

高压隔离开关不带灭弧装置,不具有开断电流的能力,因此,它的所有动作都必须在主断路器处于分断状态时进行。

4.6 高压电压互感器

JDZXW2-25A2 型高压电压互感器是一种户外全封闭式电力机车专用电压互感器,安装于车顶部。采用环氧树脂与硅橡胶复合绝缘支柱式结构,主要用于测量接触网电压,该测量电压值用于过压保护,同时也用于机车能耗测量。

4.6.1 主要技术参数

频率　　50 Hz

额定电压比	25/0.15
二次组合	1 级
二次额定负荷及准确级	30 V·A，1 级
绝缘等级	E 级
额定绝缘水平	40.5 kV/85 kV/185 kV
保护等级	IP66
质量	约 61 kg

4.6.2 工作原理

高压电压互感器是一种利用电磁感应原理把一次侧的高电压变换为标准测量电压的特种变压器，原理接线如图 4.25 所示。它的主要作用是：(1)给测量仪器、仪表或继电保护、控制装置提供信息；(2)使测量、保护和控制装置与高电压相隔离。JDZXW2-25A2 型电压互感器的一次绕组串连接在车顶 25 kV 高压线路上，N 端子接地(轨道电路)，二次绕组外部接有测量仪表、保护继电器等设备，为低压部分。

4.6.3 结构简介

JDZXW2-25A2 型高压电压互感器为环氧树脂与硅橡胶复合绝缘支柱结构，内部采用先进的环氧树脂浇注，外部护套和伞裙采用高温硅橡胶材料，具有良好的憎水性，大大地提高了污闪电压，能有效地防止污闪故障的发生。结构如图 4.26 所示。

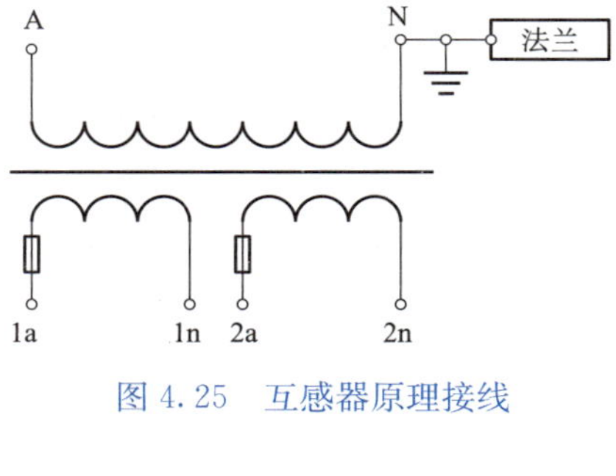

图 4.25 互感器原理接线

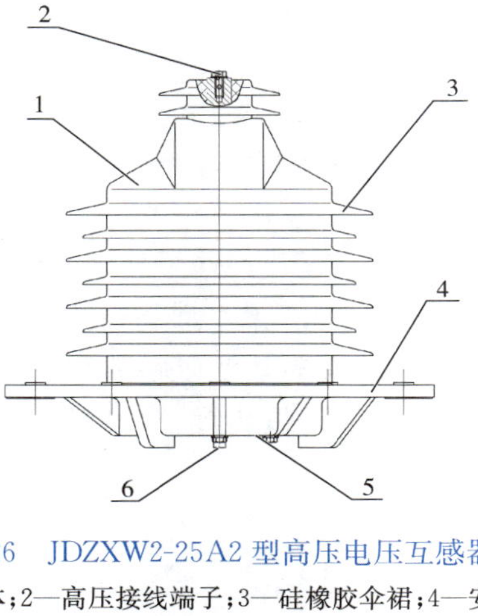

图 4.26 JDZXW2-25A2 型高压电压互感器结构

1—浇注体；2—高压接线端子；3—硅橡胶伞裙；4—安装法兰；5—接线盒；6—接地螺栓

4.7 高压电流互感器

LMZ3-0.72 型高压电流互感器为母线式电流互感器，安装在机车机械间侧墙上，套接在牵引变压器原边前端的高压电缆上，主要用来测量牵引变压器高压绕组输入端的线路电流，该测量电流值用于过流保护及短路保护,同时也可用于机车能耗测量。

4.7.1 主要技术参数

频率	50 Hz
额定电流比	600/1
二次组合	1 级/0.5 级
二次额定负荷及准确级	20 V·A 1 级/5 V·A0.5 级($\cos\varphi=0.8$)
绝缘等级	E 级
二次对地工频耐压	3 kV
质量	约 6.5 kg

4.7.2 工作原理

电流互感器是利用电磁感应原理,通过一次绕组与二次绕组的安匝平衡来把大电流变换为标准测量电流。它起到了变流和电气隔离的作用,避免了直接测量线路的危险。电流互感器是测量仪表、继电保护等二次设备获取电气一次回路电流信息的传感器,电流互感器将高电流按比例转换成低电流,电流互感器一次侧接在一次系统,二次侧接测量仪表、继电保护等。

4.7.3 结构简介

LMZ3-0.72 型高压电流互感器为浇注式电流互感器。互感器铁芯型式为卷铁芯,铁芯材料采用晶粒取向优质冷轧低损耗硅钢片,经卷制、退火而成。二次绕组采用聚酯漆包铜圆线绕制。电流互感器底板上有 4 个 $\phi10$ 的孔用于安装固定,牵引变压器的高压电缆穿过其中心。该互感器二次侧有两个绕组,其中一个绕组用于机车保护,另一个绕组用于机车能耗测量。高压电流互感器结构如图 4.27 所示。

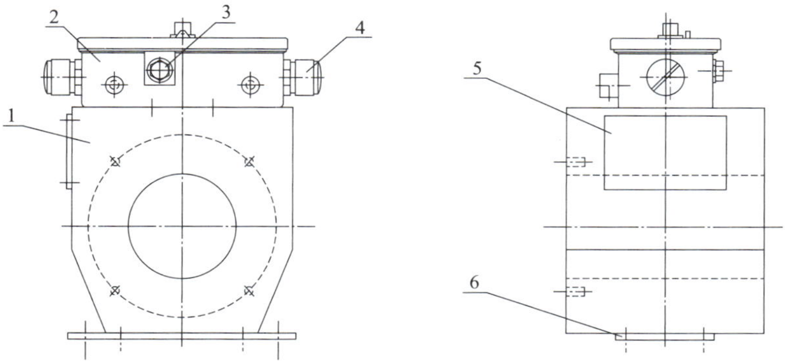

图 4.27 LMZ3-0.72 型高压电流互感器结构

1—浇注体;2—接线盒;3—接地螺栓;4—电缆夹;5—铭牌;6—安装板

4.8 接地电流互感器

LMZ4-0.72 型接地电流互感器为母线式电流互感器，安装在牵引变压器的原边末端，用来测量牵引变压器高压绕组输出端的线路电流，该测量电流值用于过流保护及短路保护，同时也可用于机车能耗测量。

4.8.1 主要技术参数

频率	50 Hz
额定电流比	600/1
二次额定负荷及准确级	20 V·A1 级（ $\cos\varphi=0.8$）
绝缘等级	E 级
二次对地工频耐压	3 kV
质量	约 6.5 kg

4.8.2 工作原理

电流互感器是利用电磁感应原理，通过一次绕组与二次绕组的安匝平衡来把大电流变换为标准测量电流。它起到了变流和电气隔离的作用，避免了直接测量线路的危险。电流互感器是测量仪表、继电保护等二次设备获取电气一次回路电流信息的传感器，电流互感器将高电流按比例转换成低电流，电流互感器一次侧接在一次系统，二次侧接测量仪表、继电保护等。

4.8.3 结构简介

LMZ4-0.72 型接地电流互感器为浇注式电流互感器。互感器铁芯型式为卷铁芯，铁芯材料采用晶粒取向优质冷轧低损耗硅钢片，经卷制、退火而成。二次绕组采用聚酯漆包铜圆线绕制。电流互感器底板上有 4 个 $\phi10$ 的孔用于安装固定，牵引变压器的接地电缆穿过其中心。该互感器二次侧有一个绕组，用于机车保护。接地电流互感器结构如图 4.28 所示。

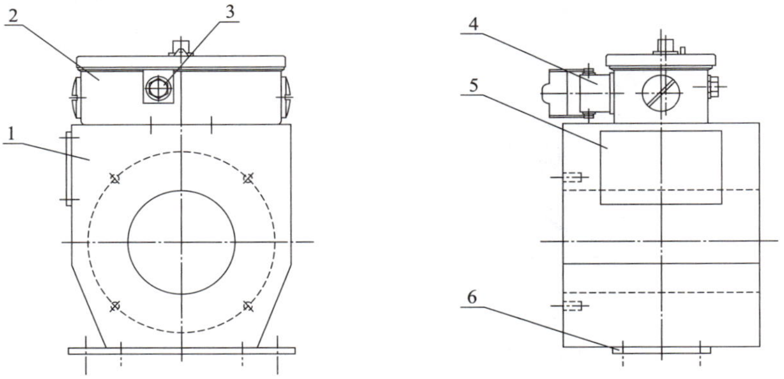

图 4.28 LMZ4-0.72 型接地电流互感器结构

1—浇注体；2—接线盒；3—接地螺栓；4—连接器；5—铭牌；6—安装板

4.9　避雷器

避雷器安装在机车车顶，主要用于保护机车牵引变压器免受大气过电压及操作过电压侵害。避雷器的主体元件采用硅橡胶外套密封，具有优良的耐污性能和防爆性能，且体积小、重量轻。

4.9.1　主要技术参数

外形尺寸	ϕ150 mm×538 mm(高)
质量	13 kg
系统额定电压（rms）	27.5 kV
避雷器额定电压（rms）	42 kV
避雷器持续运行电压（rms）	31.5 kV
额定频率	50 Hz
标称放电电流	10 kA
谐波冲击电流下残压	≤118 kV
雷电冲击电流下残压	≤105 kV
操作冲击电流下残压	≤89 kV
通流容量 2 ms 方波	18 次(400 A)
通流容量 4/10 大电流	2 次(65 kA)
局部放电量(在 1.05U_c下)	≥10 pC(U_c=31.5 kV)
爬电比距	≤25 mm/kV

4.9.2　基本原理介绍

避雷器元件内装有非线性电阻片(氧化锌阀片)，其具有优良的伏安特性，实现对过电压的限制。当系统出现过电压时，氧化锌电阻片呈现低电阻状态，吸收一定的过电压能量，过电压被限制在允许值以下，从而对电器设备提供可靠的保护。而在避雷器额定电压和系统正常工作电压下，氧化锌电阻片呈现为高电阻状态，使避雷器仅流过很小的泄漏电流，起到与系统绝缘的作用。

4.9.3　结构简介

避雷器由上盖、避雷器元件、硅橡胶外套及底部安装法兰构成，外形如图 4.29 所示。上盖上方有两个 M10 的螺栓，作为避雷器的高压接线端。底板安装法兰上有均布的 4 个 ϕ13 孔，以便于用 M12 的螺栓与车顶安装座连接(紧固力矩为 30 N·m)。

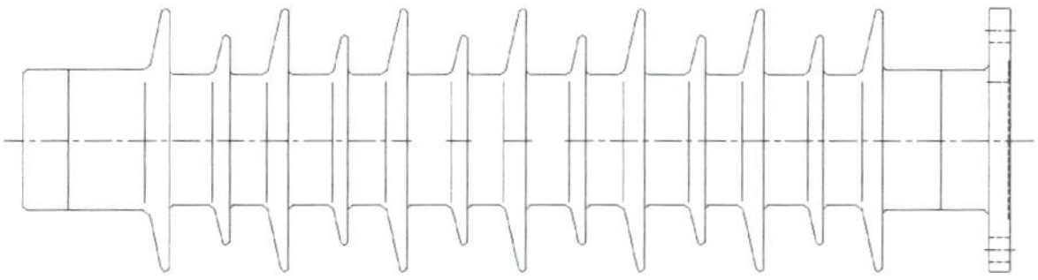

图 4.29　避雷器外形

4.10 高压电缆总成

高压电缆总成包括1个车顶高压套管、1根高压电缆和1个T形头，用来将车顶受电弓上的高压电流引到车底的牵引变压器上。为了保证其可靠性，高压电缆与车顶高压套管之间为不可拆卸连接，同时考虑到其可操作性，车顶高压套管采用从下至上的安装方式。吊顶盖前后，车顶高压套管均放置在机械间内的安装支架上，而高压电缆和牵引变压器之间则还是采用传统的T形头活动连接，拆装十分方便、简单。

4.10.1 主要部件技术参数

车顶高压套管	
高度	(355±10) mm
悬臂强度	200 N·m
伞裙个数	10
伞裙直径	140 mm
爬电距离	1 100 mm
质量	约 6 kg
连接螺栓(高压侧)	M16
高压电缆	
长度	$3\ 900^{+20}_{0}$ mm
电缆外径	49～51 mm
最小弯曲半径	255 mm
质量	4.5 kg/m
T形头	
长度	400 mm
宽度	255 mm
质量	约 3 kg
电气性能参数	
项点	额定值
工作电压	27.5 kV(最大持续值 31 kV)
交流耐压试验	60 kV/50 Hz，60 s(例行试验) 80 kV/50 Hz，5 min(型式试验)
局放试验(37.5 kV/50 Hz)	<5pC(例行试验)
持续额定电流	790 A(30℃)(在机械间环温 55℃时不小于 600 A)
冲击电压	170 kV(型式试验)
额定短路电流	29.3 kA，1 s(导体) 5 kA，1 s(屏蔽层)

4.10.2 构造说明

4.10.2.1 组 成

高压电缆总成由 1 个车顶高压套管、1 根 240 mm^2 高压电缆和 1 个 T 形头组成，其结构尺寸及安装方式如图 4.30 所示。

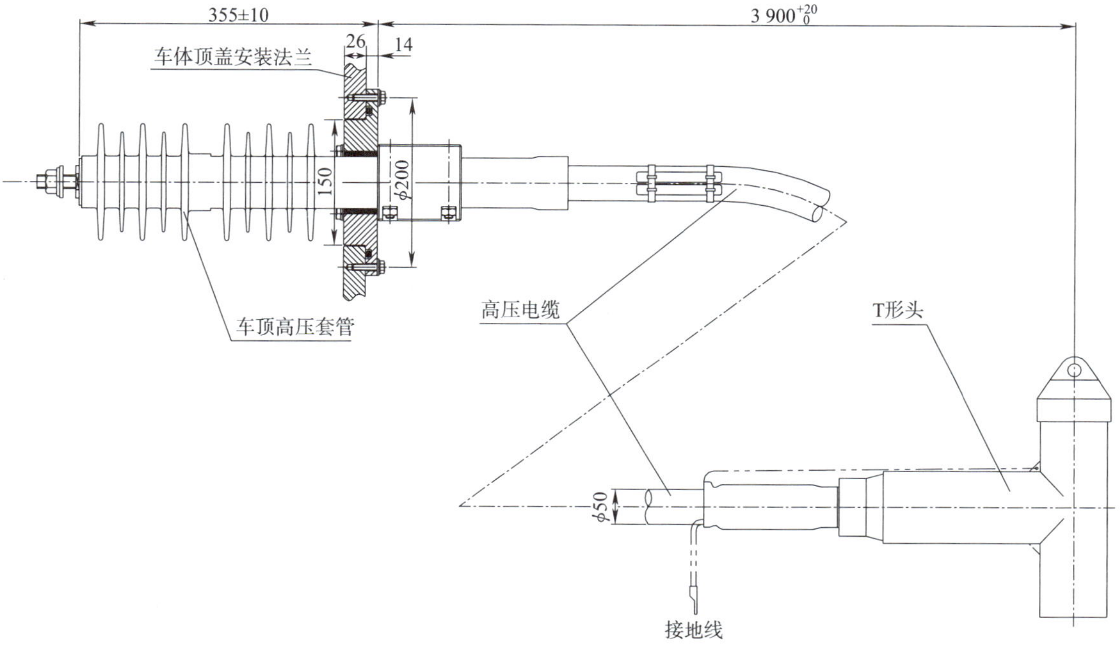

图 4.30 高压电缆总成结构及安装方式示意

4.10.2.2 车顶高压套管

车顶高压套管安装在机车顶盖上，主要为安装在车顶外部的电气部件(例如:受电弓、主断路器等)和车内部件(例如:互感器)之间提供导电连接。高压套管壳体由脂环族树脂制成，具有很好的抗污染层和良好的物理特性。

4.10.2.3 高压电缆

高压电缆的材料满足低烟、无卤、阻燃的特性，且具有良好的机械和电气性能，在安装时不需要采取其他保护措施，是连接车顶高压套管和 T 形头的部件。

电缆由导体、内半导体保护层、绝缘层、外半导体保护层、同心接地保护导体和护套组成，其中导体采用镀锡铜丝绞合而成，内、外半导体保护层材料为黑色橡胶化合物，绝缘层材料为 EPR 化合物，护套层采用红色无卤交联 EVA 材料，具体如图 4.31 所示。

4.10.2.4 T 形 头

T 形头外形结构如图 4.32 所示，用来连接高压电缆和牵引变压器上的 A 端子。

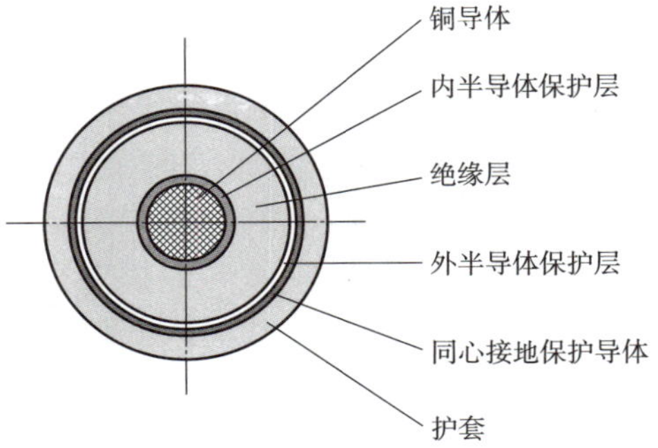

图 4.31　高压电缆结构

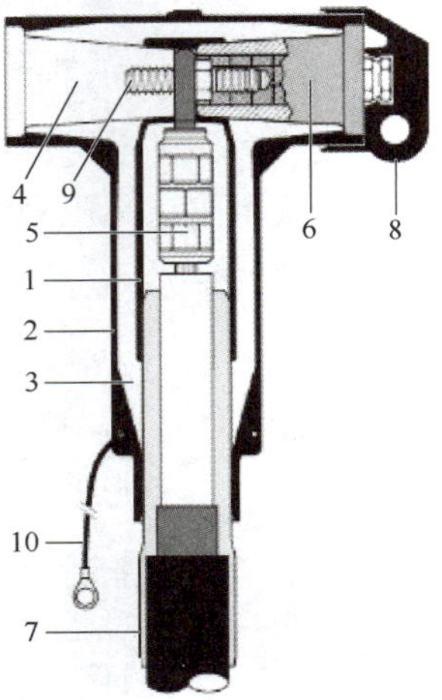

图 4.32　T 形头外形结构

1—半导电三元乙丙橡胶衬垫；2—半导电三元乙丙橡胶外屏蔽层；3—三元乙丙橡胶绝缘层；4—C 型接口；5—端子；6—绝缘塞；7—电缆配套管；8—橡胶冒；9—紧固螺栓；10—接地线

4.11　典型故障分析及处理

主断路器不能闭合时：

4.11.1　故障说明

机车受电弓升起后，将主断路器扳键开关置“合”位，主断路器不能闭合。机车典型的表现有以下三种：现象一，司机室微机屏报出“主断硬件回路断开”；现象二，司机室微机屏主断路器状态图标显示合允许禁止；现象三，微机屏主断路器状态图标显示合允许正常，司机室微机屏报“主断卡分”故障信息。主断控制逻辑框图如图 4.33 所示。

4.11.2　故障分析

针对司机室微机屏报出“主断硬件回路断开”，机车将紧急按钮动作信号、压力释放阀动作信号、受电弓截止阀钥匙箱信号等重要动作信号或可能会影响机车重大安全的保护信号串入主断路器硬件控制回路中，任一保护或动作发生，将触发断主断保护，并在微机屏报出“主断硬件回路断开”提示信息。

针对司机室微机屏主断路器状态图标显示合允许禁止，机车合主断条件除硬件环路要正常外，机车的网侧电压、原边电流、主变压器油温、牵引变流器水压、蓄电池电压以及相关的网络和控制设备自检结果等均正常，机车才允许闭合主断路器，以上主断控制及保护由 TCU 或 CCU 完成，任一条件不满足时，司机室微机屏主断路器状态图标显示合允许禁止，主断不允许闭合，同时微机屏将报出影响合主断的故障信息。

针对微机屏主断路器状态图标显示合允许正常，司机室微机屏报“主断卡分”故障，指机车

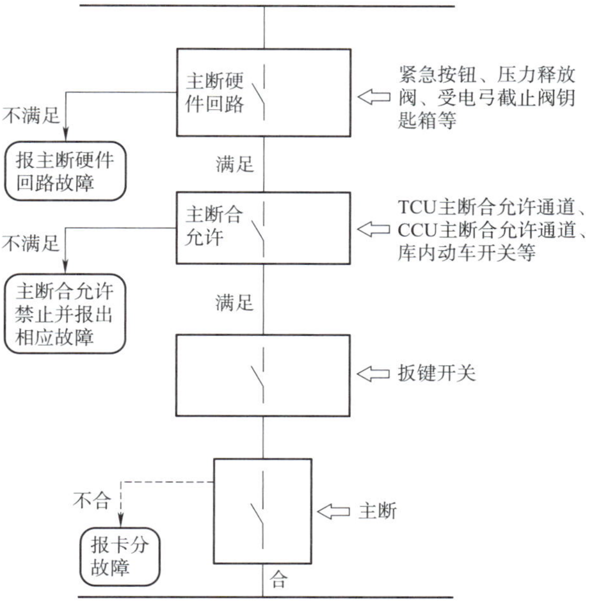

图 4.33 主断路器控制逻辑框图

网络控制系统收到扳键开关“合”指令后经延时检测到的主断状态仍为“分”状态，则报出“主断卡分”故障。主断路器不能正常响应合命令和主断路器合动作完成但不能保持合均会报出该故障，可能为主断路器自身器件异常，也可能为主断路器控制电气回路或空气回路异常。此外，主断路器正常闭合，但辅助触点故障致主断状态反馈异常，机车也会报“主断卡分”。

4.11.3 处理方法

主断硬件回路断开引起的主断路器不能闭合，检查是否有紧急按钮、压力释放阀动作、受电弓截止阀钥匙箱等信号或开关是否正常，检查硬件回路的线缆、端子和连接器是否正常等。

主断合允许禁止引起的主断路器不能闭合，结合微机屏同时报出的故障信息和提示信息排查引起合主断禁止的保护，可通过查看微机屏 I/O 数据状态和下载机车数据协助分析。针对主断卡分至主断路器不能闭合情况，检查主断路器是否正常，检查主断控制电气回路的线缆、端子、连接器、控制继电器、网络控制模块 I/O 信号动作是否正常，检查气路是否正常。

5 辅助电气系统

5.1 概　　述

HXD_{1B} 型电力机车辅助电气系统主要为机车主电路设备提供冷却，为空气制动系统提供风源，调节司乘人员工作环境。辅助电路的正常工作与否直接影响到主电路的工作状态，是机车稳定、安全运行的关键。

HXD_{1B} 型电力机车辅助电源系统由牵引变流器内的辅助逆变器提供电源，牵引变流器1内的辅助逆变器模块通过辅助变压器1给变压变频负载提供3AC 80～440 V 10～60 Hz电源，牵引变流器2内的辅助逆变器模块通过辅助变压器2给定压定频负载提供3AC 440 V 60 Hz电源。440 V供电支路中经小变压器可提供AC 230 V电源，经蓄电池充电机可提供110 V直流电源。按每个辅助机组/辅助设施的使用要求，辅助电气系统分成以下几个负载组：

(1)变压变频供电支路，负载包括6个牵引通风机组和2个冷却塔通风机组；

(2)恒压恒频440 V供电支路，负载有压缩机、水泵、油泵、空调、后墙暖风机、蓄电池充电机等；

(3)230 V 60 Hz单相/三相交流支路，负载包括撒砂加热器、窗加热器、电炉、卫生间防寒加热等；

(4)蓄电池充电机直流负载供电支路，负载包括照明灯、辅助压缩机、冷藏箱和控制系统电源等。

5.2 辅助电路

5.2.1 AC 440 V 电路

辅助3AC 440 V电路的原理如图5.1所示，变压变频和恒压恒频供电支路分别由单独的辅助逆变器模块供电，并经过独立的辅助变压器滤波，滤波后的电压波形为近似的正弦波，谐波含量均不大于5%。辅助逆变器检测电压，具有过压保护的功能，同时，辅助逆变器对辅助变压器的温度进行检测，具有超温保护的功能。

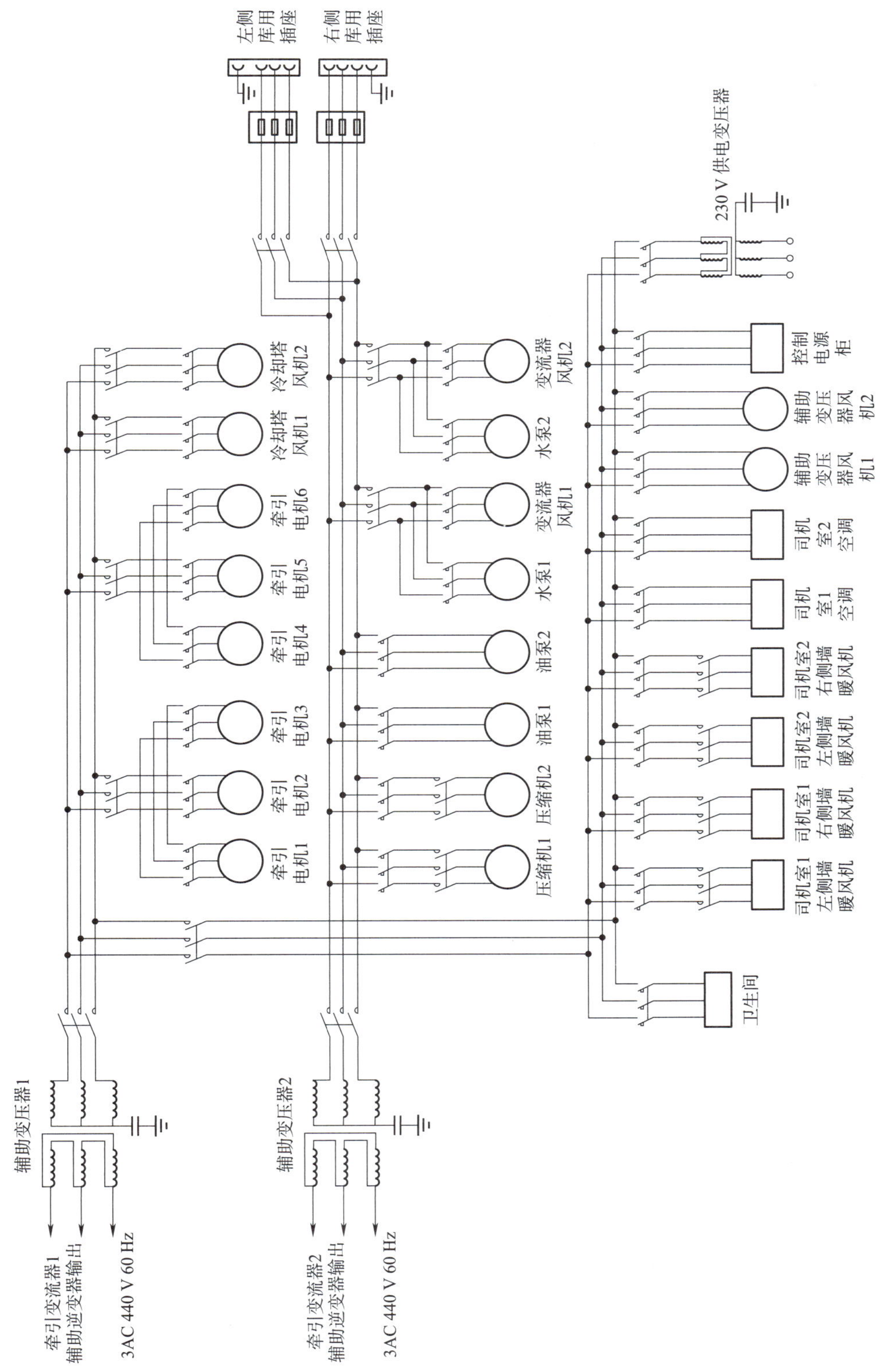

图5.1 HXD1B型电力机车440 V辅助负载电路原理

整车配置两台辅助逆变器模块(一台 VVVF,一台 CVCF),辅助逆变器模块集成于牵引变流器中,由其中间电压供电。正常工况下,两个辅助逆变器模块都工作时,VVVF 可工作于变压变频模式,CVCF 工作于恒压恒频模式。VVVF 输出电压及频率关系 U-f 曲线如图 5.2 所示。

变频变压支路的滤波电容器固定连接在辅助变压器之后,共同将辅助逆变器提供的含有大量谐波的三相变频电源降压滤波后供给 4 个牵引风机电机和一个冷却塔风机电机。滤波电容器后电路电压为 3AC 80 V/10 Hz～ 440 V/60 Hz。

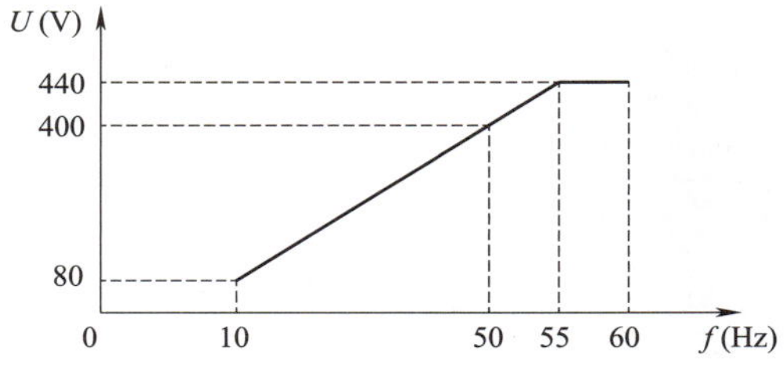

图 5.2 输出 U-f 特性曲线

5.2.2 230 V 60 Hz 单/三相交流电路

AC 230 V 辅助负载电路原理如图 5.3 所示,AC 440 V 恒压恒频供电支路中经小变压器可变压为 AC 230 V 电源。

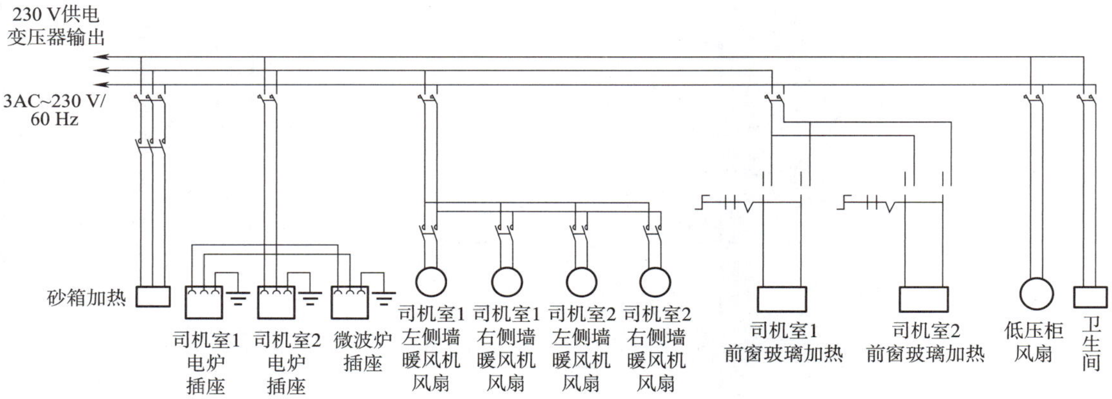

图 5.3 HXD1B 型电力机车 230 V 辅助负载电路原理

230 V 电源主要给机车加热负载供电,包括砂箱加热、司机室窗加热、后墙暖风机风扇、电炉、微波炉、卫生间防寒加热,并为其他防寒加热预留接口。

5.3 辅助逆变器

HXD1B 型电力机车设有两个辅助逆变器,集成在牵引变流器中,分别由一路中间直流回路供电。相模块采用 6.5 kV/600 A 水冷 IGBT 元件，模块参数如下：

额定电压	3 500 V
额定电流	550 A
IGBT 开关频率	800 Hz

单台辅助逆变器模块的额定输出容量为 200 kV·A，为了满足冗余的要求(340 kV·A)，最大输出容量 400 kV·A。辅助逆变器设有过压、过流和接地保护，其中过压和接地保护由牵引变流器完成。

5.4 辅助变压器

为改善辅助系统电源品质，HXD_{1B} 型电力机车辅助电气系统在辅助逆变器后设置了用于消除谐波的辅助变压器，它具有高、低压电路隔离、变压和滤波的多重功能，安装在辅助滤波柜内，采用强迫通风方式冷却。

主要技术参数：

额定容量(持续)	300 kV·A
相数	3
最大短时容量(最大 3 s)	540 kV·A
最大短路电流	2 500 A
二次侧线圈	440 V/393.6 A
最大二次侧线圈电压	880 V
变压器变比	3.8
额定频率	60 Hz
电压/频率变化范围	80 V/10 Hz～440 V/55 Hz
	440 V/(55～60) Hz
外形尺寸	865 mm×633 mm×632 mm
绝缘耐热等级	H 级
冷却方式	强迫风冷
防护等级	IP55(防水喷)

5.5 电 源 柜

TGY02 型电源柜主要有两个部分的功能，一个是为机车内部电器提供直流 110 V 电源，并为蓄电池组充电，同时为应急灯、仪表等设备提供直流 24 V 电源；电源柜的另外一个功能是针对 110 V 输出和 24 V 输出进行一定的低压配电。

充电机部分由 5 个 110 V 充电模块、2 个 24 V 模块和一个监控单元组成，统一安装在机箱的上半部分。每个充电模块为 DC 110 V/30 A。5 个相对独立的 110 V 充电模块并联输出，并保证了输出的均流，具有的优点：第一，模块式组合电源柜大大延长了平均故障间隔时间，部分模块的损坏不会导致整个充电机瘫痪，提高了充电系统的可靠性；第二，模块式组合电源柜可缩短平均修复时间，维修方便，只需更换故障模块。此外监控单元将主要负责对 110 V 模块、24 V 模块进行管理，提供状态显示、故障记录、故障查询、充电管理等功能。

电源柜的下方主要是低压配电部分，提供库内充电转换、110 V 输出电压配电、24 V 输出电压配电等功能，包括安装在柜门上的对外输出断路器、安装在柜内电器装配组件。在电源柜的最下方还有专供外部大线接线所用的接线端子，以及输入 3 相交流 440 V 控制开关等。电源柜布局如图 5.4 所示。

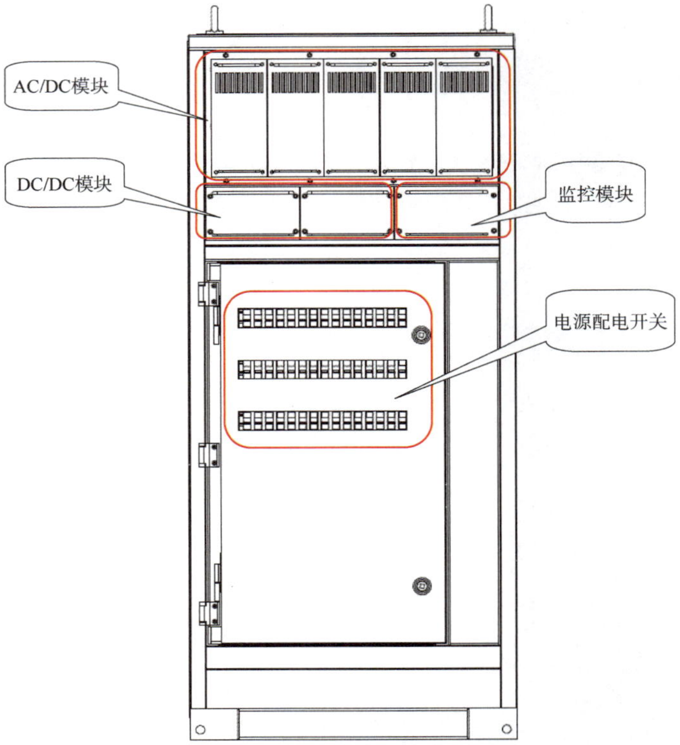

图 5.4　电源柜布局

电源柜技术参数	
额定输入电压	3AC 440×(1±5%) V/60 Hz
额定输出电压	
快速充电电压	DC 115.2×(1±1%) V
浮充电压	DC 108.0×(1±1%) V
直流 24 V	DC (24±0.5) V
额定输出电流	
DC 110 V	150 A
DC 24 V	21 A×2
蓄电池最大充电电流	DC 35 A
防护等级	IP54
质量	350 kg

5.6 蓄电池柜

蓄电池柜(含蓄电池)作为机车上备用控制电源和启动电源,它与电源柜并联运行,起着十分重要的作用,其作用主要有以下三点:

(1)当机车启动时由蓄电池柜提供升弓、低压试验和照明用的低压电源;

(2)当运行中 110 V 开关电源部分因故障切除时,由蓄电池柜提供维持机车故障运行的控制电源;

(3)与电源柜 110 V 开关电源并联运行时起滤波和稳定控制电源的作用。

5.6.1 技术参数

蓄电池柜技术参数

外形尺寸	宽×深×高=900 mm×800(底架深 1 050) mm×1 580 mm
质量	约 1 000 kg
防护等级	IP20
额定电压	96 V

HXD1B 型电力机车采用阀控式免维护铅酸蓄电池作为控制系统启动和后备电源,每节蓄电池标称电压 2 V,容量为 170 A · h。每节车上装有 48 节串联蓄电池,标称电压 96 V,采用浮充电方式工作。蓄电池技术参数如下。

单体尺寸(长×宽×高)	85 mm×173 mm×365 mm
单体质量(毛重/质量)	13.6/12.5 kg
单体额定电压	2 V

5.6.2 结构及技术说明

蓄电池柜的外形如图 5.5 所示。蓄电池柜结构分为三层,每层摆放三组蓄电池组。蓄电池柜正面右下方为进出线端子。当需在车上对蓄电池进行维护时,松开蓄电池箱的两个固定螺栓,挂上工装,把蓄电池箱拖出并放到机械间地板上进行后续工作。

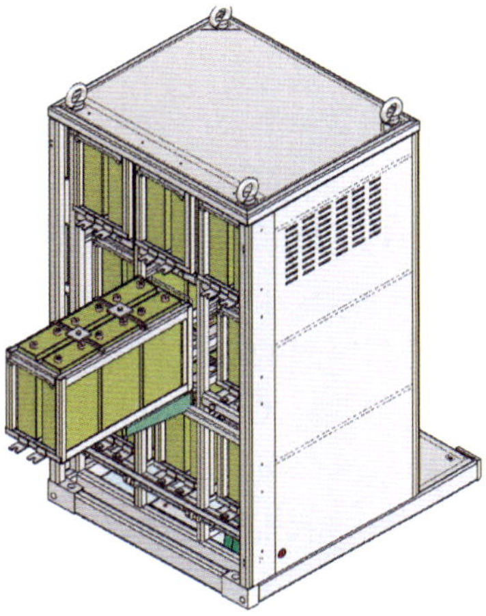

图 5.5 蓄电池柜外形

5.6.3 工作原理

蓄电池柜中的 48 节单体蓄电池以正—负、正—负串联方式连接,共同组成机车控制电路所需的 96 V 直流电源系统,其额定安时量为 170 A · h。当控制电源柜的充电机模块没有工作,机车控制电源柜无法为控制回路提供直流电源时,此时蓄电池柜中的蓄电池组为整个控制回路供电,机车控制回路电压也就为蓄电池组电压。

5.7 辅助机组

在一台 HXD_{1B} 型电力机车上安装了 6 台通风机组、2 台辅助滤波柜风机、2 台油水冷却塔、2 台空气压缩机、1 台辅助空气压缩机组。

5.7.1 通风机组

THTF4.5B 牵引风机是为 HXD_{1B} 型电力机车牵引电机提供冷却空气的装置。

5.7.1.1 技术参数

全压	2800×(1±5%) Pa
流量	1.5×(1±5%) m^3/s
额定转速	3 530×(1±5%) r/min
效率	45%±5%
风机型式	轴向离心式风机
输送介质	空气
安装形式	立式
最大功率	13 kW
额定电流	24 A
额定频率	60 Hz
额定电压	AC 440 V
绝缘等级	H
防护等级	IP55
质量	(145±3) kg

5.7.1.2 牵引风机机组基本原理

THTF4.5B 牵引风机为轴向离心式风机，主要由风机叶轮、三相交流异步电动机、主风筒、进风道、接头等零部件组成。

机车顶部的冷空气经进管道引入到风机进口，空气轴向进入叶轮，经过叶轮加速后径向吹出。气流在主风筒的阻碍下改变方向变成轴向流出，进入风机出风管道。

冷空气经风机和风道进入牵引电机，将牵引电机运转时产生的热量带至机车外。牵引风机形成足够的压力升高，克服空气入口阻力、牵引风机自身阻力，风道阻力和牵引电机的阻力，并使空气流量达到散热的要求。

机车逆变器提供可变电压和频率的电源，使风机转速可调，提供可变的空气流量，满足牵引电机在不同工作状况下的冷却要求。

风机有足够的可靠性和寿命，满足牵引电机冷却要求，不致因风机停止工作造成牵引电机过热损坏。

5.7.1.3 牵引风机机组结构(图 5.6)

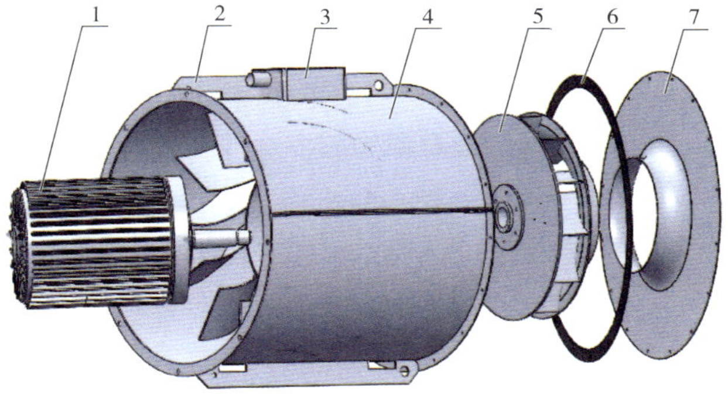

图 5.6 牵引风机机组结构

1—电机;2—加强筋;3—接线盒;4—组装风筒;5—叶轮;6—密封垫;7—进风道

5.7.1.4 牵引风机电机结构(图 5.7)

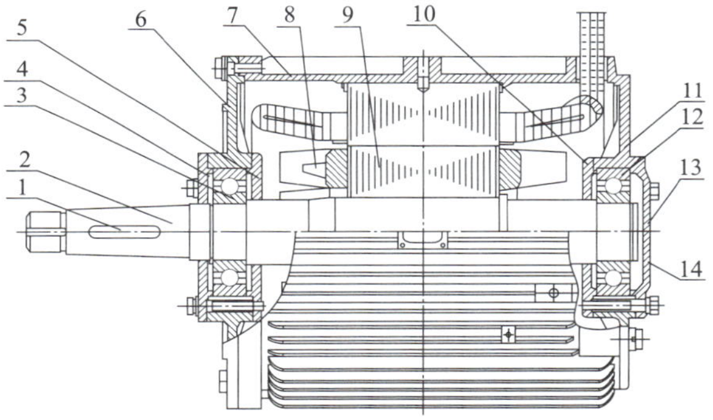

图 5.7 牵引风机电机结构

1—键;2—轴;3—前轴承;4—前轴承外盖;5—前轴承内盖;6—前端盖;7—电机机座;8—平衡柱;9—铸铝转子;10—后轴承内盖;11—后端盖;12—后轴承;13—后轴承外盖;14—轴承挡圈

5.7.2 辅助滤波柜风机

5.7.2.1 滤波柜风机技术参数

最低温度	−40 ℃
最高温度(储存)	+70℃
最高温度(运行)	+60 ℃
流量	1.5 m^3/s
轴功率	5 kW
声功率	<103 dB(A)

5.7.2.2 辅助滤波柜风机的基本原理

辅助滤波柜风机为离心式风机,主要由风机叶轮、三相交流异步电动机、机壳、进风筒、电机支撑板等零部件组成。

风机机车顶部的冷空气经进管道引入到风机进口。空气轴向进入叶轮，经过叶轮加速后径向吹出。

冷空气经风机进入滤波柜，将辅助滤波柜变压器产生的热量带至机车外。辅助滤波柜风机形成足够的压力，克服空气入口阻力、变压器自身阻力、柜体阻力，并使空气流量达到散热的要求。

风机有足够的可靠性和寿命，满足辅助滤波柜变压器冷却要求，不致因风机停止工作造成辅助滤波柜内变压器过热损坏。

5.7.2.3　辅助滤波柜风机结构(图 5.8)

辅助滤波柜风机主要由风机叶轮、三相交流异步电动机、机壳、进风筒、电机支撑板等零部件组成，叶轮采用后弯式叶片，机壳由蜗壳顶板、蜗壳底板，加强筋焊接而成，叶轮由前轮盘、后轮盘、轮芯以及 9 块叶片焊接而成。

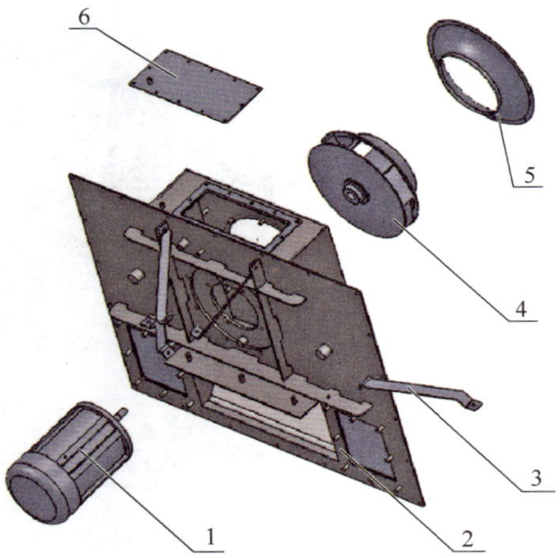

图 5.8　辅助滤波柜风机结构

1—电机；2—机壳；3—支撑杆；4—叶轮；5—进风口；6—观察窗

5.7.3　油水冷却塔

5.7.3.1　冷却塔技术参数

质量(净重)	1 100 kg
质量(注满介质)	1 370 kg
冷却水	水/防冻剂 44%/56%
冷却油	矿物油
冷却风机电源参数	440 V 星形，60 Hz，34 kW
水泵	440 V 星形，60 Hz，5.4 kW
水循环回路冷却量	125 kW
油循环回路冷却量	168 kW
冷却空气温度	≤40℃
水流量	17.2 m^3/h
油流量	40 m^3/h

5.7.3.2　冷却塔的基本原理

冷却塔用于散发由机车逆变器和变压器所产生的热量。

冷却塔有两个分开的冷却回路，一个用于机车逆变器(水冷却剂回路)，另一个用于变压器回路(油路)。两个回路的冷却介质流经彼此隔离的散热器通道，并被风机吹入的空气强制冷却。

冷却散热器的空气是通过机车顶部的开口被冷却风机吸入。然后向冷却塔流动，流经散热器后最终通过车体地板开口吹向车下。

提供冷却液的冷却水泵和用于自动排泄及适应热量导致的膨胀变化的膨胀箱被整合到回路中。冷却剂液位可以通过膨胀箱上的液位显示器读到或通过膨胀箱内的浮控开关监控。逆变器冷却回路中包含一个水泵，一个可以调节因热量引起的冷却液体积变化的水膨胀箱，冷却液液位可以通过玻璃管显示，通过浮控开关监控。

冷却塔分为冷却塔 1 和冷却塔 2，两个冷却塔基本相同，区别在于冷却塔 1 的变压器回路中包含一个调节冷却液体积变化的副油箱，一个布赫继电器。油位可以通过副油箱上的油位显示器读到。还有一个除湿器用于干燥流入副油箱的空气。冷却塔冷却原理示意如图 5.9 所示。

5.7.3.3　冷却塔结构(图 5.10)

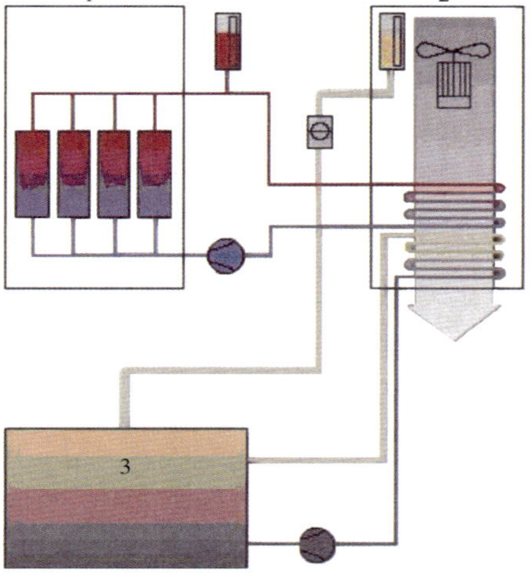

图 5.9　冷却塔冷却原理示意

1—牵引变流器；2—冷却塔；3—牵引变压器

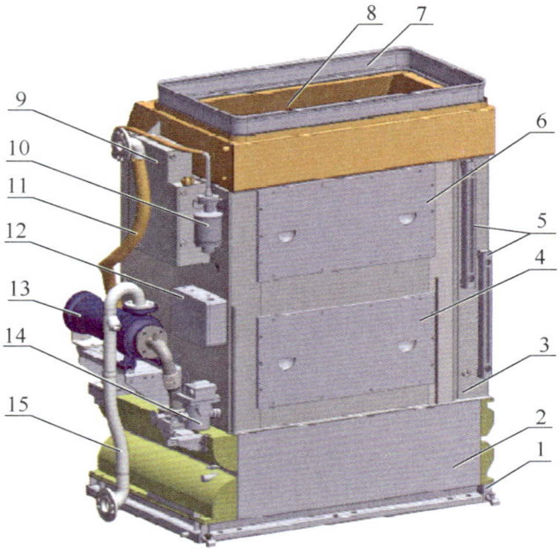

图 5.10　冷却塔结构

1—底座；2—散热器；3—机架；4—下维护门；5—油位观察窗；6—上维护门；7—顶部密封件；8—冷却塔风机；9—膨胀水箱；10—除湿器；11—出水管；12—接线盒；13—水泵；14—布赫继电器；15—进水管

5.7.4　水泵(图 5.11)

冷却水泵用于把散热器出口处的水抽入到逆变器中，以形成冷却系统的水路循环。

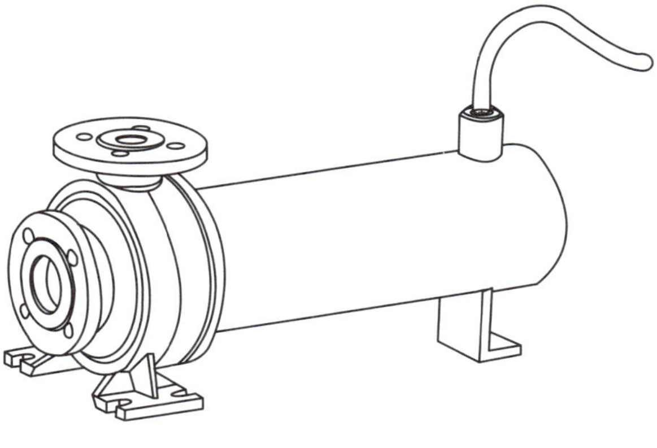

图 5.11　水泵

冷却水泵采用水平、单程、非密封蜗形套离心泵，后出口设计，带有全封闭式灌装电机，适用于工业工程。

5.7.4.1 技术参数

功率	3.7 kW
电压	AC 440 V
频率	60 Hz
转向指示	顺时针(电机旋转方向)
速度	3 500 L/min
绝缘等级	H 级
外壳防护等级	IP55

5.7.4.2 水泵的结构及工作原理

水泵的结构如图 5.12 所示。

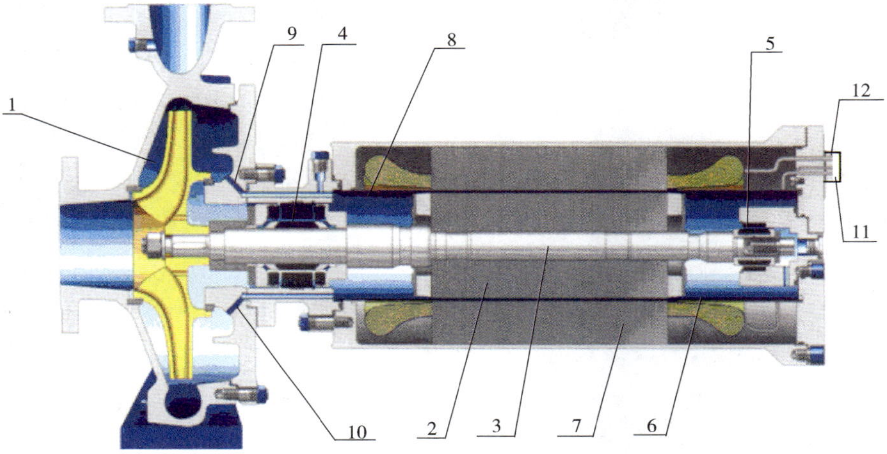

图 5.12 水泵结构

1—叶轮;2—转子;3—轴;4—滑动轴承;5—滑动轴承;6—外壳;7—定子;
8—支撑套;9—孔;10—孔;11—接线盒;12—散线端子

液力元件和电机紧固连接，并形成一个封闭的连接单元。图 5.2 中的叶轮(1)和转子(2)排列在同一根轴(3)上，轴由产品润滑的滑动轴承(4)和(5)支撑。转子腔通过外壳(6)与定子腔密封。外壳由耐腐蚀材料制造，安放在定子(7)和支撑套(8)上，以平衡由转子腔内的压力所产生的力。

轴承由转子腔内输送的介质润滑。当泵启动后，介质通过孔(9)和(10)进入转子腔，通过轴上的孔排出。

当泵运行时，在孔(9)和(10)处的介质流动产生的局部流动，围绕转子流动，并进入转子轴端部的径向孔，从叶轮侧的轴端面排出。

孔(9)和(10)与叶轮侧的轴端径向孔压力不同，产生一个连续的局部流动，流经转子和外壳之间的环形间隙，来带走电机产生的热量。

从水压腔到定子腔的液体循环，和回到进口侧的压力，确保滑动轴承的充分润滑。

根据泵的形式，泵到电源可通过接线盒(11)或散线端子 12，来可靠连接到电机。

温度传感器可安装在电机内，来监控转子腔的温度(PT100)。标准泵的设计是配置 PTC 传感器来监控线圈温度。

5.7.5 冷却塔风机

冷却塔风机安装在油水冷却塔中，为冷却塔散热器提供冷空气，以带走机车变流装置和变压器产生的热量，使机车得以正常运行。

5.7.5.1 技术参数

最低温度	－40℃
最高温度(储存)	＋70℃
最高温度(运行)	＋60℃
运行海拔	2 500 m
流量	＞10.5 m^3/s
轴功率	28 kW
声功率	111 dB(A)
叶轮直径	868 mm
质量	390 kg
电机参数	
电压	440 V
压升比	＜10 V/μs
频率	10～60 Hz
绝缘等级	H
防护等级	IP 55
功率因数	0.88

5.7.5.2 冷却塔风机原理

风机机车顶部的冷空气经进管道引入到风机进口。空气进前导风筒组轴向进入叶轮，经过叶轮的加速后径向吹出。气流在后导风筒的阻碍下改变方向变成轴向流出，进入冷却塔散热器。

冷空气经风机进入冷却塔散热器，将冷却塔运转时产生的热量带至机车外。冷却塔风机形成足够的压力升高，克服空气入口阻力、冷却塔风机自身阻力，散热器的阻力，并使空气流量达到散热的要求。

5.7.5.3 冷却塔风机和冷却塔风机电机结构

冷却塔风机和冷却塔风机电机结构如图 5.13 所示。

前导风筒组由整流锥、16 块前置导叶及风筒组成，后导风筒组由支撑筒、风筒及 27 块后置导叶及 4 个支撑脚等组成，叶轮由前轮毂、后轮毂、轮芯以及 17 块叶片组合而成。叶轮在使用和维修过程中必须作为一个整体。

冷却塔风机电机结构与牵引风机电机结构相同。

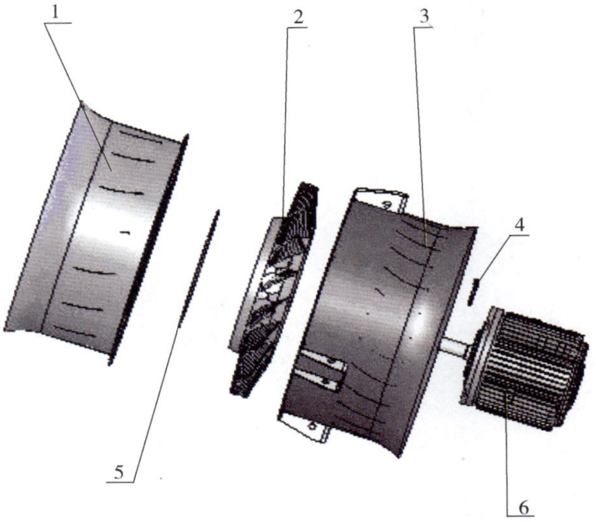

图 5.13　冷却塔风机结构

1—前导风筒组；2—叶轮；3—后导风筒组；4—防尘板；5—支撑杆；6—电机

5.8　机车照明

机车照明基本上可以分为车内照明和车外照明两个部分。

每台车的车外照明包括 2 个前照灯、4 个辅照灯、4 个标志灯(其中辐照灯和标志灯集成在一个整体结构内)、4 个车底灯。

5.8.1　机车外部照明

5.8.1.1　前照灯

前照灯由两个氙灯构成。

前照灯的控制开关布置在司机室操纵台扳键开关组上。前照灯具有强光和弱光功能。

前照灯的布置如图 5.14 所示。

前照灯技术参数

氙灯额定工作电压	DC 24 V
氙灯功率	50 W
氙灯泡寿命	3 000 h

5.8.1.2　辅照灯和标志灯

标志灯和辅照灯采用整体式结构。每套灯具包括一个辅照灯和一个标志灯。

辅照灯和标志灯的控制开关布置在司机室操作台扳键开关组上。

辅照灯和标志灯组合灯具的外形如图 5.15 所示。

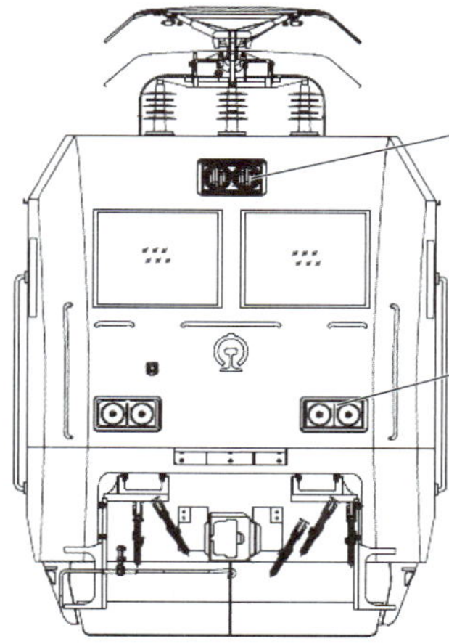

图 5.14 前照灯、标志灯和辅照灯布置

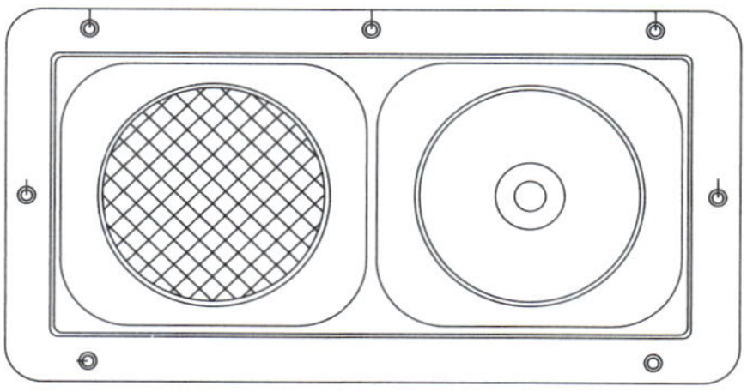

图 5.15 辅照灯和标志灯外形

辅照灯和标志灯在司机室前端的布置如图 5.14 所示。

技术参数如下：

辅照灯	H7/DC 24 V/70 W
标志灯	DC 24 V/21 W
质量	2.8 kg

5.8.1.3 车 底 灯

机车车底安装有 4 个车底灯，车底灯的技术参数：

外形尺寸	250 mm×114 mm×92 mm
额定工作电压	DC 110 V
适用工作电压范围	DC 77 V～138 V
工作环境温度	－40～＋60℃
光源	110 V 13 W 荧光节能灯管(灯口 E14)

5.8.2 机车内部照明

机车内部照明包括司机室照明和机械间照明。

5.8.2.1 司机室照明

司机室照明包括司机室灯照明和记点灯照明。在每个司机室有两个司机室灯和一个记点灯。

司机室灯和记点灯布置于司机室的顶棚，其中司机室灯位于司机座椅的正上方，记点灯位于操纵台记点平台的正上方，主司机的正前上方。

司机室灯和记点灯的控制开关布置于司机操纵台主台面的扳键开关布置，另外在司机室的左、右侧墙还布置有司机室灯控制按钮。

按下司机室灯按钮开关后，司机室灯首先发光，然后延时断开。通过操纵台上的扳钮开关可以实现司机室灯的强弱光功能。

司机室灯技术参数：

质量	大约 3.8 kg
额定电压	DC 110 V
工作电压范围	DC 77 V～138 V
额定功率	46 W
发光体：	
荧光灯	15 W × 2
白炽灯	8 W × 2
工作模式：	
强光	2 个 15 W 荧光灯和 2 个 8 W 的白炽灯全部工作
弱光	只有 2 个 8 W 的白炽灯泡工作

5.8.2.2 机械间照明

机械间内安装有 7 个机械间灯。机械间灯通过位于司机室司机操纵台上的扳键开关控制。

机械间灯的技术参数：

外形尺寸	242 mm×116 mm×88 mm
额定工作电压	DC 110 V
适用工作电压范围	DC 77 V～138 V
工作环境温度	－40～＋60℃
光源	110 V 13 W 荧光节能灯管(灯口 E14)
质量	1 kg

5.8.3 侧面照明

机车提供了 2 个供侧面照明的行灯插座。行灯插座在机车上的具体位置如图 5.16 所示，与行灯插座布置在一起的还有辅助回路库用插座、库内动车插座。

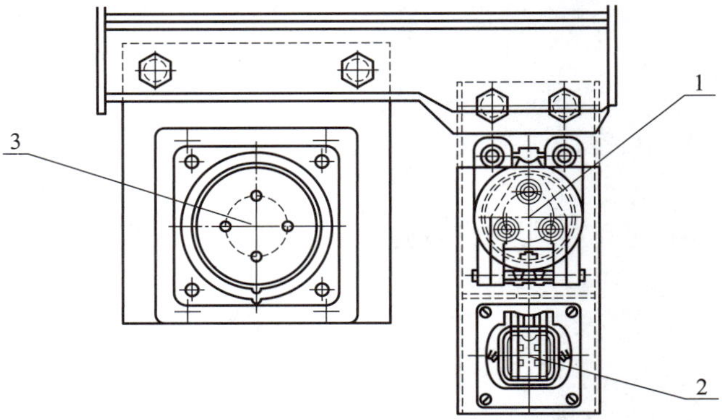

图 5.16 机车侧面及车底照明布置

1—行灯插座；2—辅助回路库用插座；3—库内动车插座

5.9 辅助电器

每台车辅助电器主要包括:后墙暖风机 4 台、卫生间 1 台、冷藏箱 1 台、微波炉 1 台。

5.9.1 后墙暖风机

后墙暖风机安装在左右后墙柜内,分左右两种,区别在于风道的安装方向和长度,它由加热系统和通风系统组成,是司机室辅助加热装置,在冬季空调系统制热量不足时,由机车控制系统控制给司机室辅助加热。

后墙暖风机布置在司机室的司机侧后墙柜和副司机侧后墙柜内,通过空调控制面板上的后墙加热器模式选择开关进行控制。

5.9.1.1 后墙暖风机技术参数

质量	25 kg
输入功率	1.8 kW
额定电压	3AC 440 V 60 Hz
控制回路电压	DC 110 V
空气湿度	≤90%

5.9.1.2 后墙暖风机的结构及原理

后墙暖风机主要由加热单元和风道装配两部分构成,如图 5.17 所示。

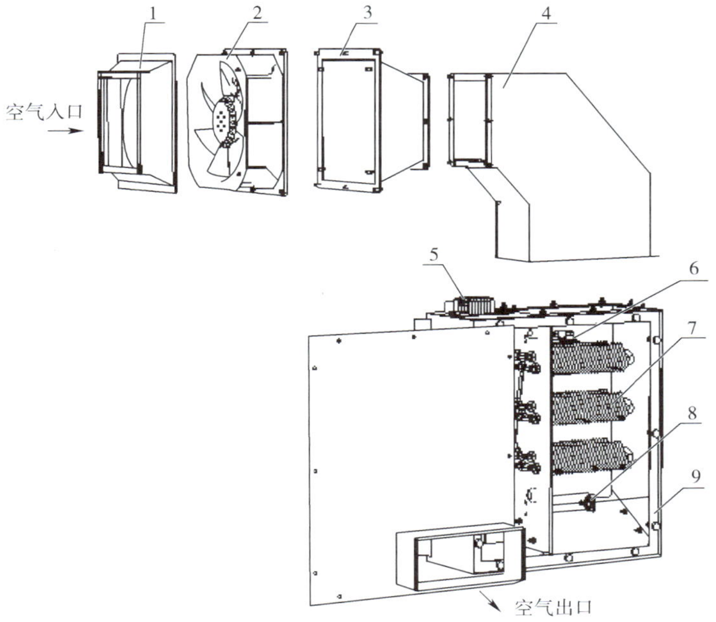

图 5.17 后墙暖风机结构

1—进风口风道;2—风机;3—过渡风道;4—主风道;5—接线端子;
6—温度控制元件 120℃、80℃;7—电热元件组成;8—温度控制元件 60℃;9—箱体组成

后墙暖风机电气原理如图 5.18 所示。

后墙暖风机由风道装配、加热单元和温度控制元件组成，电源经接线端子接入。加热元件电压为 3AC 440 V 60 Hz；风机电压为 230 V 60 Hz；温控器电压为 DC 110 V。电源接通时，系统正常工作。整个加热器设有三个温度保护开关 TG1、TG2、TG3 分别为 80℃、60℃、120℃，TG1 为进风口温度过热保护开关；TG2 为风机不正常工作后，温度过高保护开关；TG3 为出风口温度过热保护开关。

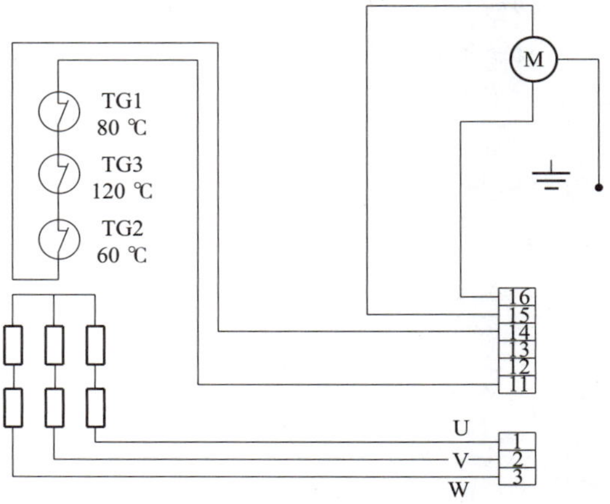

图 5.18　后墙暖风机电气原理

5.9.2　卫 生 间

卫生间布置在机械间内，用于收集和暂存人体排泄物，卫生间内部还装有洗手台、镜子、脚炉等，为司乘人员提供一个人性化的如厕环境。

5.9.2.1　卫生间技术参数

质量	≤400 kg
尺寸(宽×深×高)	900 mm×1 050 mm×2 100 mm
电气部件(控制器和接线盒)防护等级	不低于 IP54
存储温度	−40～+70 ℃
使用温度	−25～+55 ℃
需要压缩空气压力	0.5～1 MPa

5.9.2.2　卫生间的结构

卫生间由卫生间柜体、水冲洗坐便器、管道、污物箱、水箱、取暖器和其他附件构成，如图 5.19 所示。

5.9.3　冷藏箱、微波炉

为适应长大交路运输的需要，HXD1B 型电力机车上还配备了冷藏箱和微波炉，这些设备安装在机械间，冷藏箱采用 DC 110 V 供电，微波炉采用 AC 230 V 供电。

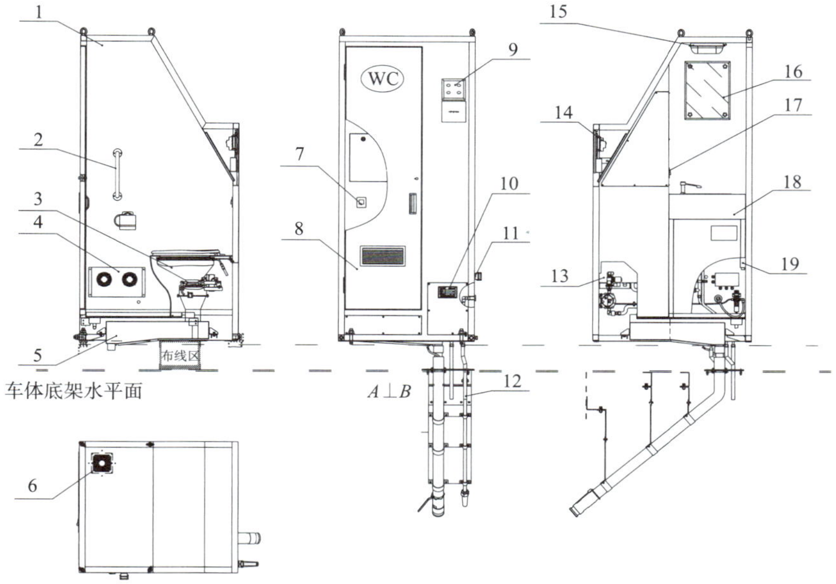

图 5.19　卫生间结构

1—卫生间柜体；2—扶手；3—水冲洗坐便器；4—取暖器；5—污物箱；6—排风扇；7—洗手按钮；8—卫生间主门；9—显示面板；10—铭牌；11—进电插座；12—室外管道；13—水箱；14—配电板；15—无网灯；16—镜子；17—冲洗按钮；18—洗手台；19—加热器附加控制器

5.10　典型故障分析及处理

蓄电池充电机故障时：

5.10.1　故障说明

机车蓄电池充电机主要用于在机车具有外接电源的情况下为机车车载蓄电池充电，当机车蓄电池充电机故障时，司机室内微机显示屏右下角会闪烁显示“110 V”故障，此时机车控制系统只能由蓄电池供电，存在蓄电池长久供电至蓄电池欠压，引起机车控制系统被强制断电的风险。

5.10.2　故障分析

蓄电池充电机采用多模块冗余设计，单个充电机模块故障不会影响蓄电池的正常充电功能。蓄电池充电机故障存在两种情况。

(1)蓄电池充电机断路器脱扣(跳闸)

蓄电池充电机柜下方 110 V 输出断路器和 24 V 输出断路器脱扣会导致蓄电池充电机电源输出故障，此时监控模块显示屏会显示断路器跳开的提示信息。

(2)蓄电池充电模块故障

蓄电池充电模块故障时，机车微机显示屏会提示蓄电池充电机故障信息，此时可以观察确认充电模块工作情况，如果有 2 组及以上充电模块正常工作（绿灯亮），不会影响蓄电池充电机正常地给蓄电池充电。

5.10.3　处理方法

（1）蓄电池充电机断路器脱扣（跳闸）

根据蓄电池充电机监控模块显示屏的提示信息找到跳开的断路器，并闭合。若断路器再次跳开，则表示断路器损坏或输出电路存在短路故障，需要报专业维修人员处理。

（2）蓄电池充电模块故障

同时按压充电装置的监控模块"＋""－"键，并保持 5 s，复位充电机模块，复位后若故障消除，机车可正常运行。

复位操作后如有 2 组以上 110 V 充电模块工作正常（红灯灭，绿灯亮），则维持机车运行，故障充电模块可等待机车回库处理。

若复位后仍不能使两组以上充电模块工作正常，可根据运用需要使用蓄电池为机车供电，需监控蓄电池电压情况，防止蓄电池亏电。

6 通风、冷却系统

6.1 概　　述

机车通风系统是电力机车上的一个重要部分，它的主要作用是对机车上需要进行散热的电气设备(或热交换器)进行强迫通风冷却，使其工作温度在许可范围内，从而保证机车的可靠工作。

司机室空调通风系统的作用是为司机提供一个舒适的工作环境。

6.2 机车通风方式

机车采用独立通风系统，整车通风系统主要有 6 种通风支路：牵引电机通风支路、冷却塔通风支路、辅助滤波柜通风支路、压缩机散热通风支路、机械间散热通风支路、司机室空调通风支路。

机车机械间的通风与辅助滤波柜通风支路、冷却塔通风支路(夏季散热模式)、压缩机散热通风支路(夏季散热模式)、机械间的侧墙出风口百叶窗相关。

通风系统示意如图 6.1 所示。

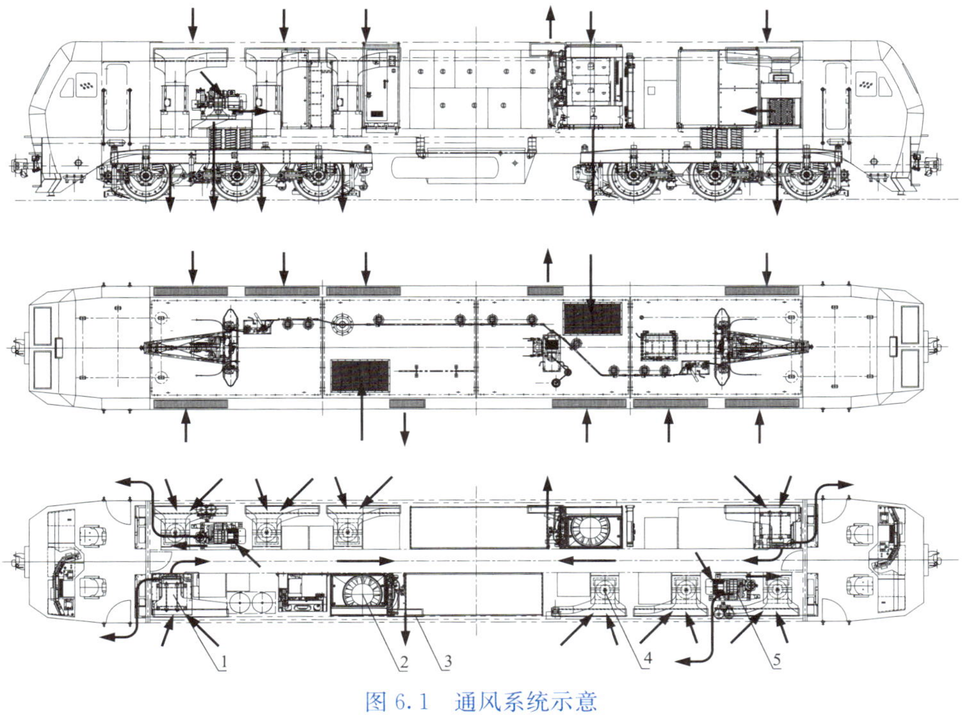

图 6.1　通风系统示意

1—辅助滤波柜；2—冷却塔；3—侧墙百叶窗(排风)；4—牵引通风机；5—主压缩机

6.2.1 牵引电机通风支路

牵引电机通风支路主要用于冷却机车牵引电机，整车共有 6 个牵引电机，分别用 6 个独立的风机和通风管道进行冷却。

牵引电机通风支路冷却空气的走向如下：

车外空气→空气进口侧墙百叶窗→风道→牵引风机→风道安装座风道→软风道→牵引电机→车底大气。

牵引电机通风支路示意如图 6.2 所示。

牵引电机通风机由变流器提供变频、变压电源。机车控制系统根据牵引电机的温度，自动调节其运行电压和频率，来改变风机的转速，以使风量适合于牵引电机当时的冷却需要。

6.2.2 冷却塔通风支路

冷却塔通风支路主要通过冷却油、水等传热介质用于冷却机车牵引变流器和牵引变压器。

夏季散热工况时的空气走向：

车顶空气→车顶通风口过滤网→风道→冷却塔风机→板翅式复合散热器→车底大气。

车内空气↗

冬季保温工况时的空气走向：

车顶空气→车顶通风口过滤网→风道→冷却塔风机→板翅式复合散热器→车底大气。

当机车通风模式转换为夏季散热工况时，该通风支路进风口与机械间相通的通风口打开，把一部分热空气带出车外，有利于机械间的冷却；当机车通风模式转换为冬季保温工况时，该通风支路进风口与机械间相通的通风口关闭，以利于机械间的保温。

冷却塔通风冷却系统示意如图 6.3 所示。

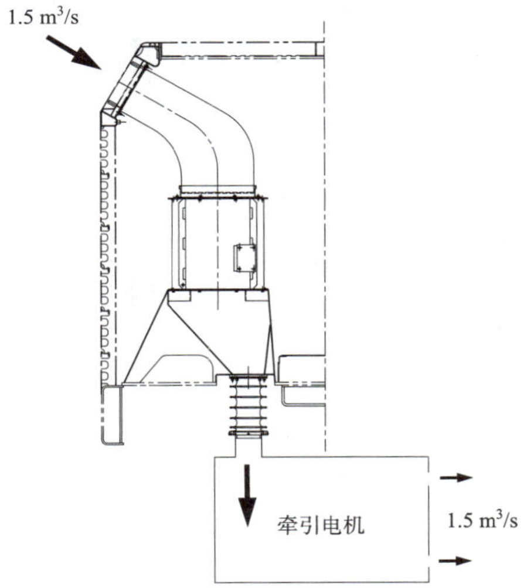

图 6.2 牵引电机通风支路示意

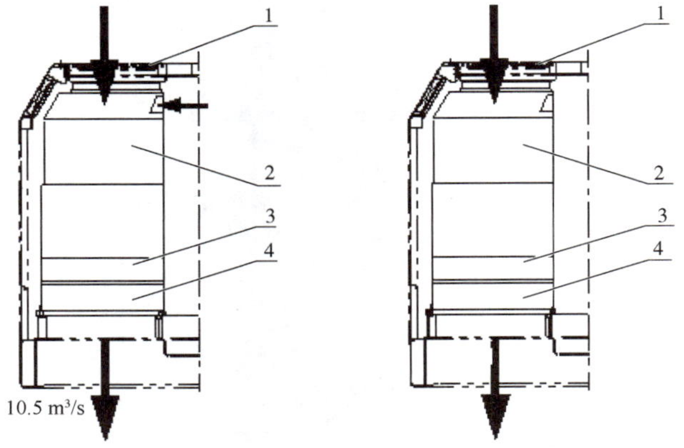

(a) 机械间夏季散热模式　(b) 机械间冬季保温模式

图 6.3 冷却塔通风支路示意

1—车顶通风口过滤网；2—冷却塔风机；3—水散热器；4—油散热器

机车牵引变流器采用水冷技术，即变流器柜水冷却回路中使用水/防冻剂的混合物作为传热介质；机车牵引变压器采用油冷技术，即牵引变压器油冷却回路中使用矿物油为传热介质。

整个机车的油、水、空气冷却系统示意如图 6.4 所示。

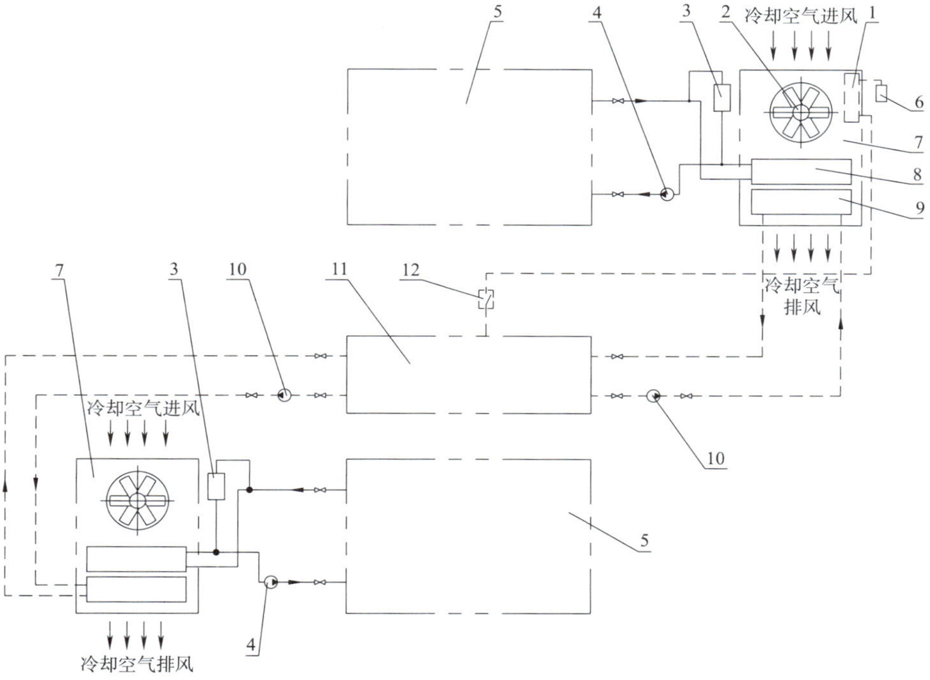

图 6.4 油、水、空气冷却系统示意

1—副油箱；2—风机；3—膨胀水箱；4—水泵；5—变流器柜；6—干燥器；7—冷却塔

8—水散热器；9—油散热器；10—油泵；11—牵引变压器；12—布赫继电器

复合散热器是冷却塔油水冷却系统的热交换设备，变流器柜的冷却水进入散热器上层，牵引变压器油进入散热器下层，变流器柜和牵引变压器的热量，在复合散热器中与空气进行交换，使水、油冷却到要求的温度。被冷却后的水和油，分别进入变流器柜和牵引变压器内，对牵引变流器和牵引变压器进行冷却。

冷却塔的复合散热器通过管路分别与牵引变流器和变压器连接，复合散热器是一个板翅式全铝热交换器，由两个隔开的流体支路组成，通过风机、油泵、水泵的作用，油、水、空气在复合散热器中进行热交换。

冷却塔通风机由变流器提供变频、变压电源。机车控制系统根据变压器支路的油温和主变流支路的水温，自动调节其运行电压和频率，来改变风机的转速，以使风量适合于变压器和牵引变流器当时的冷却需要。水泵和油泵的运行转速恒定不变。

6.2.3 辅助滤波柜通风支路

辅助滤波柜通风支路有两种通风模式：夏季散热模式、冬季保温模式。

辅助滤波柜通风支路夏季散热通风模式时，空气的走向如下：

车外空气→侧墙百叶窗→风道→风机→辅助变压器→旋风除尘器→机械间。

辅助滤波柜通风支路冬季保温通风模式时，空气的走向如下：

车外空气→侧墙百叶窗→风道→风机→辅助变压器→旋风除尘器→机械间。
↑
车内空气

辅助滤波柜通风支路示意如图 6.5 所示。

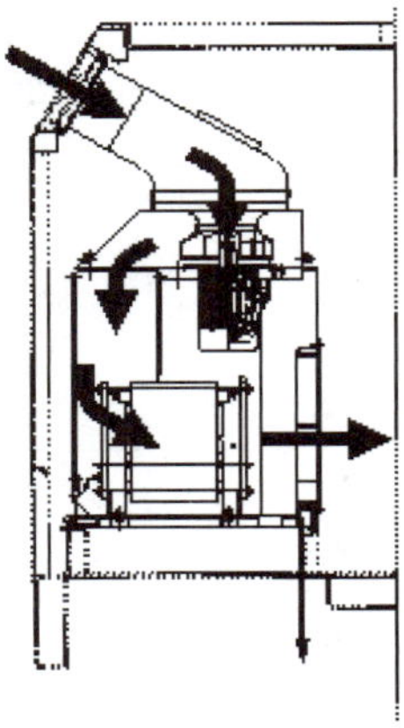
(a) 夏季散热通风模式

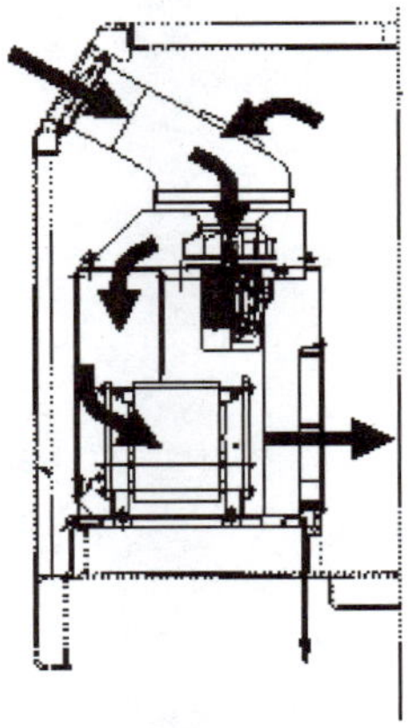
(b) 冬季保温通风模式

图 6.5　辅助滤波柜通风支路示意

当机车通风模式转换为夏季散热工况时，该通风支路提供足够的冷却空气进入机械间；当机车通风模式转换为冬季保温工况时，该通风支路提供的新鲜空气只需维持机械间空气对车外正压，同时给机械间换气。

6.2.4　压缩机散热通风支路

机车安装有 2 台主压缩机。压缩机散热通风支路的作用是冷却主压缩机，同时起到调节机械间空气温度和压力的作用。

夏季散热工况时的空气走向：

车内空气→压缩机风机→压缩机散热器→车底大气。

冬季保温工况时的空气走向：

车内空气→压缩机风机→压缩机散热器→机械间。

压缩机散热通风支路如图 6.6 所示。

当机车通风模式转换为夏季散热工况时，压缩机风机启动时，在冷却压缩机的同时帮助机械间通风散热；当机车通风模式转换为冬季保温工况时，压缩机工作时，其发热量用于加热机械间的空气。

6.2.5　机械间散热通风支路

机车机械间通风分为两种模式：夏季散热模式、冬季保温模式。用户根据运行环境温度不同，可以选择合适的通风模式。

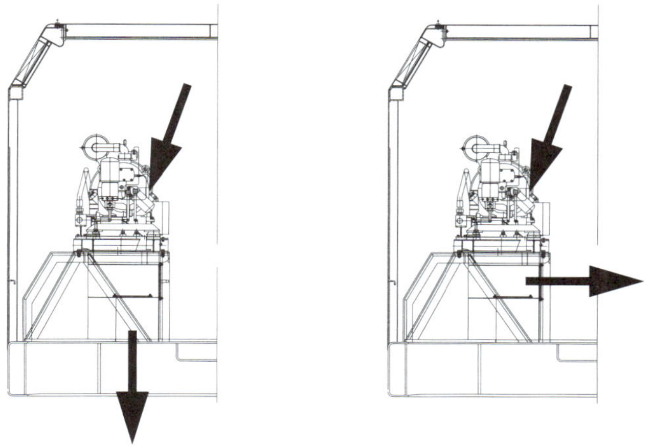

(a) 夏季散热通风模式　　(b) 冬季保温通风模式

图 6.6　压缩机散热通风支路示意

如前所述，机械间通风系统与辅助滤波柜通风支路、冷却塔通风支路、压缩机通风支路相关。

由于辅助滤波柜风机的工作，给机械间持续供应新风，使机械间内空气对车外大气保持正压状态，并通过各通风口带走机械间设备的发热量，保证了机械间温度、压力、风速等参数满足设计值，给司乘人员和机械间设备提供舒适的气候环境。

机械间散热通风支路示意如图 6.7 所示。

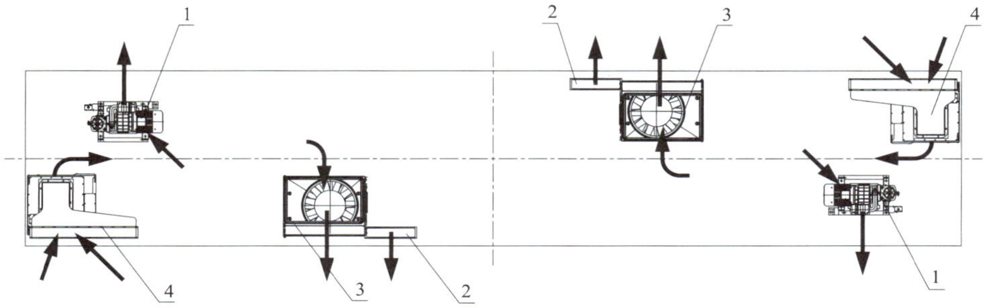

(a) 夏季散热通风模式

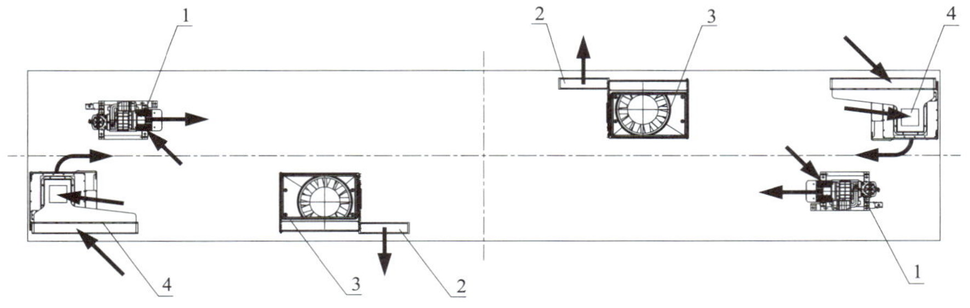

(b) 冬季保温通风模式

图 6.7　机械间散热通风支路示意

1—压缩机；2—机械间排风口；3—冷却塔；4—辅助滤波柜

6.2.6 司机室空调通风支路

司机室空调机组位于司机操纵台中部的台面下，空调通风支路有两个独立的空气支路，空气处理系统和压缩冷凝系统，即通常所说的室内空气循环和室外空气循环。

司机室空调通风支路示意如图 6.8 所示。

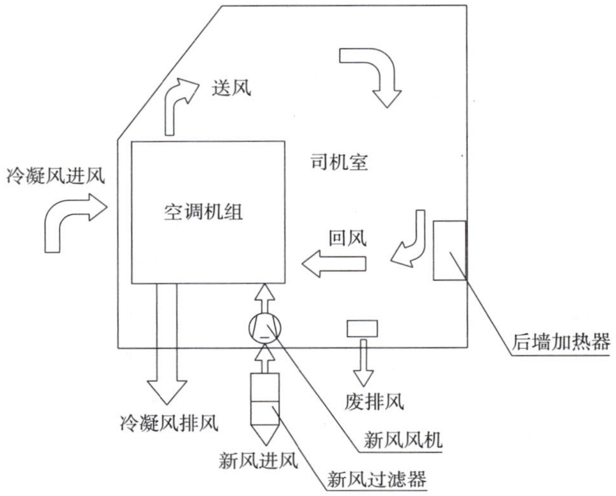

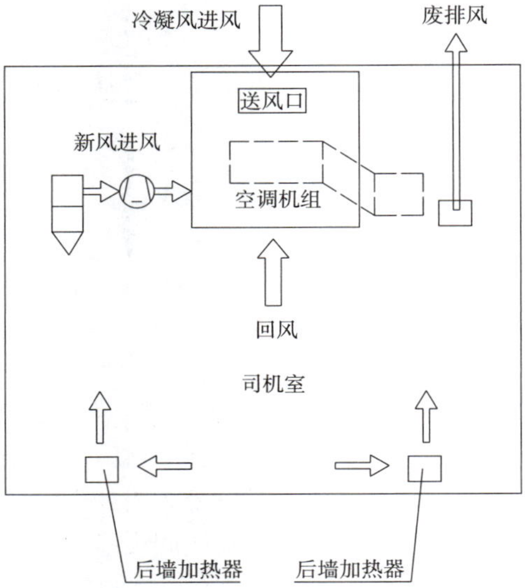

图 6.8 司机室空调通风支路示意

(1)室内空气循环

在空调系统设计中，为合理组织室内空气流动，在空调系统的送风风道中，设置有一个空气分配箱，大部分空气从操纵台上部前窗玻璃后面的条缝送入司机室，少部分空气被分配，通过金属软风道和空气喷嘴后，分别送到正、副司机的脚踏位置，且该喷嘴可以用于送风的起闭和方向的调节，还可以调节送风的方向，从而提高司机室的舒适性能。回风口布置在司机室柜内，并设置了 1 个旁风口和 2 个送风支管，该送风方式有助于均衡室内速度场及温度场的分布，降低室内微风速，并具有良好的气流组织。

在空调系统的新风入口，设置有组合式空气过滤器，过滤器内部有 2 级过滤装置包括旋风过滤器和纸过滤器，使进入司机室的空气洁净度较高。

室内空气循环设有两个进风口：一个是经过空调底板上为新风的进风口；另一个是空调前端板处的室内循环空气进风口，室内循环空气和新风比例由回风风阀控制。在送风量变化时，通过新风/回风风阀的联动，改变风阀的开度，来保证新风量始终满足设计值。同时，在司机室地板上，设有一个废排风口，在风口处安装有一个纸过滤器，纸过滤器的作用是防止空气倒流时将室外粉尘带入司机室内。由于新风风机的作用，送入司机室的新风使司机室保持一定的微正压，以防止外界空气从司机室的不严密处渗入，而破坏司机室的洁净度，同时正压使废气从该排风口排出，完成司机室与外界的空气交换。

另外，在司机室左、右后墙柜内，分别安装有司机室后墙暖风机，暖风机从侧面进风，正面出风。

(2) 室外空气循环

室外空气循环的空气从司机室前端的进风口进入，首先经过空调冷凝器，吸收冷凝器的热量，然后进入冷凝室，吸收压缩机的热量，再由冷凝风机加压后，进入车体上的排风风道，最后经排风口处的过滤器后排向车底大气。

(3) 空调主要技术参数

制冷量		6 kW
制热量		6 kW
通风量		≥680 m^3/h
新风量		60～300 m^3/h
噪声		≤75 dB(A)
制冷剂		R407C
电源	压缩机、冷凝风机、电加热器	3AC 440 V 60 Hz
	控制回路、通风机	DC 110 V
机组外形尺寸(宽×高×深)		550 mm×680 mm×820 mm
机组质量		152 kg
输入功率		3.3 kW(制冷)/6.5 kW(制热)

6.3 过滤除尘装置

过滤除尘装置是机车通风系统的一个重要组成部分。对不同的通风支路和不同冷却设备的清洁度和防护等级要求，机车通风系统的不同位置安装了不同的过滤除尘装置。

为了使机车机械间保持较高的洁净度，除了采用独立通风方式并保持机械间对车外空气正压力之外，同时需要采用过滤性能更好的过滤除尘设备。

牵引通风支路的过滤除尘装置是在进风口处安装侧墙百叶窗；冷却塔通风支路安装有车顶通风口过滤网；辅助滤波柜通风支路在进风口处安装有增加接水盘的侧墙百叶窗，并在排向机械间的通风口处安装有旋风除尘器。所有进入机械室的空气，都经过两级除尘，一级除尘器是一个侧墙百叶窗(惯性式除尘器)；二级除尘器是一个旋风式除尘器，具有较高的过滤效率。

6.3.1 侧墙百叶窗

侧墙百叶窗安装在牵引通风支路、辅助变压器柜通风支路的进风口，进风口设置在车体侧墙上部的斜面处。

侧墙百叶窗具有自动排灰功能，过滤的粉尘进入下部的灰斗，并由下部的条缝排出，无需清洗和维护。

侧墙百叶窗结构如图 6.9 所示；侧墙百叶窗过滤管断面示意如图 6.10 所示。

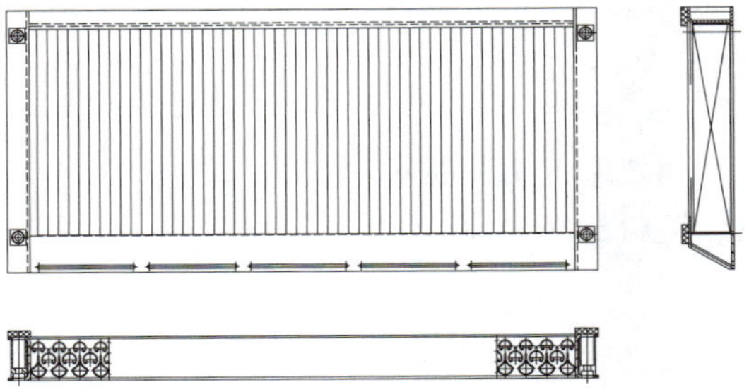

图 6.9　侧墙百叶窗结构

图 6.10　侧墙百叶窗过滤管断面示意

6.3.2　旋风式除尘器

旋风除尘器由多孔板、旋风单元、框架以及前板组成。

每个辅助滤波柜装有一个旋风式除尘器，为箱体结构，内部布有多个涡旋管，每个涡旋管上有固定式导向叶片。

空气在涡旋管导向叶片的作用下，产生极强的离心力，将空气中的粉尘和水分等杂质甩向管壁，进入框架的箱体内，经旋风式除尘器下方的排尘口，由部分空气直接将粉尘吹到车外。除尘后的空气经中心管进入机械室内。

旋风除尘器结构如图 6.11 所示；旋风除尘器旋风除尘单元示意如图 6.12 所示。

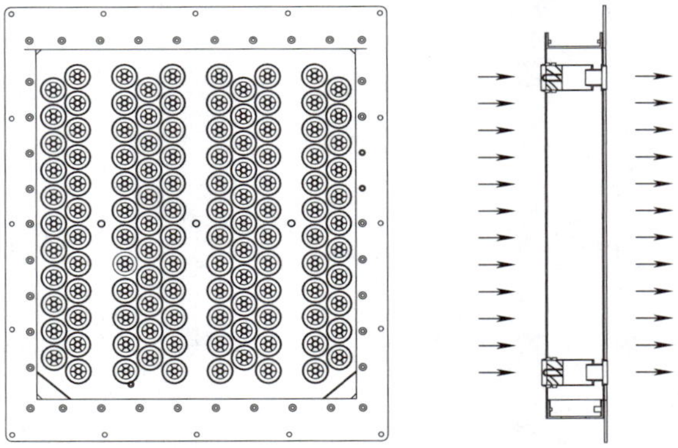

图 6.11　旋风除尘器结构

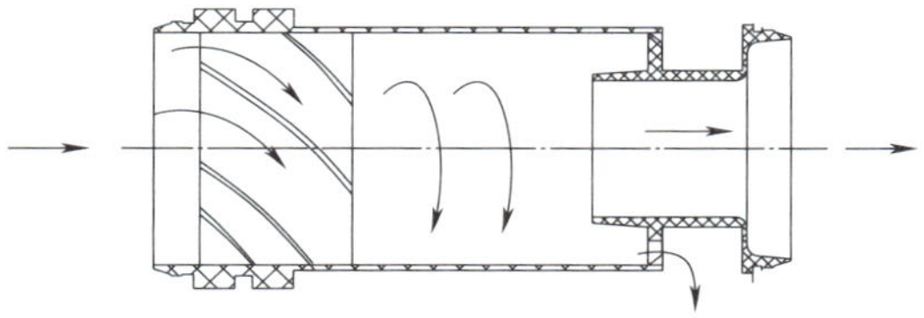

图 6.12　旋风除尘单元示意

两种过滤装置均能自动排尘，具有免维护的优点。

6.4　典型故障分析及处理

冷却塔空气流量不足时：

6.4.1　故障说明

冷却塔空气流量不足主要表现为冷却塔散热器出风口风速变小，机车微机显示屏显示牵引变流器水温和牵引变压器油温偏高。

6.4.2　故障分析

机车外部空气由车顶通风口过滤网进入冷却塔，空气中的柳絮、灰尘等进入冷却塔内部，积累在油水散热器上，机车运行一段时间后，油水散热器空气侧堵塞严重，散热器阻力增加冷却塔空气流量减小，冷却塔油水散热器散热能力降低，造成水温和油温偏高。

6.4.3　处理方法

定期清洗散热器，一个月清扫一次。根据机车运行的实际环境情况，建议在三月到七月期间，提高清理散热器的频率，至少每 2 周一次。

7 微机网络控制系统

7.1 概　　述

HXD1B 型电力机车采用 SIBAS32 控制系统和 TCN 通信网络，SIBAS 控制系统包括中央控制单元 CCU、网关 GW、输入输出设备 Sibas KLIP Station（SKS）、紧凑型输入输出设备 Compact I/O、人机接口设备 HMI。机车网络控制系统通信采用两级结构，分为列车级和机车级。其中，机车级通信采用 MVB 总线，用于连接全部 SIBAS 部件及其他部件。列车级通信采用 WTB 总线，用于机车之间的通信和重联控制。

7.2 机车网络系统结构

HXD1B 型电力机车采用 SIBAS32 控制系统和 TCN 通信网络，分为中央控制系统 CCU 和牵引控制系统 TCU 两大系统。机车内部由 MVB 总线连接全部 SIBAS 部件及其他部件，机车之间通过 WTB 总线连接进行重联控制，机车装用 CCBⅡ制动系统，预留了分布式动力控制系统 LOCOTROL 接口。机车网络拓扑结构如图 7.1 所示。

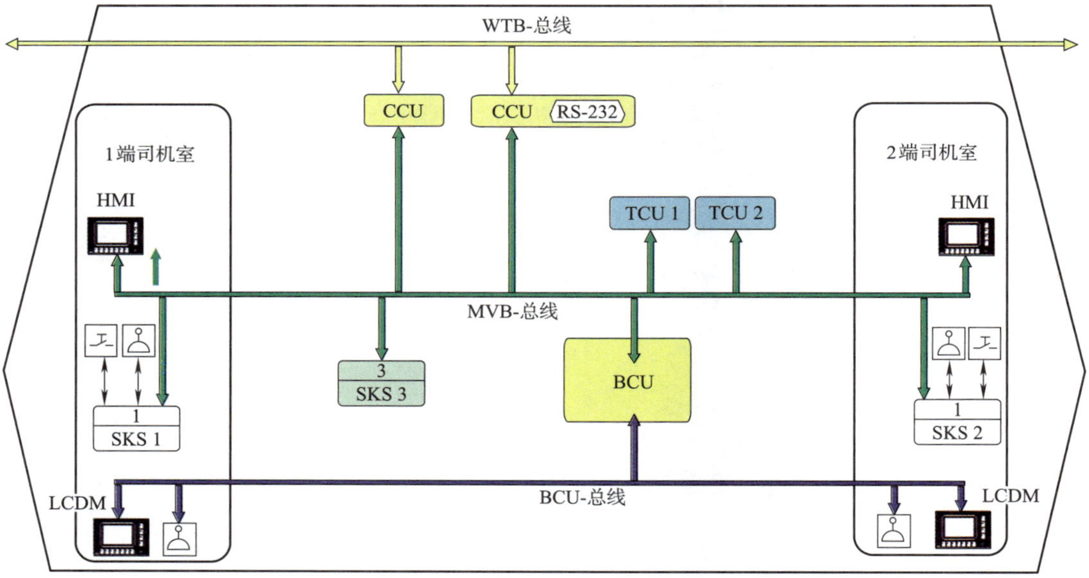

图 7.1　HXD1B 型电力机车网络拓扑结构

7.2.1　控制系统主要部件及其功能

7.2.1.1　中央控制单元 CCU

每台 HXD_{1B} 型电力机车配备有 2 个 CCU 机箱，分别工作为主控模式和从控模式，互为热备份。每个 CCU 机箱有下列插件：TCN 网关、中央处理器单元、电源适配器、机箱电源模块。

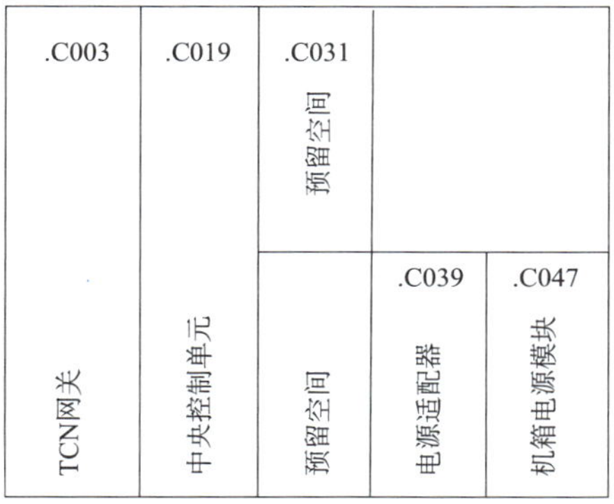

图 7.2　CCU 硬件模块

CCU 安装在低压电器柜中，CCU 的硬件模块如图 7.2 所示。

CCU 负责列车级控制、机车级控制，它具有下列主要功能：

(1)机车重联控制；

(2)WTB、MVB 总线管理；

(3)机车控制逻辑的实现；

(4)机车牵引/制动特性控制；

(5)轴重转移补偿控制；

(6)自动过分相控制；

(7)自动换端控制；

(8)空电联合制动控制；

(9)通风机转速自动控制；

(10)无人警惕控制；

(11)自动轮径校正。

7.2.1.2　传动控制单元 TCU

每台机车配备有两个 TCU，分别控制一个转向架的牵引和制动。通常 TCU1 为主 TCU，当 TCU1 出现故障的时候，TCU2 变为主 TCU。CCU 只发送指令(牵引/制动等)给主 TCU，两个 TCU 都反馈信号给 CCU。

TCU 安装在主变流器柜中，TCU 主要负责传动级控制功能，主要包括：

(1)牵引和电制动力的闭环控制；

(2)辅助逆变器的闭环控制；

(3)网侧参数(例如等效干扰电流、功率因数)的闭环控制；

(4)中间直流回路电压的闭环控制；

(5)产生 IGBT 模块脉冲信号；

(6)预充电接触器、线路接触器等部件的控制；

(7)变流器、牵引电机和其他部件的监控；

(8)防滑/防空转控制；

(9)牵引诊断数据的保存；

(10)通过 MVB 与 CCU 和其他 TCU 进行数据交换。

7.2.1.3　输入/输出设备 SKS

机车安装了 SIBAS KLIP Station(SKS)输入/输出设备，相关电路的信号(接触器、开关等)读入到 SKS 模块。SKS 分为 Compact I/O 和 KLIP STATION 两类,具体介绍见 7.4.2.2。

7.2.1.4 制动控制单元 BCU

BCU 主要负责机车的空气制动控制,在机车安装 LOCOTROL 时,集成 LOCOTROL 控制功能。

7.2.1.5 制动显示器 LCDM

LCDM 为制动系统的显示器,主要显示机车制动系统的相关信息,可对制动系统的部分参数进行设定。

7.2.2 微机显示器 HMI 及显示界面

HMI 的主要功能是显示机车的列车级、机车级运行状态数据和故障信息,实现机车部分参数的设定和集成部分机车控制按钮;在维护界面可以对部分机车设备进行检查。

机车微机显示器采用按键式液晶屏,是机车微机网络控制系统人机接口的重要部件,安装在机车两端操纵台上,用于显示微机控制系统监测的各种信息。通过屏幕上的按键开关,可以切换到不同界面,完成对机车电气部件的转换、隔离、设置、测试等相关操作。

7.2.2.1 显示器按键布置

显示器采用的液晶显示屏分辨率为 640×480 像素。微机显示器外观如图 7.3 所示。

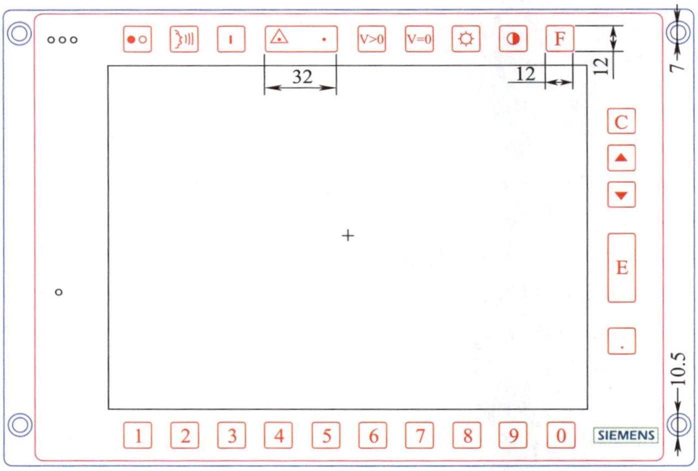

图 7.3 微机显示器外观

上排从左到右:开/关、语言选择、当前事件信息键、事件信息总览键、事件信息建议键、亮度键、白昼/夜间、预留键。

右排从上往下:取消、上、下、回车键。

下排:数字键或软键,其实际功能与界面对应。

微机显示器各种按键的说明见表 7.1。

表 7.1 微机显示器各种按键的说明

软 键	说 明	功 能
	开/关	关显示器背景灯。其他键不能点亮背景
	语言选择	改变显示屏幕的显示语言
	当前事件信息键	唤醒当前事件的附加信息(如果有的话)
	事件信息总览键	始终转换到事件总览
, 	事件信息建议键	速度大于 0 km/h 时,当前事件处理措施。 速度等于 0 km/h 时,当前事件处理措施
	亮度键	打开亮度对话框
	白昼/夜间	手动白昼和夜间亮度转换
	没有使用	
	取消/返回键	该键为上一层次图像返回键
	向上、向下键	用于在有些页面上选择一个指定的项目
	回车键	用于司机确认该页面的设置
…	数字键	功能取决于当前屏幕所显示的页面,其当前功能显示在显示器下边

7.2.2.2 显示器界面结构

微机显示屏分级显示相关信息,显示界面结构如图 7.4 所示。

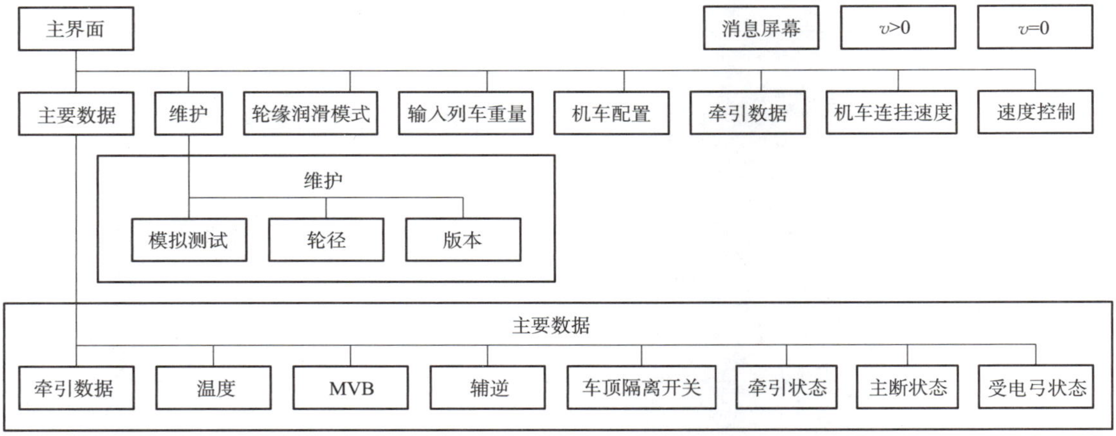

图 7.4 显示界面结构

7.2.2.3 主 界 面

图 7.5 为单机操作时的主界面，主界面主要分为 5 个区域，其中上部的区域 1 主要显示当前界面的标题，机车的编号、日期和时间。

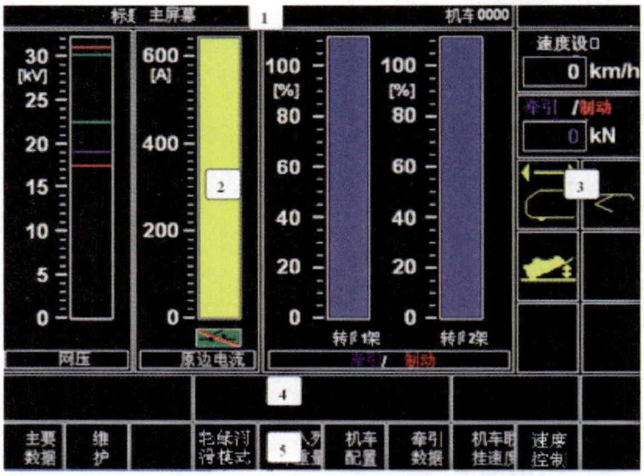

图 7.5 主界面(单机)

中部偏左的区域 2 主要显示机车运行的主要状态信息，包括网压、原边电流、主断路器状态、转向架 1/2 的牵引/电制动力发挥的百分比。在转向架牵引/电制动的柱状图上，三角箭头指示的为设定值，柱状图为实际值，蓝色代表牵引，黄色代表电制动。

中部偏右的区域 3 主要用图标的方式显示机车运行的状态信息，包括机车定速控制时的设定速度值、当前实际的牵引/电制动力值，机车的方向状态、受电弓状态、无人警惕功能投入的情况、停放制动状态、撒砂状态、空转/滑行情况等。

下部偏中的区域 4 主要三个信息提示栏，其中左边是显示和制动有关的信息，中间是现实机车运行状态的信息，右边是显示简略的故障信息和故障等级。

最下部的区域 5 主要是子界面的标题提示，对于显示器上的数字按键“1—0”，按下相应的子界面。

在以上的 5 个区域中，区域 1、4 和 5 在任何子界面中的位置和显示的相关信息是固定的，变化的只是区域 2 和 3。

图 7.6 和图 7.7 分别是双机重联和三机重联运行时的主界面。

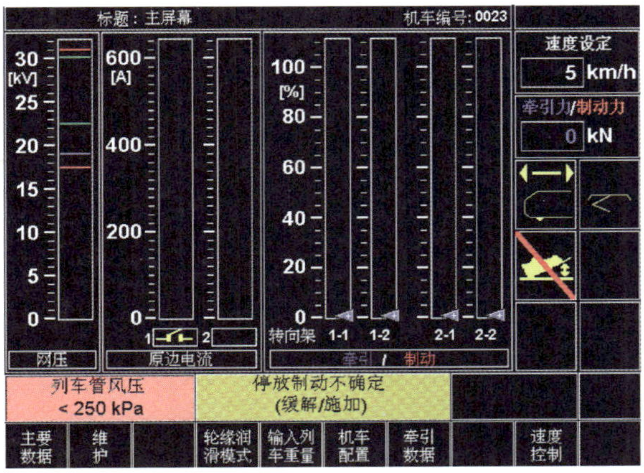

图 7.6 主界面(双机)

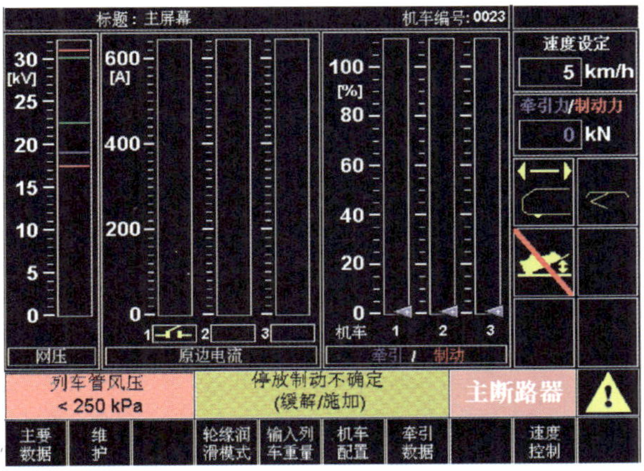

图 7.7 主界面(三机)

7.3 TCN 列车通信网络

TCN 列车通信网络由列车总线 WTB 和车辆总线 MVB 组成。最多可连接 256 个智能总线站。数据划分为过程数据、消息数据和监视数据，对过程数据的传输作了优化。WTB 的传输介质为双绞线，最多可连接 32 个节点。总线跨距 860 m，WTB 具有列车初运行和接触处防氧化功能。TCN 总线系统如图 7.8 所示。

7.3.1 多功能车辆总线 MVB

多功能车辆总线 MVB 是专为铁路机车(车辆)内设备互联而开发的高可靠和强实时的现场总线，其具有如下特点：

(1)传输比特率为 1.5 Mbit/s，信号采用双向 L 型差分曼彻斯特编码；

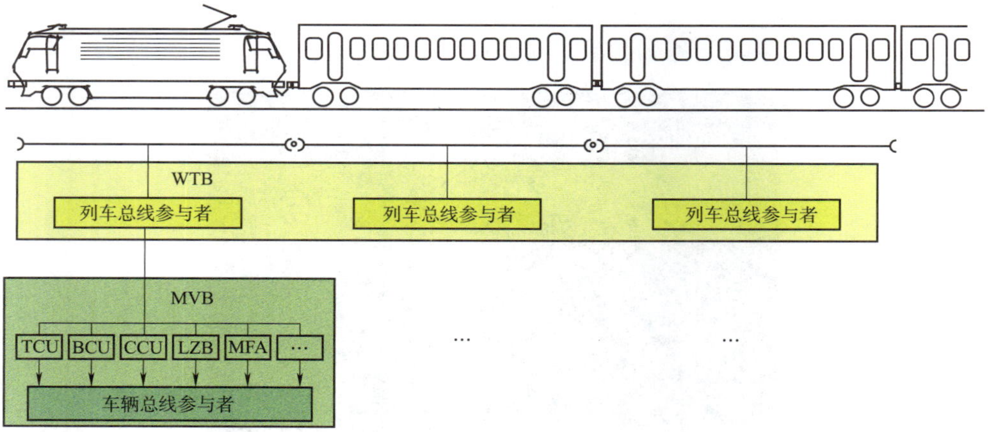

图 7.8　TCN 总线系统

(2)采用 8 位的循环冗余校验(CRC)方式;

(3)物理层支持基于 RS-485 的双绞线、变压器耦合的双绞屏蔽线、带星耦器的光纤等传输介质,传输通道可配置为冗余或非冗余方式,并支持冗余通道自动切换;

(4)通过设置总线重复器,网络拓扑可为总线型、星型或混合型,每个总线段内互联的设备最多可达 32 个;

(5)数据链路层支持三种基本的数据传输模式:过程数据、消息数据、监督数据。

7.3.2　绞线式列车总线 WTB

绞线式列车总线 WTB 是专为铁路机车车辆重联而开发的高可靠和实时的现场总线,它特别适合用于需要动态编组的开式列车(也同样适合于固定编组的闭式列车),其具有如下特点:

(1)据传输比特率为 1 Mbit/s,信号采用双向 L 型差分曼彻斯特编码,数据帧格式为 HDLC;

(2)采用 16 位的循环冗余校验(CRC)方式;

(3)物理层采用变压器耦合的双绞屏蔽线,传输通道可配置为冗余或非冗余方式,不需中继器传输距离可达 860 m(22 节车辆或 32 个节点);

(4)当采用冗余设计时,如果正在工作的一组列车总线出现问题时,网关能自动控制切换到另一组工作;

(5)网络拓扑为简单的总线型结构,方便车辆间布线;

(6)具有列车初运行功能,支持列车的动态编组;

(7)数据链路层支持两种基本的数据传输模式:过程数据、消息数据。

7.4　SIBAS32 网络控制系统硬件

7.4.1　简　　介

SIBAS32 系统用于轨道交通逻辑控制,该系统在车辆牵引的变流设备方面起控制、监控及保护作用。CCU 控制单元结构如图 7.9 所示,TCU 控制单元结构如图 7.10 所示。

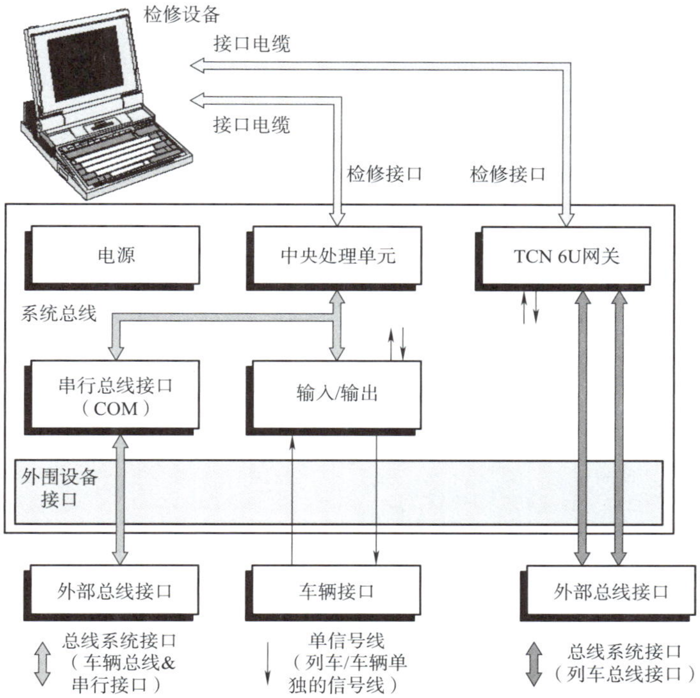

图 7.9　CCU 控制单元结构

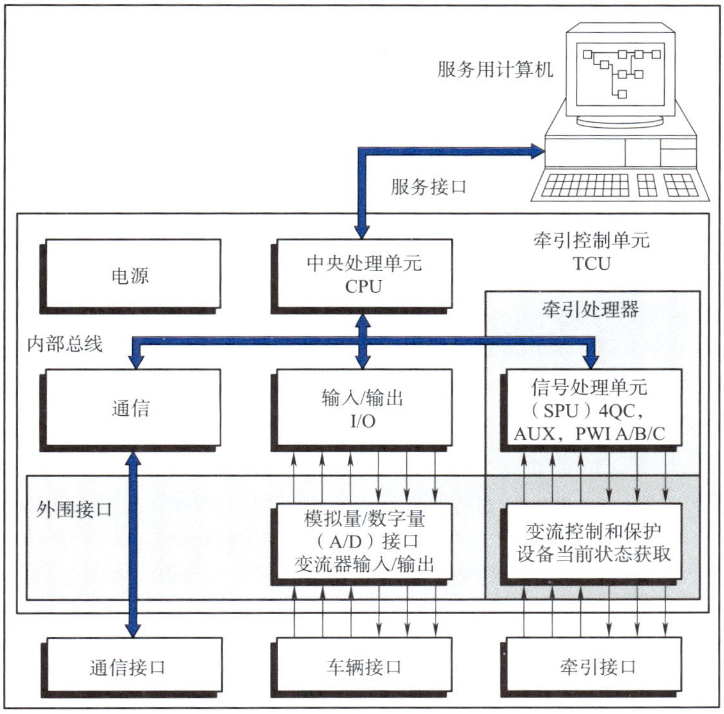

图 7.10　TCU 控制单元结构

7.4.2 模块介绍

7.4.2.1 控制模块

CCU 的各个模块通过机箱底板连接。其主要由中央处理单元、网关、变换器、开关电源和风扇等部分组成。

这里介绍中央处理单元模块的硬件。

中央处理单元模块正面有 4 个连接器、1 个显示管等，如图 7.11 所示。

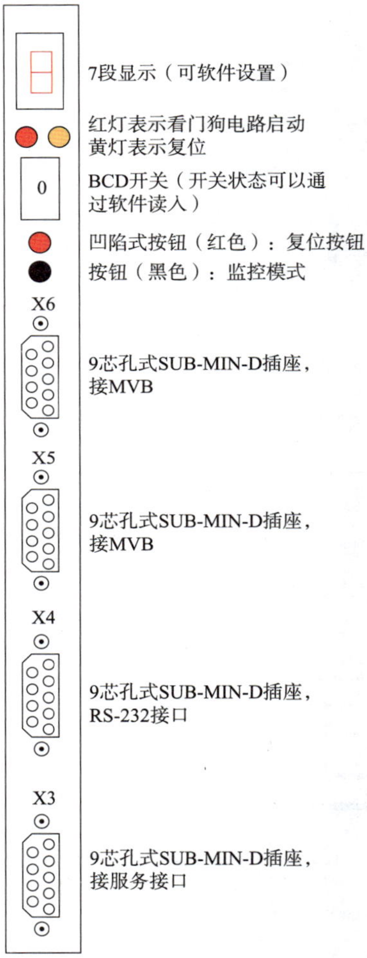

图 7.11 中央处理单元模块面板

中央处理单元模块原理框如图 7.12 所示。

7.4.2.2 SKS 输入/输出设备

SKS 分为 Compact I/O 和 KLIP STATION 两类。

(1) Compact I/O

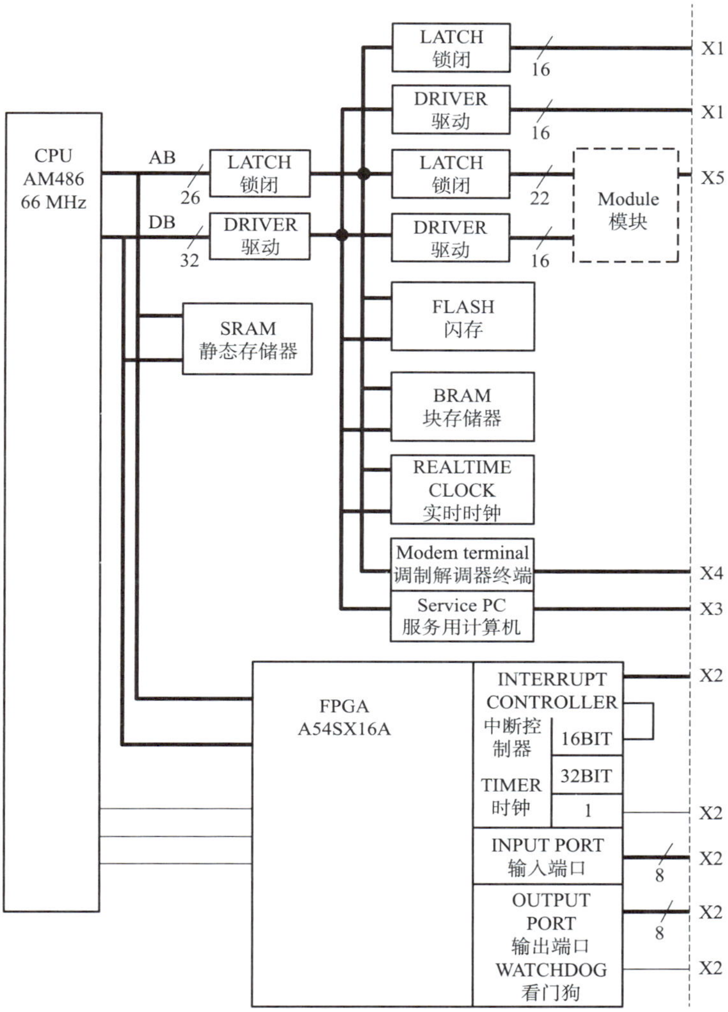

图 7.12　中央处理单元模块原理框图

司机室副台下安装了1个集成的Compact I/O模块，用于读取司机指令(升弓、合主断、无人警惕装置信号等)，也读取主司控器的格雷码信号(牵引/制动给定、速度给定)。

Compact I/O在电路图上代号为SKS1和SKS2，1端司机室中的代号为SKS1，2端司机室中的代号为SKS2。其SKS1模块电路如图7.13所示。

(2)KLIP STATION

KLIP STATION在电路图上代号为SKS3，SKS3由多个模块组成，它安装在机械室低压柜。通过SKS3可以迅速地综合信息和控制指令，由其中的AS318模块发送到MVB总线，可以大量简化机车布线。SKS3的结构如图7.14所示。

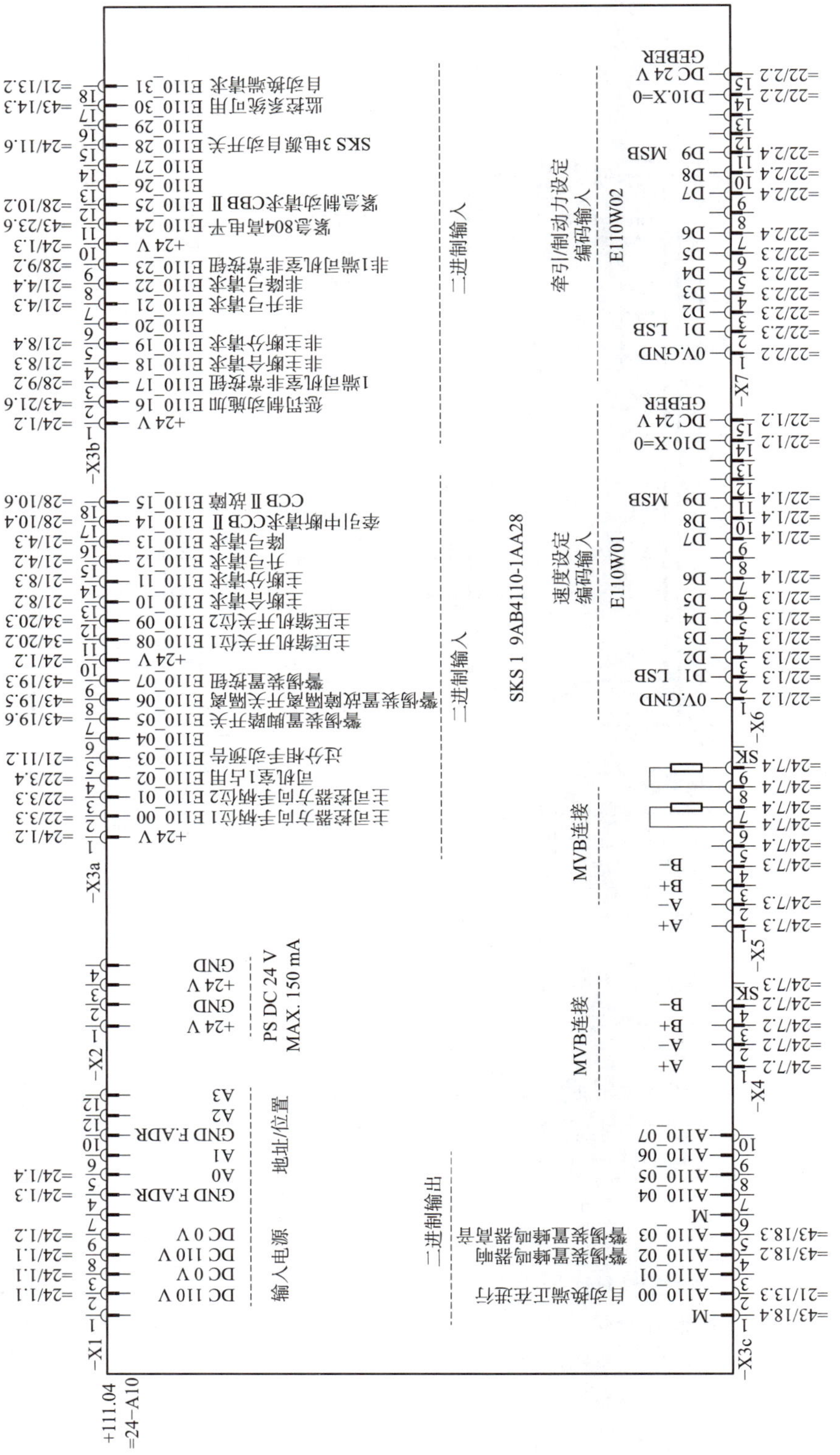

图7.13 HXD1B型电力机车SKS1模块电路

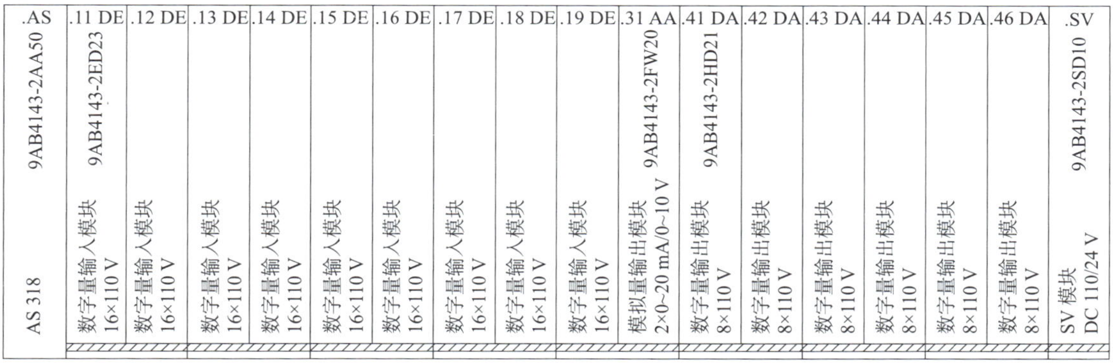

图 7.14　HXD1B 型电力机车 SKS3 结构

7.5　机车控制电器

7.5.1　司机控制器

司机控制器是机车的主令控制电器，用来转换机车的牵引与制动工况，改变机车的运行方向，设定机车运行速度，实现机车的启动和调速等工况。

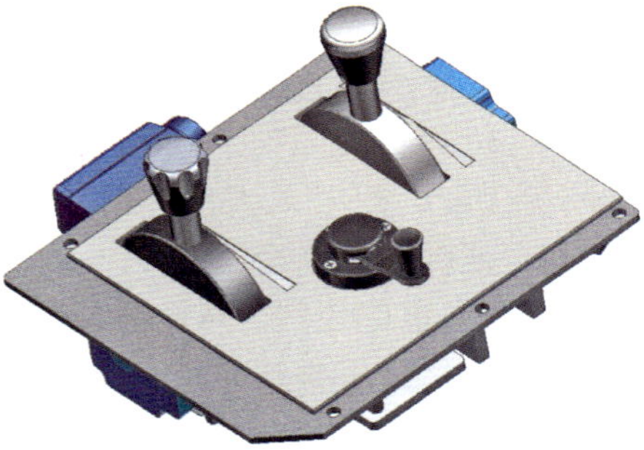

图 7.15　M3919a 型司机控制器外形

HXD1B 型电力机车采用如图 7.15 所示司机控制器，在机车两端司机室操纵台上各装有一台。

7.5.1.1　技术参数

机械寿命	≥2×10^6次
质量	(12.2 ±1) kg
最小电气间隙	>3 mm
最小爬电距离	>4 mm
辅助触头盒电寿命	≥5×10^6次
辅助触头盒的防护等级	IP60(依照 IEC 60529)
辅助触头盒标称电压	DC 110 V
辅助触头盒约定发热电流	10 A

7.5.1.2　基本原理介绍

用钥匙打开钥匙开关，旋转方向转换开关，选择“F”(向前)或“B”(向后)，向牵引方向推动牵引/制动手柄，机车将启动，并随着推动角度的增大，机车速度将增大。机车需要制动时，可将牵引/制动手柄拉向制动区域。速度设定手柄用于设定机车某一特定的速度。逆时针方向转动手柄头 40°后在不松开的情况下前后推动，到达需要设定的速度后松开手柄头，该手柄能自动顺时针转动 40°回复到原来位置，并使手柄锁在特定位置。

7.5.1.3　构造说明

司机控制器结构如图 7.16 所示。司机控制器由牵引/制动单元、电钥匙、方向转换开关、速度设定单元、辅助联锁、连接器及面板等部件组成。

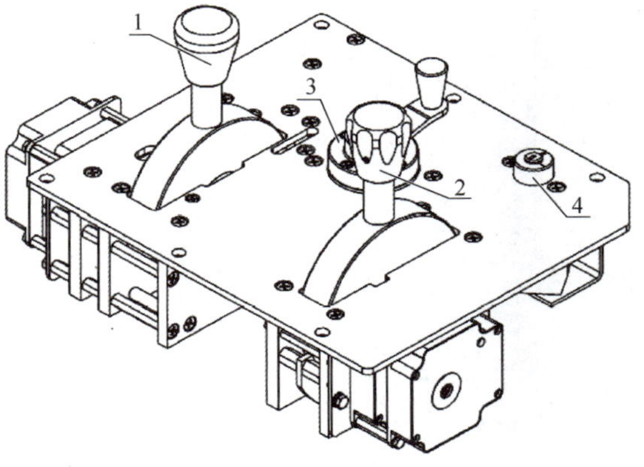

图 7.16　司机控制器结构

1—牵引/制动单元；2—速度设定单元；3—方向转换开关；4—电钥匙

(1)牵引/制动单元

牵引/制动手柄位于司机控制器左侧，用于调节机车的牵引和制动工况，可前后推动，具有“牵引”“0”“制动”三个区域。牵引/制动手柄垂直时为“0”位，向前推进入“牵引”区，推动42.5°后到达“牵引”最大位；向后拉进入“制动”区，拉动42.5°后到达“制动”最大位。

(2)速度设定单元

速度设定单元位于司机控制器右侧，用于设定机车某一特定的速度。该手柄头逆时针方向转动40°后在不松开的情况下能前后推动85°，速度设定从 v_0 到 v_{max}。当松开手柄时，该手柄能自动顺时针转动40°回复到原来位置，使手柄锁在某一特定位置。当手柄头不旋转时，该手柄只能从 v_{max} 拉向 v_0。

(3)方向转换开关单元

方向转换开关单元有“F”(向前)、“N”(关闭)、“B”(向后)三个位置，每个位置之间开关的转动角度为30°。

机械联锁关系：

(1)方向转换开关在“N”(关闭)位时，转换手柄才能插入或取出。

(2)当方向转换开关在“N”(关闭)位时，牵引/制动手柄被锁在“0”(停止)位。

(3)当方向转换开关在“F”(向前)位或“B”(向后)位时，牵引/制动手柄可自由推动。

(4)牵引/制动手柄在“0”(停止)位时，方向转换开关可在“F”(向前)、“N”(关闭)、“B”(向后)之间转换。

(5)牵引/制动手柄在“T”(牵引)或“B”(制动)区域时，方向转换开关被锁在“F”(向前)位或“B”(向后)位。

7.5.2　扳键开关

扳键开关是利用控制电路的低压电器间接控制主电路的电气设备，用来控制机车的运用工况和行车速度。

7.5.2.1 技术参数

触头 S847W3A2b：

额定工作电压(U_e)	DC 110 V
约定发热电流(I_{th})	DC 10 A
额定工作电流(I_e)	DC 1 A
触头组数	一组(1NO+1NC)
防护等级	IP67
操作力	最大值不超过 35 N
寿命	
机械寿命	$>1\times10^6$次
电寿命	$>1\times10^5$次
质量	约 0.3 kg
使用环境温度	$-25\sim+70$ ℃

7.5.2.2 结构与技术说明

(1)扳键开关的外形结构如图 7.17 所示。

(2)触头 S847W3A2b 外形结构如图 7.18 所示。

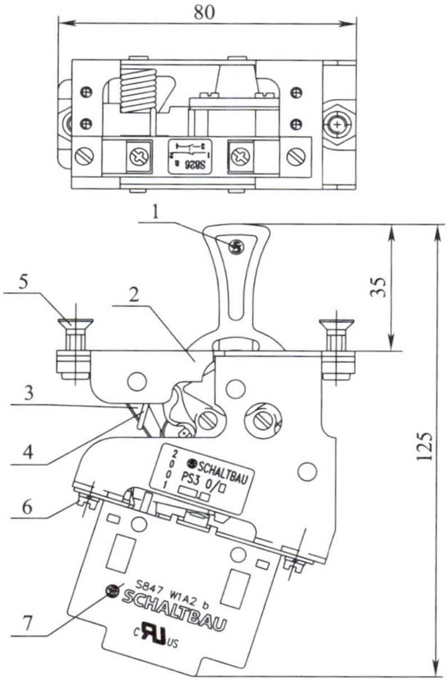

图 7.17 扳键开关的外形结构

1—扳把组件；2—支架组件；3—定位曲臂；4—定位扭簧；5—螺钉 M5×15；6—螺钉组合件 M3×8；7—触头 S847W3A2b

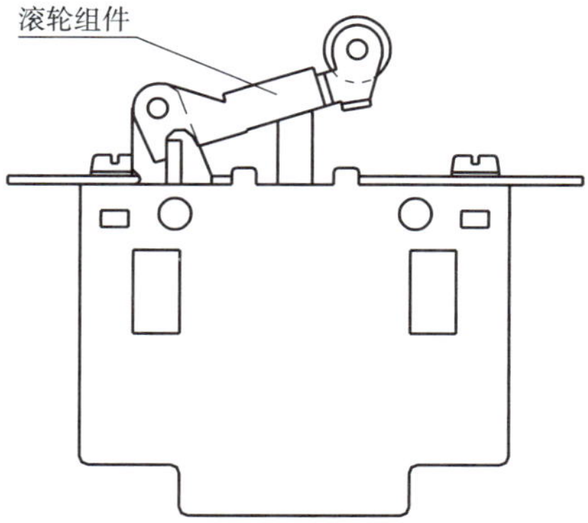

图 7.18 触头 S847W3A2b 外形结构

7.5.3 自动过分相装置

在电气化牵引区段，牵引供电采用单相工频交流供电方式。为使电力系统的三相供电负荷平衡和提高电网的利用率，电气化铁路的供电接触网采用分相段供电，各分相段采用长度不等的绝缘间隔（即分相区间），电力机车通过分相区间必须断电惰行。为了保证电力机车安全通过分相区间，在分相区前、后约 30 m 线路左侧设置断、合标志牌，以提示乘务员操纵机车安全通过分相区。非正常过分相易产生拉电弧、烧分相绝缘器等，由此引起变电所跳闸，中断供电，造成行车事故等风险。

电力机车自动过分相系统主要功能是当电力机车通过分相区时，系统根据当时机车速度、位置自动平滑降低牵引电流、断辅助机组和分断主断路器，通过分相区后，自动闭合主断路器、闭合辅助机组和控制牵引电流平滑上升，从而实现电力机车通过分相区时操作的自动化，大大减轻了乘务员的工作强度，同时可提高电力机车过分相的安全性。自动过分相处理器外形如图 7.19 所示。

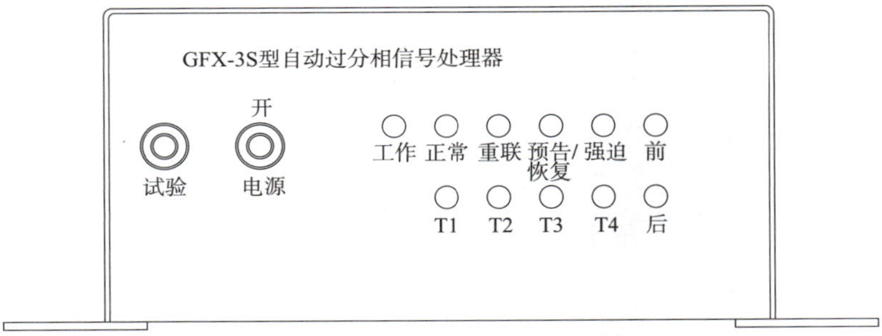

图 7.19　自动过分相处理器外形

7.5.3.1　技术参数

工作电压	DC 77～137 V
功耗	6 W
绝缘电阻	≥500 MΩ
工作温度	−25～70 ℃
适用速度范围	10～300 km/h
感应接收器直流电阻	620×(1±5%) Ω
强迫信号输出	110 V、脉宽 1×(1±10%) s
预告信号输出	110 V、脉宽 1×(1±10%) s
恢复信号输出（从预告信号通道）	110 V、脉宽 1×(1±10%) s
接收响应时间	0.05×(1±10%) s

7.5.3.2　结构及技术说明

系统由感应接受器（简称车感器）、自动过分相信号处理器和信号指示三部分组成，系统结构如图 7.20 所示。

7.5.3.3　工作原理

本系统是基于免维护地面定位技术的车载自动过分相控制系统。机车通过感应地面定位信号确定机车与分相点的相对位置，地面定位和机车感应信号分别采用斜对称埋设和备份接收，以保证自动过分相的安全和可靠。车载感应器的分布如图 7.21 所示。

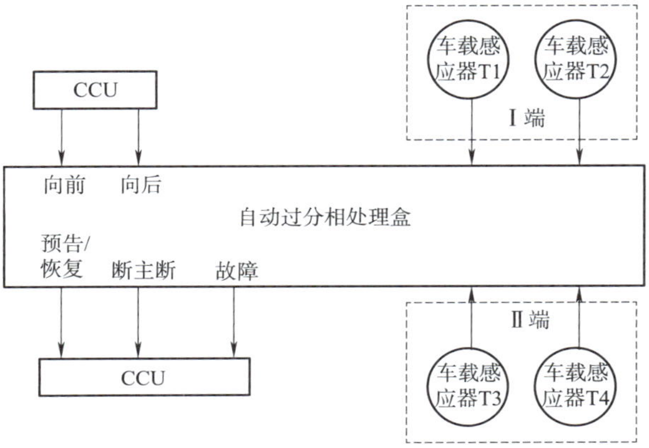

图 7.20 系统结构

图 7.21 车载感应器分布示意

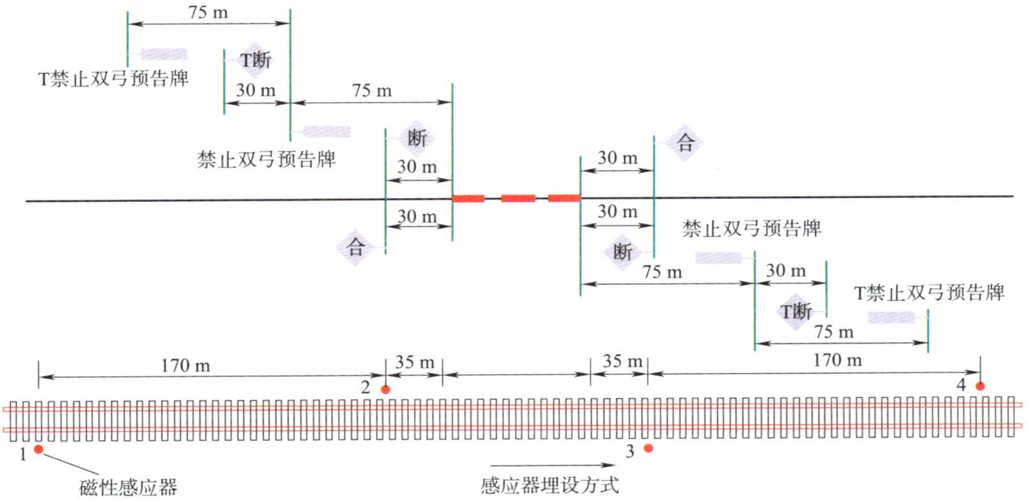

图 7.22 分相信号分布图(示例)

如图 7.22 所示,预先根据要求在每个分相区前后分别埋设两个地面感应器。

机车过分相信号的感应、处理,由地面磁感应器、车感器和车感信号处理装置共同完成。机车过分相的控制,由 CCU 及机车控制回路完成。

CCU 对机车过分相的自动控制,与司机操作控制并联,当司机操作控制过分相,自动控制起监视作用。

机车运行至 G1(G4)点，自动过分相信号处理器接收到感应接收器感应的预告地面定位信号，信号处理器向 CCU 发出过分相预告信号，CCU 根据此时机车运行速度，控制电机电流平稳下降到 0，发出断“主断”信号给控制电路，断“主断”(预告模式)。当 G1(G4)信号失效时，机车运行至 G2(G3)点，自动过分相信号处理器接收到感应接收器感应的强迫地面定位信号，信号处理器向 CCU 发出过分相强迫断信号，CCU 立即封电机电流，发出断“主断”信号给控制电路，断“主断”。在正常接收到 G1(G4)信号时 G2(G3)信号不起作用(强迫断模式)。机车通过无电区后，根据接收 G3(G1)点，自动过分相信号处理器接收到感应接收器感应的合闸地面定位信号，则向 CCU 送出合“主断”信号给控制电路，合“主断”。预备好后，CCU 控制电机电流缓慢恢复到过分相前工况。在正常接收 G3(G1)信号时 G4(G2)信号不起作用。

7.6 典型故障分析及处理

MVB 通信故障时：

7.6.1 故障说明

机车控制电源上电后，微机网络控制系统自检，司机室微机显示屏主界面会出现 MVB 通信故障提示信息，网络系统拓扑结构界面会显示 MVB 节点异常。

7.6.2 MVB 通信故障分析

MVB 通信故障主要有两个原因：

(1)MVB 插头连接松动。

(2)MVB 插头内部线有接地现象。

7.6.3 处理方法

(1)检查 CCU、TCU、CIO、SKS3 模块、HMI 显示屏、MIPM 等模块上面的 MVB 插头是否连接好及插头内部线是否有接地现象。

(2)如 MVB 插头连接松动，对 MVB 插头重新进行紧固。

(3)如插头内部线有接地，则更换有缺陷的 MVB 插头。

8 制 动 系 统

8.1 概　　述

机车空气制动系统直接关系到机车的运行安全，是机车的重要组成部分。制动系统主要由风源系统、制动机系统和其他气动辅助系统等部分组成。

HXD_{1B} 型电力机车上设置了一套完整的制动系统，通过空气管路与制动系统的重联环节实现两台或多台 HXD_{1B} 型电力机车空气管路与制动系统重联。

风源系统包括主压缩机、主干燥器、总风缸等主要部件，主压缩机、主干燥器按引进机车技术要求。

制动机具备空电联合制动控制功能，能提高机车在重载牵引条件下安全运行。

空气管路的中央管排连接设计采用焊接的连接技术，以达到免维护的目的，其他分管路的连接设计采用卡套式接头连接，以达到装配、检修方便可靠，整机的空气管路采用奥氏体冷拔不锈钢无缝钢管，保证了空气管道系统的清洁度，降低制动机因管路堵塞造成的各种故障。

8.2 风源系统

风源系统是机车空气管路与制动系统的基础，它为机车与车辆制动系统及全列车气动辅助装置提供洁净、干燥、稳定的压缩空气。

风源系统分为两个相对独立的部分：一部分是由主空气压缩机、主空气干燥器、主风缸等组成的主风源系统；另一部分是由辅助压缩机组、油过滤器、辅助风缸、升弓控制模块、升弓控制风缸及连接管路等组成的辅助风源系统。

8.2.1 主风源系统

主风源系统由主空气压缩机、主空气干燥器、压缩机高压安全阀、微油过滤器、压力控制器、总风缸安全阀、总风缸、止回阀、限流阀、折角塞门及连接管路组成。主风源系统组成及管路原理如图 8.1 所示。

风源系统分为压缩空气的生产、风源保护、净化处理、压力控制、储存等环节。每台机车配置有两台额定排气量不小于 2.4 m^3/min 的螺杆主空气压缩机(A1)，用于生产压缩空气。主压缩机后设置压缩机高压安全阀(A3)，其整定值为 1 100 kPa，以保护压缩机的工作。从压缩机出来的压缩空气分别经各自的主空气干燥器(A4)干燥处理后进入微油过滤器(A5)进行滤油处理，经净化处理后的压缩空气，满足制动机系统及其他气动部件用风的质量要求。干净的压缩空气经过最小压力阀(A6)进入第一总风缸(A11)和第二总风缸(A15)进行存储，在第一和第二总风缸之间设置止回阀(A08)和限流阀(B02)，以保证两总风缸的压力平衡，在机车断钩时避免第二总风缸

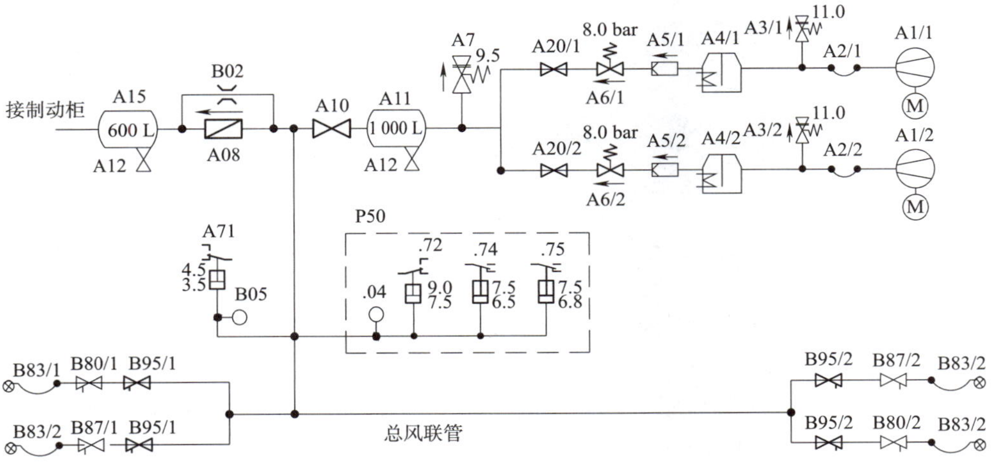

图 8.1　主风源系统原理

A1—主空气压缩机；A2—连接软管；A3—压缩机高压安全阀；A4—主空气干燥器；A5—微油过滤器；
A6—最小压力阀；A7—总风缸安全阀；A08—止回阀；A10—塞门；A11—第一总风缸；A12—总风缸排水塞门；
A15—第二总风缸；A20—塞门；A71—压力开关；B02—限流阀；B05—压力测试口；B80—折角塞门左；
B83—总风软管连接器总成；B87—折角塞门右；B95—防撞塞门；P50—压缩机启停控制模块

的压力空气快速损失，保证断钩机车停车时制动系统所需风量。总风缸的管路中设置总风缸安全阀(A7)，其整定值为 950 kPa，用于压力过高时保护，同时还设置压力开关(A71)，当总风压力低于 350 kPa 时迅速产生断钩保护作用。连接在总风缸管路中的压缩机启停控制模块(P50)用于压缩机的工作控制，当总风压力低于 750 kPa 时启动远离操作端的压缩机，当总风压力达到 900 kPa 时，压缩机停止工作，当总风压力低于 680 kPa 时，启动两台压缩机同时工作，直到总风压力达到 900 kPa 时两台压缩机才停止工作，当总风压力低于 650 kPa 时，控制模块发出牵引封锁命令。

8.2.1.1　主空气压缩机

每台 HXD1B 型电力机车设置两台 SL20-5-103 型螺杆空气压缩机，如图 8.2 所示。

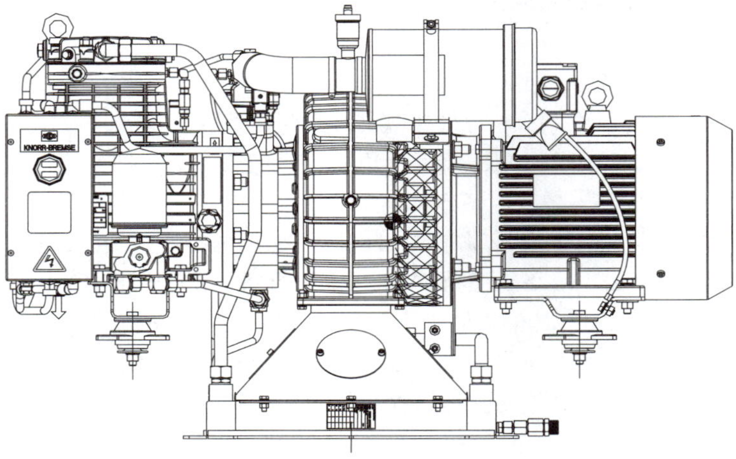

图 8.2　SL20-5-103 型螺杆空气压缩机

(1)主要技术参数

电机功率	21.5 kW
额定转速	3 515 r/min
额定电压(基波有效值)	440 V
额定频率(基波)	60 Hz
最大启动电流	254 A
控制电压	DC 110 V
公称容积流量	2.4 m^3/min
额定排气压力	1 000 kPa
安全阀整定值	1 500 kPa
压力开关整定值(断开)	(270±50) kPa
温度开关整定值(断开)	112 ℃
机组质量(不含油)	287 kg
机组噪声(声功率级)	≤102 dB

(2)基本原理介绍

螺杆式压缩机为双轴旋转排放式机械,其工作原理是强迫送风。压缩机螺杆组由两个相互啮合的螺旋状槽形转子构成,转子外形为不对称的啮合形状,并在灰色的铸铁壳体内旋转。空气在压缩单元的壳体中通过特殊成型的开口径向流入,轴向流出。转子旋转时,其叶片之间的空气量不断变化。进气口打开,开始吸气;转子将两个风口闭合后,空气开始压缩并排向出风口。由于转子继续旋转,其后打开出风口,压缩空气将以最终压力排出。

(3)结构说明

螺杆空气压缩机组由三大主要部件构成:驱动装置、空气压缩机组体和风冷却装置。它们用螺栓连接在一起,组成一个紧凑的支承机组,采用弹性减振器平稳地固定在机车车体的安装座上。

8.2.1.2 主空气干燥器

HXD_{1B}型大功率电力机车采用两台 WABTEC 653360-0012 型主干燥器(简称干燥器),其最大空气处理量为 6.2 m^3/min。干燥器是一种清除压缩空气中水、尘埃等杂质的装置,采用此装置防止机车、车辆制动系统产生锈蚀、堵塞、凝结水、结冰等现象。干燥器通过干燥器安装架垂直安装在空气压缩机组旁边的车体侧墙上,如图 8.3 所示。

(1)主要技术参数

处理空气量	6.2 m^3/min
工作压力	1 000 kPa
吸附剂	ϕ3～ϕ5 mm 分子筛
再生方式	无热、常压
再生耗气率	15×(1±3%)
出气口相对湿度	<35%
干燥塔转换周期	60 s

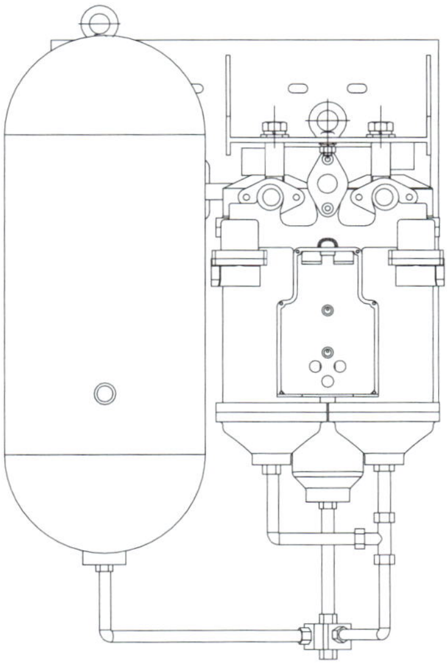

图 8.3 干燥器

(2)基本原理介绍

通过电控器和电控阀对进气阀、排泄阀的控制,使2个干燥塔定时在干燥、再生2种状态下进行周期性的转换,保证处理后的空气达到相应指标,满足机车、车辆的用风要求。

(3)结构说明

WABTEC 653360-0012 型主干燥器是一种吸附式干燥器,由1个前置冷却风缸、1个电子自动排水阀、1个过滤筒、2个干燥塔、3个排泄阀、1个电控器等组成。

8.2.2 辅助风源系统

辅助风源系统负责在机车库停时间较长,总风缸中压缩空气压力不够的情况下,给机车电气系统用风设备供风。

辅助风源系统主要部件有无油活塞压缩机、辅助空气干燥器、止回阀、高压安全阀、压力控制器、风缸、排水阀、各型塞门等。辅助风源系统同样分为压缩空气的生产、压力控制、干燥净化处理、储存等环节。辅助风源系统组成及管路原理如图8.4所示。

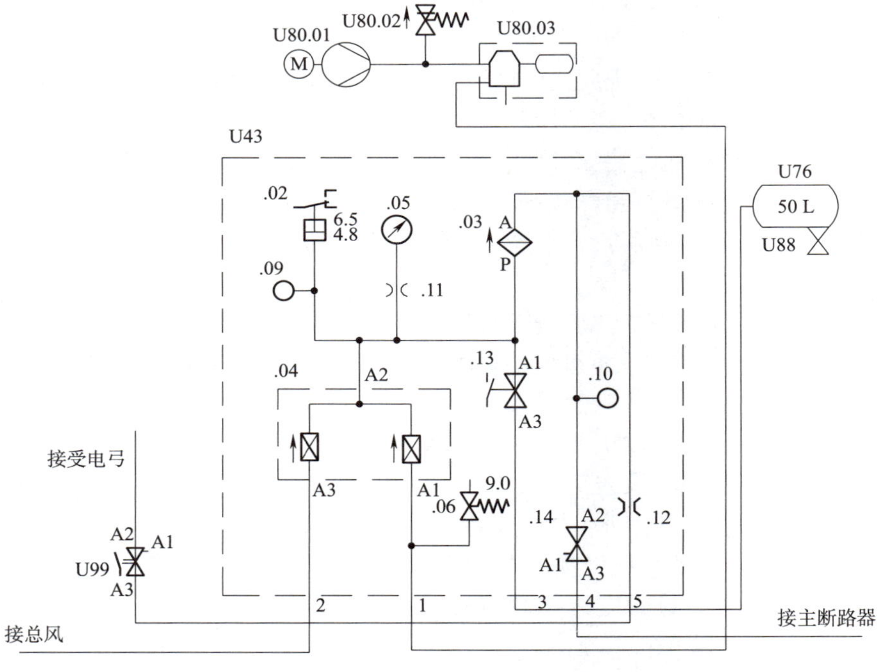

图8.4 辅助风源系统组成及管路原理

U80.01—辅助压缩机;U80.02—高压安全阀;U80.03—辅助干燥器;U43—升弓控制模块;U43.02—压力控制器;U43.03—过滤器;U43.04—双向止回阀;U43.05—压力表;U43.06—高压安全阀;U43.09—压力测试口;43.10—压力测试口;U43.11—限流孔;U43.12—限流孔;U43.13—带电触点塞门;U43.14—塞门;U76—升弓风缸;U88—排水阀;U99—钥匙开关

辅助风源系统分为压缩空气的生产、压力控制、干燥净化处理、储存等环节。

每节机车采用一台无油活塞压缩机,用于辅助风源系统压缩空气的生产,辅助压缩机启停由图8.4所示的制动柜升弓控制模块中压力控制器(U43.02)控制,当总风压力低于480 kPa

时，辅助压缩机开始工作，当压力达到 650 kPa 时，辅助压缩机停止工作。与以往电力机车不同，HXD_{1B} 型电力机车还设置一套辅助干燥系统，用于辅助风源系统风源净化。经净化处理后，然后通过升弓控制模块中双通道单向阀送入升弓风缸（U76）备用，升弓风缸（U76）位于制动柜背面，容积为 50 L，升弓风缸为控制受电弓升起、主断路器闭合的气动部件提供压缩空气，升弓控制模块中设有安全阀用以控制保护辅助压缩机，其整定值为 900 kPa。

8.3 空气管路布置

机车空气管路按布置分为机械间空气管路（包括中央管排），底架空气管路，司机室空气管路，车下风缸管路，喇叭控制管路，受电弓、高压隔离开关、真空主断路器控制管路等。

8.3.1 机械间空气管路（包括中央管排）

机械间空气管路是通过中央管排贯通全车空气管路，中央管排在车下进行预组装，预组装后的中央管排整体吊装装车，便于施工。机械间空气管路的总体走向如图 8.5 所示，中央管排通过司机室后墙隔板与司机室管路相接，通过金属软管与制动柜相接，通过集中的出口与转向架管路连接，中央管排的其他接口与机械间的干燥器、喇叭控制模块等设备连接。

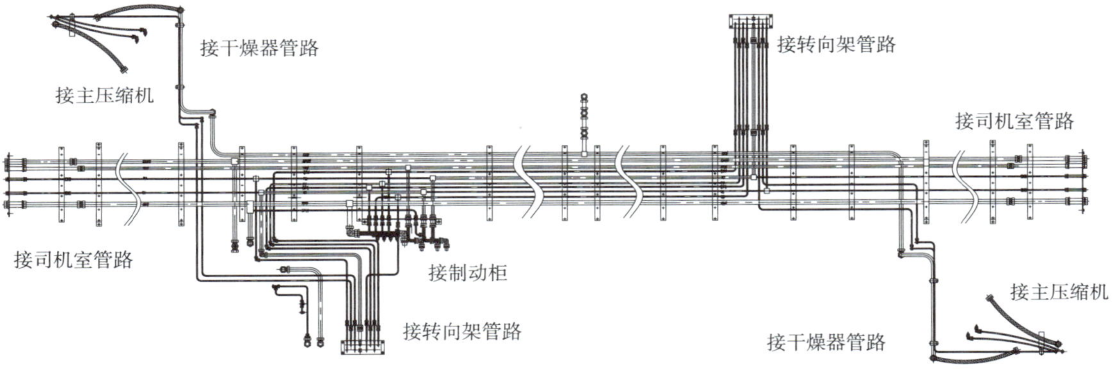

图 8.5 机械间空气管路

8.3.2 底架空气管路

底架空气管路包括从司机室空气管路中出来的列车管、总风联管、平均管到车端的连接管路、机械间空气管路出来的停放制动管和基础制动管到指示器的连接管路。具体的走向如图 8.6 所示。

8.3.3 司机室空气管路

司机室空气管路主要连接制动机操作与显示部件，包括电子制动阀、紧急阀、压力表等，具体走向如图 8.7 所示，大部分连接管路位于司机室左柜中，通过管卡固定于司机室地板上。

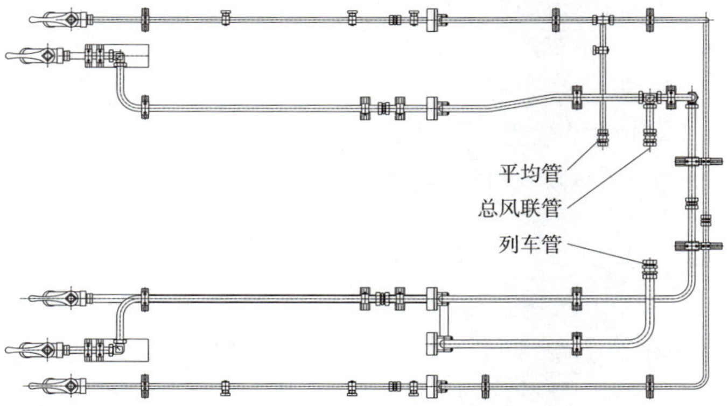

图 8.6　底架空气管路

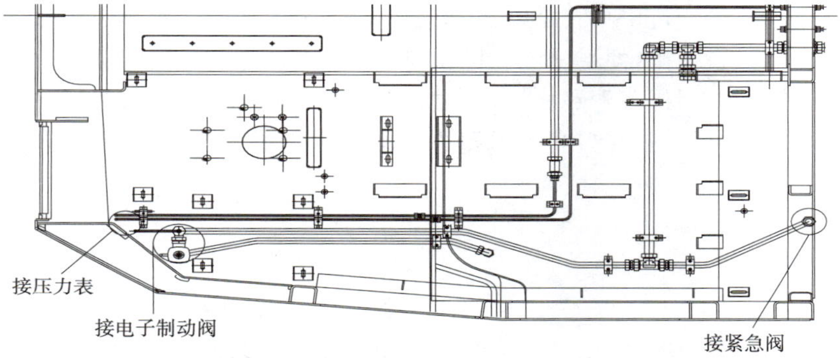

图 8.7　司机室空气管路

8.3.4　车下风缸管路

车下风缸管路指的是从机械间总风管到车下第一总风缸再到机械间风源柜的总风管的连接管路，具体的走向如图 8.8 所示。

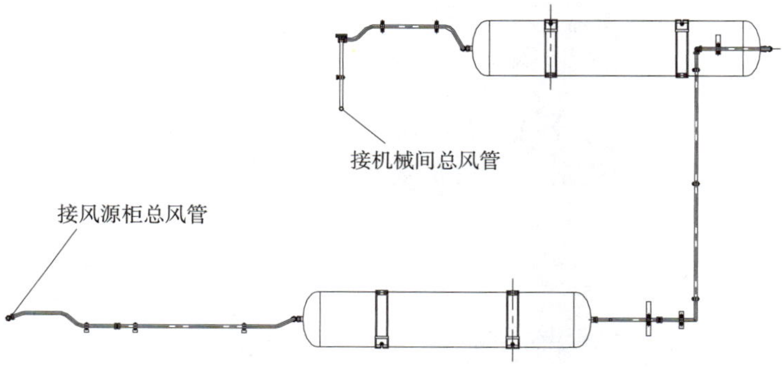

图 8.8　车下风缸管路

8.3.5 喇叭控制管路

喇叭控制管路指的是从机械间总风管路到司机室顶部喇叭的连接管路，具体如图 8.9 所示。

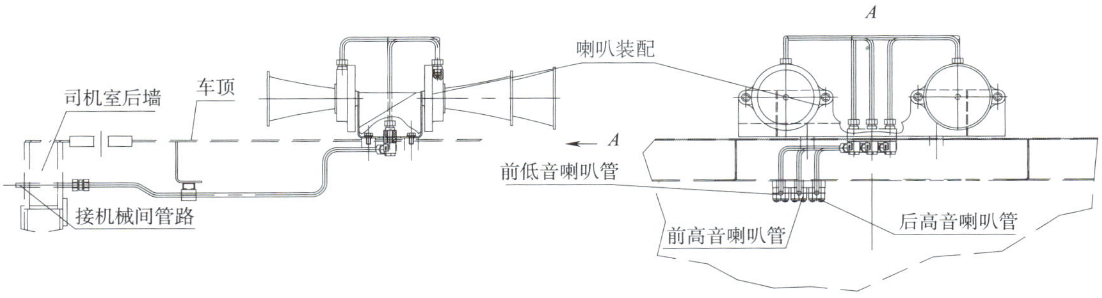

图 8.9 喇叭管路

8.3.6 受电弓、高压隔离开关、真空主断路器控制管路

受电弓、高压隔离开关、真空主断路器等气动设备的连接管路布置在机械间侧墙上，设备风源通过制动柜引入，其管路布置如图 8.10 所示。

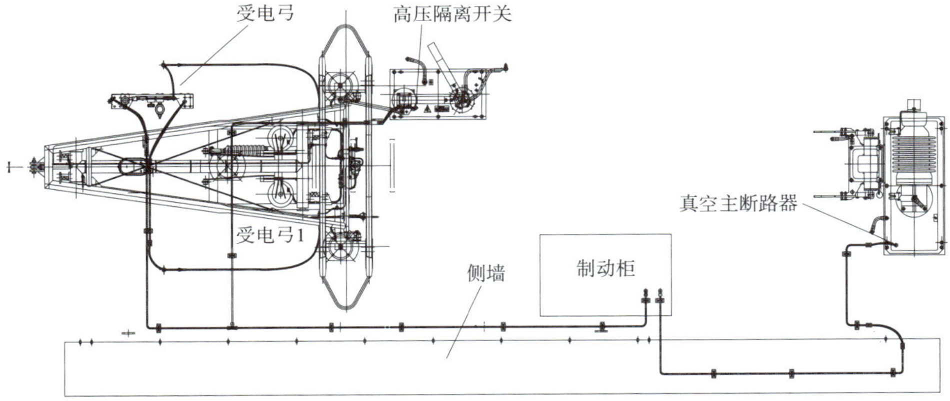

图 8.10 受电弓、高压隔离开关、真空主断路器控制管路

8.4 制 动 机

8.4.1 系统介绍

制动机是制动控制系统的核心，HXD_{1B} 型电力机车制动系统装 CCBⅡ制动机。

制动系统以引进的 CCBⅡ制动机为基础，具备空电联合制动控制功能。

CCBⅡ制动机是一种符合 AAR 标准要求的基于微机网络的适用于干线机车的制动系

统，具备自动制动、单独制动、紧急制动、列车管流量检测等功能，制动控制系统还具备空电联合控制、停放制动控制及其他辅助气动功能的附加控制功能。

CCBⅡ制动系统利用现场可替换的单元（LRU）设计形成一种分布式结构。每个可替换的单元模块包含自诊断功能。CCBⅡ具备多项冗余功能，具有识别、重新组合和发生故障时备份关键部件的功能。

HXD1B 型电力机车 CCBⅡ制动机包括了 4 个主要的部分：一个电子制动阀（EBV），一个中央集成处理模块（M-IPM），一个中继接口模块（RIM）和一个电空控制单元（EPCU）。电子制动阀（EBV）是自动制动控制和单独制动控制操作装置，包括自动制动阀和单独制动阀功能。集成处理模块 M-IPM 是制动系统的中心计算机，M-IPM 管理着制动系统和机车司机室显示模块（LCDM）间的接口，还通过多功能列车总线（MVB）与机车的中央控制单元（CCU）进行通信。中继接口模块（RIM）是与机车的主要接口，为空气制动提供操控器联锁、撒砂控制、与监控装置 LKJ2000 的接口和事件记录功能。EPCU 包括控制列车空气管路的空气阀，这些阀根据功能分组，并被模块化，成为现场可替换单元 LRU，共包含 8 个模块，其中 5 个模块是智能化的，并通过网络通信。

制动系统具备诊断、自检、校验以及故障和事件的记录功能。

HXD1B 型电力机车 CCBⅡ制动系统结构如图 8.11 所示。

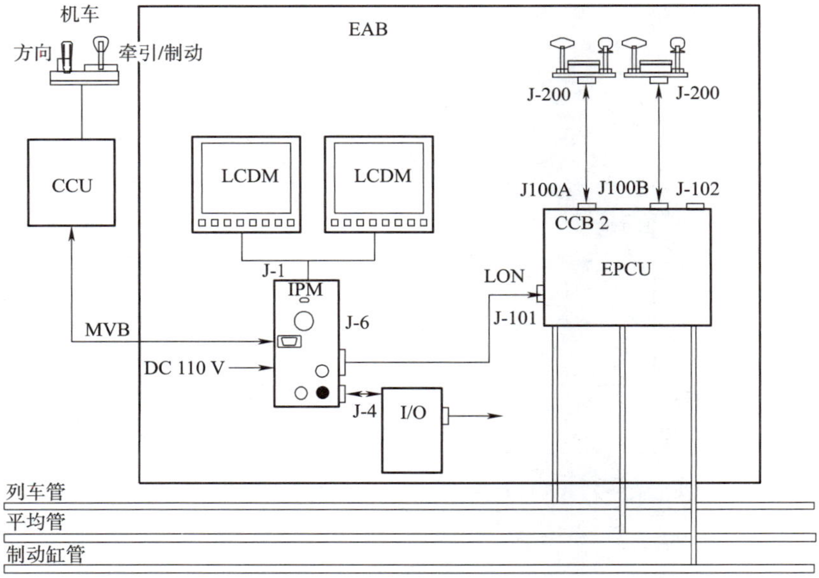

图 8.11　制动系统结构

8.4.2　电子制动阀（EBV）

电子制动阀（EBV）外形如图 8.12 所示。

电子制动阀是 CCB Ⅱ制动机的操作部件，安装在两端司机室。EBV 包括了自动制动手

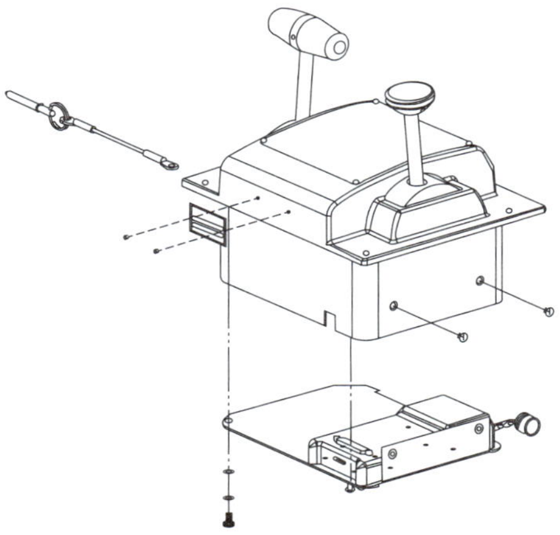

图 8.12 电子制动阀外形

柄和单独制动手柄，还有一个机械驱动的排气阀，即使在机车及蓄电池无电情况下，当自动制动手柄移至紧急制动位时，这个排气阀引发列车管以紧急制动的速率排风。EBV 的布置是水平桌面式结构，左边是一个自动制动手柄，右边是一个单独制动手柄，中间有一个符号面板。

自动制动手柄和单独制动手柄都是向前推时施加制动。

自动制动手柄位置：运转位、初制动位、全制动位、抑制位、重联位和紧急制动位。在初制动位和全制动位间是常用制动区。非操作端司机室 EBV 的自动制动手柄可以锁在重联位。一旦 EBV 上了锁，自动制动手柄往任何方向都不能移动，包括自动制动手柄的紧急制动功能也被禁止。单独制动手柄位置：运转位和最大制动位。在运转位和最大制动位之间是制动区。倾斜单独制动手柄至一边可以随时激活单缓功能，将自动在机车上产生的制动效果缓解。

8.4.3 机车司机室显示模块(LCDM)

机车司机室制动显示屏模块(LCDM)外形如图 8.13 所示。

机车司机室显示模块(LCDM)被设计成一个面板，安装在司机室操作台，是系统设置、压力显示、乘务消息、故障记录和事件记录的操作界面。LCDM 是 10.4 英寸显示屏，日光下仍可读。屏幕上有 8 个菜单选择的功能软键。

对 CCB Ⅱ 制动机而言，LCDM 用来选择本机/补机/单机制动模式、均衡风缸(ER)整定压力的设定、选择列车管压力的补风/不补风、显示空气制动诊断记录、系统状态和报警信息。

屏幕实时显示均衡风缸、列车管、总风管、制动缸的压力值以及列车管流量，压力值显示单位为千帕。

8.4.4 中央处理器(M-IPM)

中央处理器(M-IPM)外形如图 8.14 所示。

M-IPM 是 CCB Ⅱ 系统的中央处理器。M-IPM 模块包括了电子系统、处理系统、继电器驱动回路、I/O 板和 MVB 接口。M-IPM 与 LCDM、RIM、EBV、EPCU 和 CCU 通信。在每个 M-IPM 前面都有 9 个 LED 指示器，这些指示器提供系统的运行状态信息。在 M-IPM 的前面还有一个便携的测试装置(PTU)连接接口，测试装置通过这个接口用来在处理故障时访问数据记录，也可通过这个接口下载新软件。M-IPM 是制动系统的主计算机。它用来管理所有的连接装置，并且通过 LON 网络向 EPCU 发送制动命令。MVB 连接装置将与机车的计算机交流系统信息。

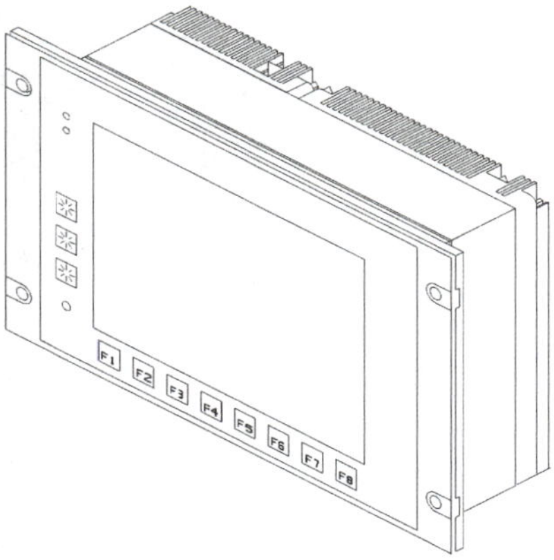

图 8.13　机车司机室制动显示模块(LCDM)

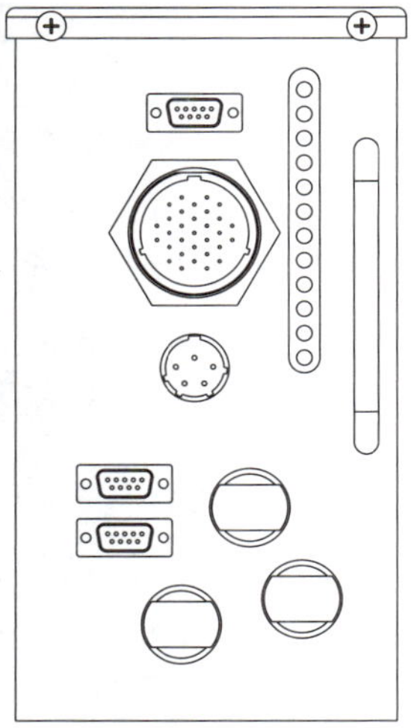

图 8.14　中央处理器外形

8.4.5　电空控制单元(EPCU)

电空控制单元(EPCU)如图 8.15 所示。

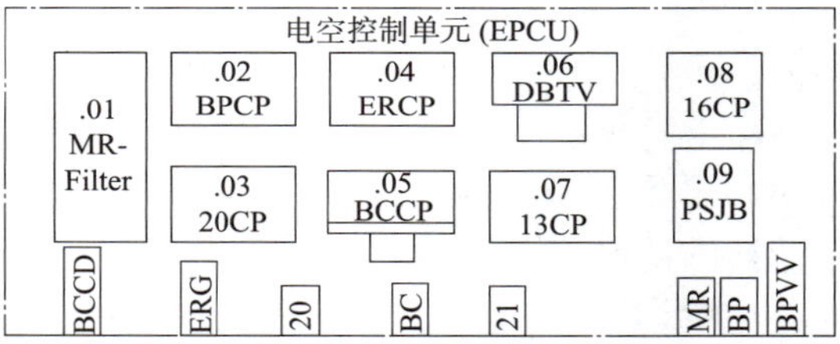

图 8.15　电空控制单元(EPCU)

EPCU 包括电气一体化模块和纯气动模块,用来控制机车空气管路系统的压力。这些阀都是按功能分组且模块化地安装,在现场可替换单元。其中有 5 个模块是智能的,通过网络通信:

(1)均衡风缸模块(ERCP)通过均衡风缸的压力变化向列车管提供控制压力。

(2)控制部分(16CP)向制动缸提供控制压力,备份(ER)控制模块。

(3)列车管控制部分(BPCP)包括列车管中继阀,列车管投入/切除转换,列车管压力补风/不补风转换以及紧急制动系统。

(4)控制部分(20CP)向制动缸的平均管(BCEP)提供压力。

(5)控制部分(13CP)包括单缓控制内部压力。

EPCU 还包括:

(1)制动缸控制部分(BCCP),装有制动缸作用阀。

(2)供电接线盒(PSJB)包括向 EPCU 供电。

(3)DB 三通阀(DBTV)提供制动缸后备控制压力。

另外,EPCU 有一个无火回送装置(DER),能让总风缸从无动力机车的列车管中充气。EPCU 包括一些过滤器,这些过滤器过滤从总风到制动缸管的空气。

8.4.6 机车无火回送操作方法

警告：机车无火回送前，使用铁鞋或止动设备来保护机车，确保机车不能移动！

无火回送机车的操作：

(1)将自动制动手柄置重联位，插好定位销，单独制动手柄置全制位。

(2)断开电源柜的“控制电源输出”自动开关＝32－K81。

(3)将制动柜的无火回送旋塞置于无火回送位。

(4)关闭“停放制动”(B01B40.06)塞门。

(5)手拉停放制动缓解拉环(1、3、4、6 位)，听到风缸的机械撞击声后松开。

(6)关闭车下总风缸塞门 A10。

(7)打开车下总风缸 A15 的排水塞门，将风缸压力排至 250 kPa 左右后关闭。

与本务机车连挂后的操作：

(8)打开无火回送机车平均管塞门。

(9)连接要连挂端的列车软管，缓慢打开该处列车管塞门，连用另外一台机车将无火机车列车管冲至定压，观察闸缸压力是否为 0，如不为 0 顶开 16 控制模块上的测试接头 16T 排空闸缸预控空气。

(10)本务机车缓解并制动至少 3 次循环，观察无火机车基础制动装置能正常缓解与制动。

完成上述操作后，移开铁鞋或止动设备，可进行机车无火回送操作。途中再次连挂或更换联挂端时仅需要重复步骤 8 至 10。

8.5 其他气动设备

辅助气动控制装置是用来改善机车运行条件，确保行车安全，HXD_{1B} 型电力机车设有撒砂、风喇叭等辅助气动系统。

8.5.1 撒砂系统

为在轮轨黏着状况不佳的情况下，提高车轮与钢轨间的黏着系数，改善机车的牵引制动性能，机车设有撒砂系统。撒砂系统由撒砂控制模块、砂箱、撒砂器等部件及连接管路组成。每个转向架设有 4 个砂箱，每个砂箱装有一个 TQS1 型撒砂器。撒砂控制功能靠制动柜中撒砂控制模块实现。

撒砂控制模块及原理如图 8.16 所示。

砂子存储在砂箱中，根据机车的行驶方向，砂子将输送到机车运行方向的轮对上，由电磁阀(.05 或 .06)控制压缩空气流入撒砂装置，一定量的砂子经过加热，通过砂管撒到机车运行方向的车轮前面的轨道上。单位时间的砂量由撒砂器控制。减压阀(.03)设定值为 500 kPa，调整该值能对撒砂量进行微调。为保证正常撒砂，砂箱需密封。为了避免砂子结成块，会有压缩空气通过电磁阀(.04)流入砂箱以达到干燥砂子的目的。

截断塞门(.02)可在故障时隔离撒砂装置，截断塞门带有一个电开关，通过电开关可监控该塞门状态。减压阀(.03)的设定值可在维护时通过检测口(.07)检验。

8.5.2 风喇叭系统

风喇叭系统由风喇叭、辅助控制装置组成。机车车顶上装有两个高音喇叭 K25、K29，分别向前、向后安装；一个低音喇叭 K27，向前安装。喇叭控制模块集成在干燥器喇叭轮喷控制模块中，模块中设有三个电磁阀＝74-Y11、＝74-Y12、＝74-Y13，用来驱动机车的风喇叭，三个电磁阀的开闭由机车主控制系统控制。每个电磁阀各具有一个隔离塞门分别为 K31、K32、K33，可在喇叭故障时切除相应的塞门。风喇叭控制模块及原理如图 8.17 所示。

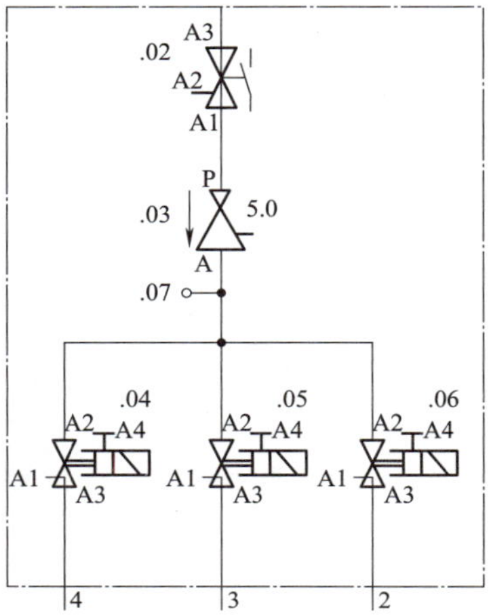

图 8.16　撒砂控制模块及原理

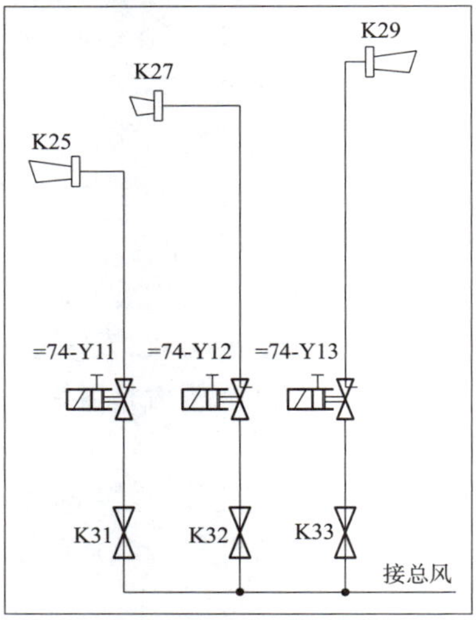

图 8.17　风喇叭控制模块及原理

8.6 基础制动

8.6.1 主要技术参数

基础制动采用轮盘制动方式。在平直道上，制动初速度 120 km/h 时的紧急制动距离≤1 100 m(25 t 轴重)或≤1 000 m(23 t 轴重)，制动初速度 90 km/h 时，紧急制动距离≤800 m。

单元制动器由单元制动缸和夹钳机构组成。

制动系统单元制动缸参数如下：

数量×直径	12×8 英寸
是否带有闸瓦(片)间隙自动调整装置	是
基础制动装置传递效率(在紧急制动时)	＞0.844
机车空气制动率(在紧急制动时)	19.17％
每转向架停放制动个数	2
停放制动	保证在 30‰坡道上安全停车

制动系统制动闸片参数如下：

闸片的材料	合成闸瓦
闸瓦片的平均摩擦系数	0.35

磨耗限值	19 mm
闸片温度限值	350(持续)～430 ℃(短时)
轮盘温度限值	＞闸片限值温度

8.6.2 基本原理介绍

制动钳单元(C04)作为常用制动器和停放制动器使用。制动钳单元(C02、C09)作为常用制动器使用。基础制动装置的布置如图 8.18 所示。

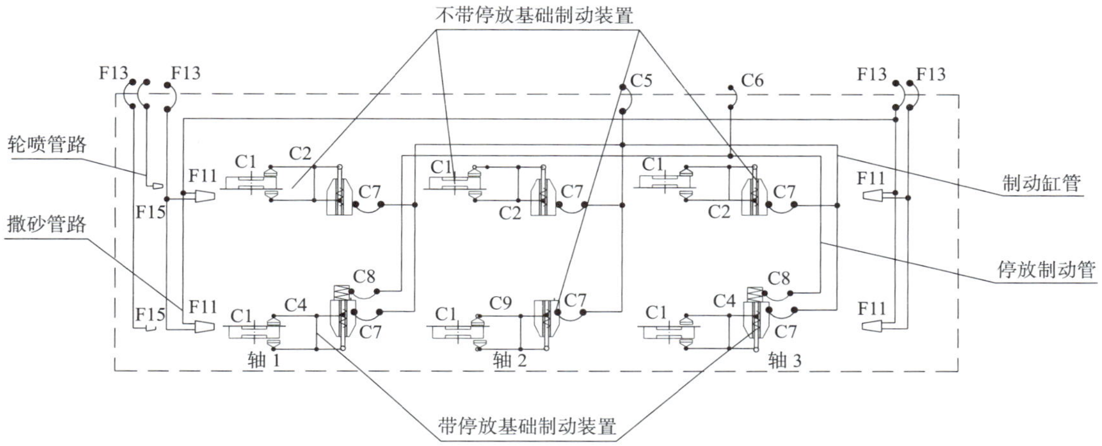

图 8.18 基础制动装置布置

当常用制动器制动时制动缸充气,闸瓦(制动闸片托架连同制动闸片)抱住制动盘的摩擦环,即形成制动力。为缓解常用制动器,使制动缸排气。制动缸中的复位弹簧驱使制动杆进入缓解位置。

制动钳单元是制动钳和制动缸的组合,针对运行情况而配置,制动闸片和制动盘磨损后可以自行调整。这样就使得正常运行所必需的制动闸片和制动盘之间的间隙几乎保持恒定。

车轮制动盘是车辆制动器的组成部分。该组件的动能通过摩擦而转化为热能。每个轮对装配两个车轮制动盘,每个制动盘有两个摩擦环,根据摩擦环相对于轮缘的布置情况,分别被称作内摩擦环和外摩擦环。制动盘在制动时由于与制动闸片摩擦而发热,通过车轮转动时引起的风流可以使其冷却。

8.6.3 构造说明

制动钳单元 C02 和制动钳单元 C09(图 8.19)的主要组成部件为制动缸(a)、制动钳(b)和带锁闩卡锁的制动闸片托架(d1)和(d2)。制动钳单元借助三点支承固定在机车的转向架上。三点支承包括固定支点支座(L)[作为拉杆(g)的一部分]和两个吊耳(h),后者通过柱螺栓(m)与吊耳制动闸片托架(d1)或(d2)铰接连接。支点支座(L)是一个螺装在转向架上的弹性元件。吊耳(h)用柱螺栓(n)固定在转向架上。螺栓铰接和弹性元件使得制动钳单元能够根据轮轴的轴向运动进行调整。制动钳(b)为初步装配好的组件。它由两根通过拉杆(g)铰接起来的扭转刚性的制动杆(i)组成。制动杆(i)的一端分别固定支承在制动闸片托架(d1)和(d2)上。制动杆的另一端有螺纹孔,用于安装制动缸(a)轴承的轴位螺栓(k)。

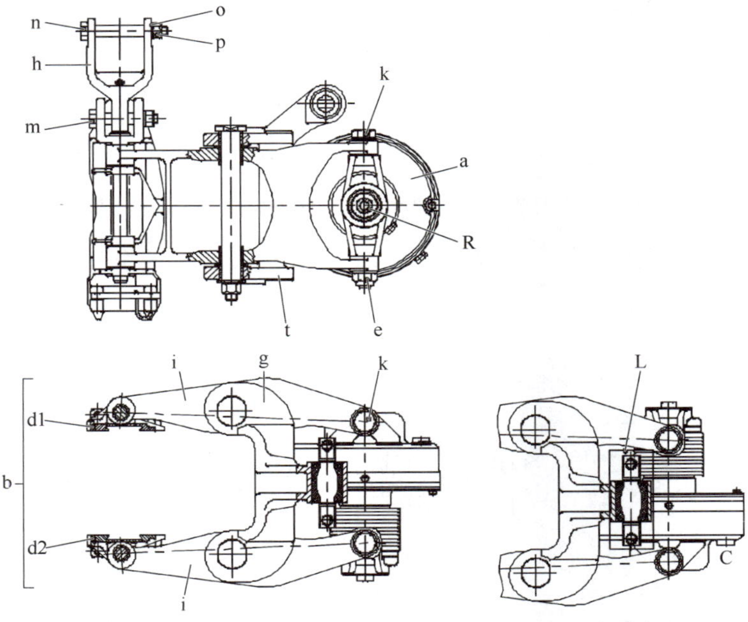

(a) 左置式　　　　(b) 右置式

图 8.19　制动钳单元（C02、C09）

a—制动缸；b—制动钳；d1—制动闸片托架；d2—制动闸片托架；e—排气螺栓；g—拉杆；h—吊耳；
i—制动杆；k—轴位螺栓；m—柱螺栓；n—柱螺栓；o—垫圈；p—防松螺母；t—铭牌；
L—支点支座；R—制动缸上的复位螺母；C—常用制动器的压缩空气接口

制动钳单元C04（图 8.20）的主要组成部件为带弹簧储能器（f）的制动缸（a）、制动钳（b）和带锁闩卡锁的制动闸片托架（d1）和（d2）。制动钳单元借助三点支承固定在机车的转向架上。

停放制动器的控制集中在驾驶台上。借助控制器对常用制动器进行控制。

在弹簧储能器上有一个紧急缓解装置（N），用于停放制动器的机械紧急缓解（比如欲牵引一辆未编入车组的车时）。

三点支承包括固定支点支座（L）[作为拉杆（g）的一部分]和两个吊耳（h），后者通过柱螺栓（m）与制动闸片托架（d1）或（d2）铰接连接。

支点支座（L）是一个螺装在转向架上的弹性元件。吊耳（h）用柱螺栓（n）固定在转向架上。

螺栓铰接和弹性元件使得制动钳单元能够根据轮轴的轴向运动进行调整。

制动钳（b）为初步装配好的组件。它由两根通过拉杆（g）铰接起来的扭转刚性的制动杆（i）组成。制动杆（i）的一端分别固定支承在制动闸片托架（d1）和（d2）上。制动杆的另一端有螺纹孔，用于安装制动缸（a）轴承的轴位螺栓（k）。

轮装制动盘采用铸钢整体结构，在制动盘靠轮辐一侧设计有散热筋。每两个轮盘为一组，用 18 个 M12 螺栓、膨胀套及防松螺母和 6 个定位键安装在车轮轮辐两侧，在 18 个 M12 螺栓达到预紧力矩后两个制动盘的摩擦面基本上呈平行状态，其端面轴向跳动量不大于 0.5。

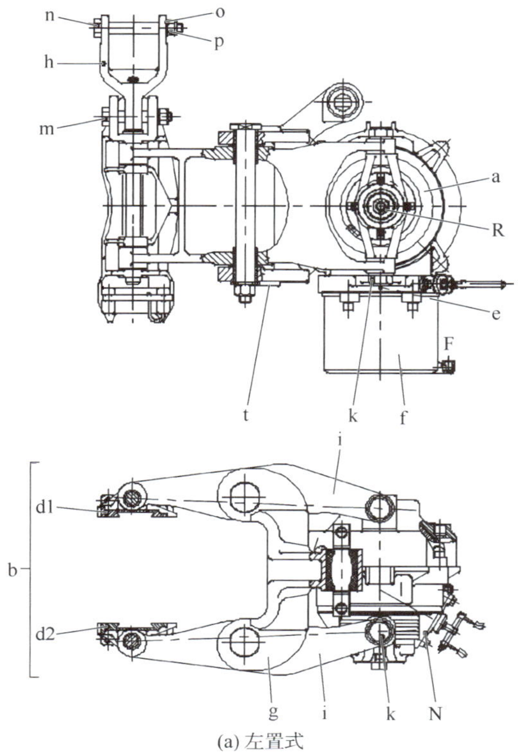

图 8.20 制动夹钳单元(C04)

a—制动缸;b—制动钳;d1—制动闸片托架;d2—制动闸片托架;e—排气螺栓;f—弹簧储能器;g—拉杆;h—吊耳;i—制动杆;k—轴位螺栓;m、n —柱螺栓; o—垫圈;p—防松螺母;t—铭牌;L—支点支座;R—制动缸上的复位螺母;C—常用制动器的压缩空气接口;F—停放制动器的压缩空气接口;N—紧急缓解装置

8.7 典型故障分析及处理

紧急制动后不能缓解时:

8.7.1 故障说明

机车运行过程中触发紧急制动后,将自动制动控制器手柄至“运转”位时,列车管不能充风缓解。这种故障现象可能是紧急制动未解锁或列车管管路上存在一定的泄漏。

8.7.2 故障分析

机车紧急制动后将触发自锁功能,需同时满足以下条件才能缓解紧急制动:

(1)机车速度为零;

(2)机车紧急制动 60 s 倒数完成;

(3)紧急制动源消除。

如上述条件未同时满足,将自动制动控制器手柄至“运转”位不能实现紧急制动的缓解。

电子制动阀(EBV)、车长阀、列车管折角塞门、紧急放风阀、紧急电磁阀等部件气路与列车管直接连通,通过这些部件排风口迅速排空列车管压力可实现紧急制动的施加。其中,直接操作电子制动阀(EBV)、车长阀、列车管折角塞门打开其排风口;当列车管流速到达一定值可使紧急放风阀被动打开排风口;紧急电磁阀由监控(LKJ)紧急、微机(CCU)紧急等控制打开排风口。

如当缓解紧急制动时,与列车管直接连通的这些部件排风口未能正常关闭,将出现列车管边充边排的现象,不能实现紧急制动的缓解。

8.7.3 处理方法

具体处理过程如下:

(1)电子制动阀(EBV)自动制动(大闸)手柄置“紧急”位 60 s 后(制动显示屏有 60 s 的倒计时提示),再置“运转”位。

(2)如列车管不能正常充风缓解,检查、确认“紧急制动”按钮是否在正常位,监控(LKJ)紧急、微机(CCU)紧急是否复位;检查,确认列车管手动放风塞门是否关闭;在缓解状态下,检查紧急放风阀、紧急电磁阀是否存在泄漏。

(3)如电子制动阀(EBV)、紧急按钮、监控(LKJ)紧急、微机(CCU)紧急、车长阀、紧急放风阀、紧急电磁阀等状态正常,列车管不能正常充风缓解,断开机车控制电源进行大复位。

(4)如列车管不能正常充风缓解,在列车制动状态下,关闭机车列车管折角塞门进行试验,若机车列车管充风正常,则为车辆故障。

9 车　　体

9.1 概　　述

车体是机车主要部件之一，它既是除走行部件外的其他机械、电器设备以及附属装备的载体，又是机车动力传递载体。车体具有足够的强度和刚度，在机车运行过程中，车体不但要传递牵引力和制动力给车钩以及承受垂直载荷，还要承受水平方向的冲击载荷和横向力的作用。

HXD1B 型电力机车车体外形为双司机室准流线型。车体由底架、司机室、侧墙、顶盖、排障器、钩缓装置以及前窗玻璃、侧窗、机车门等附属部件组成，如图 9.1 所示。

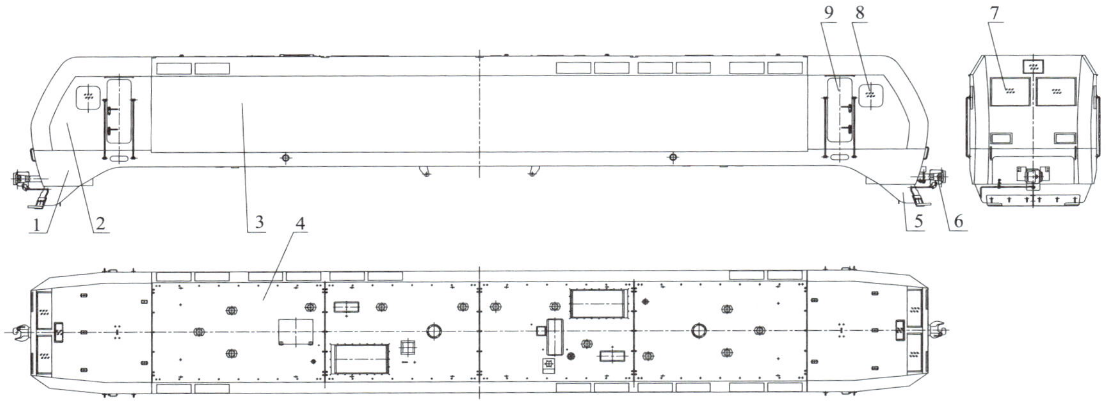

图 9.1　HXD1B 型电力机车车体

1—底架；2—司机室；3—侧墙；4—顶盖；5—排障器；6—钩缓装置；7—前窗玻璃；8—侧窗；9—机车门

9.2 主要结构参数及特点

9.2.1 车体主要结构及参数

车体设计主要采用 UIC、DIN、EN 等国际铁路联盟、国外标准，其余采用了我国相关标准。车体承载结构采用整体承载方式，依照 UIC 566、EN 12663、ERRI B12/RP17 等相关静强度、疲劳强度设计及评判标准。车体主要结构特点如下：

(1)车体各部件主要由钢板和钢板压型件组成，其中司机室、底架、侧墙等组焊成一个箱形壳体结构，车体纵向承载能力大，沿车钩纵向水平中心线可承受 3 000 kN 的静压力和 2 500 kN 的静拉力而不会产生永久性变形。

(2)车体底架侧梁外侧设有 4 个检修作业用的吊销套，车体前后牵引梁两旁还设有 4 个救援用吊销套。

(3)车体与转向架之间设有备用的连接装置,可将车体同转向架一并吊起。车体和转向架同时整体或一端吊起时,车体各部分不会产生永久性变形和其他损坏。

(4)车体底架侧梁下部设有 4 个架车支承座和供检修用的 4 个支承点。

(5)机车的司机室前端设有方便调车员调车作业的脚踏板和清洁前窗玻璃用的维护脚踏,并有相应扶手。

(6)装配于车体下部的排障器、变压器等都有防松、防落装置,以增加机车运行的安全性。

(7)在车钩箱中装有变形吸能元件,在机车意外冲击或碰撞时能提供一定保护。

具体结构参数如下:

车体宽度	3 100 mm
车钩纵向中心线距离	22 670 mm
车钩中心距轨面高	(880±10) mm
底架上平面距轨面高	1 600 mm
车体顶盖距轨面高	4 040 mm
排障器距轨面高	110^{+10}_{0} mm
机械间净空间长度	16 070 mm
车体总重	约 40 000 kg

9.2.2 车体部件结构特点

(1) 底架

HXD1B 型电力机车车体底架采用底架框架与底架地板、车内设备安装骨架焊接的一体化结构,从整体上提高了车体底架的刚度和强度,如图 9.2 所示。

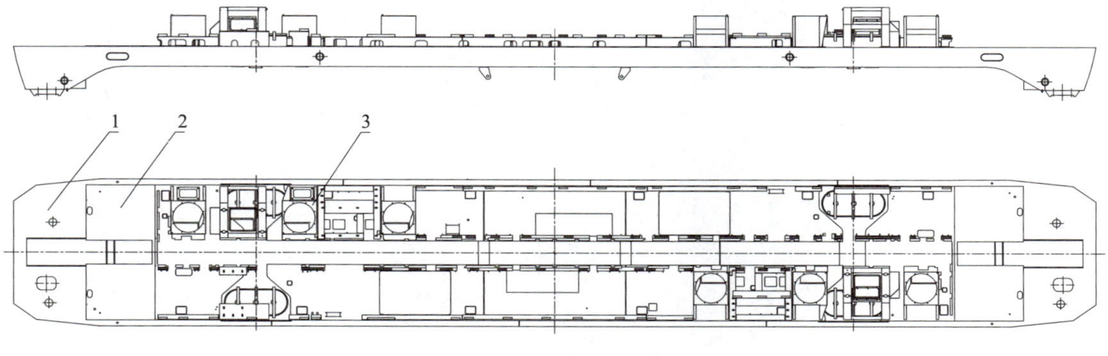

图 9.2 底架

1—底架框架;2—底架地板;3—车内设备安装骨架

底架框架采用贯通式中央纵梁结构,主要由牵引梁、侧梁、枕梁、变压器梁、中央纵梁组成,如图 9.3 所示。贯通式中央纵梁的底架框架能有效提高车体纵向承载能力,便于机车设备的模块化布置。

底架框架主要材料为 10 mm、12 mm、16 mm、20 mm、40 mm 等板厚的低温容器板。各承载梁均采用钢板或钢板压形件，以坡口焊接为主，组焊成箱形或类似结构，从整体上提高了车体的刚度和强度。各横向梁与侧梁连接均采用插入式焊接连接，从而提高焊缝处的承载能力。

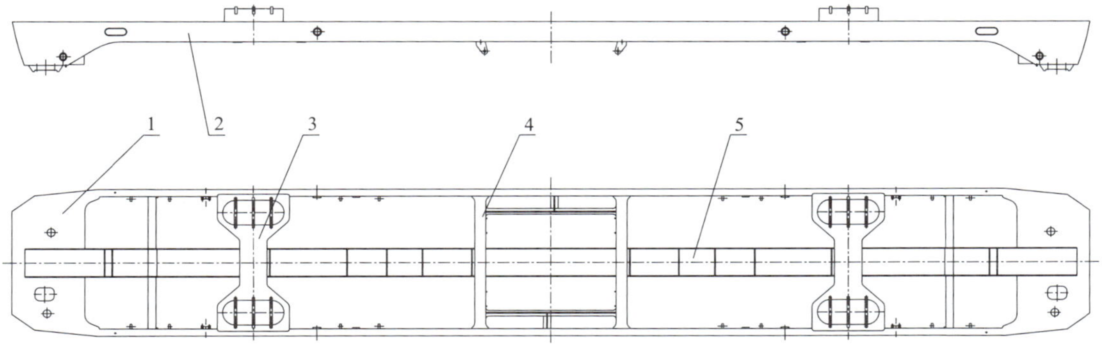

图 9.3 底架框架

1—牵引梁；2—侧梁；3—枕梁；4—变压器梁；5—中央纵梁

牵引梁是传递牵引力、承受制动力与冲击力的主要部件，由上盖板、前端板、后端板、加强撑板、中心纵梁、下盖板、车钩箱等组成空腹箱形结构，牵引梁前端焊有螺孔座，可以将安装车钩吊杆的冲击座用螺栓紧固其上；车钩箱直接焊装于牵引梁的下盖板和前端板上，用于安装机车车钩、缓冲装置和变形吸能装置。车钩箱为厚板组焊的加强箱体，有足够强度满足车钩传递的牵引和冲击力，内部空间完全满足 TB/T 3334《机车车钩缓冲装置》中 100 型钩缓装置的安装和互换，与转向架相连的牵引拉杆座焊接在车钩箱的下部；另外牵引梁两侧装有机车救援吊销孔，其下盖板上焊有用于安装排障器的安装条。

侧梁位于底架两侧，是底架主要承载及传力部件，由 U 形压型梁与内立板组焊而成，内立板上与枕梁、变压器梁连接处预留断口，以方便枕梁、变压器梁插入与压型梁直接连接，共同形成更加牢固的结构体。垂向减振器座用嵌入方式与侧梁焊接成一个整体结构，横向减振器座焊接中央纵梁下部，左右侧梁上各设有 4 个吊销套，靠中间的吊销套用于机车的整体起吊，靠两端的吊销座用于单端救援；侧梁底部在枕梁中心线的两侧焊有 4 个架车支承座和供检修用的 4 个支承点。

枕梁主要承受车体和设备的重量载荷及其垂向冲击载荷，主要由上盖板、下盖板、压型立板、中心纵梁、引导销、腰形围板、加强板等组成，枕梁的两端直接插入侧梁组焊。

变压器梁主要由倒 T 形纵梁（由下翼板和立板组焊）、箱形横梁和纵向 U 形中央纵梁组焊成的框架梁，用于承载变压器的重量载荷及其冲击载荷，箱形横梁也直接插入侧梁组焊。

中央纵梁为压型 U 形梁，宽度达 600 mm，完全贯穿于整个底架，并与各被贯穿梁焊接在一起，与侧梁同时起到主要传力路径的作用。

在底架两牵引梁之间，焊装 20 mm 厚的盖板，主要用以直接装配机车设备或焊装装配机车设备的安装支架，各安装支架主要由压型梁与安装导轨组焊而成，盖板也同时进一步加强了底架的刚度和强度。

（2）司机室

司机室采用准流线形外形，具有现代美感的视觉效果。司机室前部设有前窗，采用胶粘方式将两块复合的电加热玻璃分别与司机室钢结构粘接连接。司机室两侧面设有入口门以及可上下开启的活动侧窗。司机室后墙上设有走廊门，通向机械间中央走廊。

司机室钢结构采用了骨架与蒙皮一起形成整体承载的钢结构形式，且采用左右侧墙、前墙、司机室顶盖及后墙组成的模块化结构，蒙皮及骨架梁均由 6 mm 钢板拼装或压型而成，不仅简化组装工艺，而且加强了司机室的承载能力。

司机室前端两侧均设计成斜板箱体结构，从底部逐渐过渡到顶部，然后通过司机室侧墙上部弦梁自然过渡到侧墙的上弦梁，从而将车体承受到的纵向力及垂向力矩在车体上部力流通道中流畅的传递；同时也保证了车体整体一致的外观效果。

为满足司机室腰梁处能承受 300 kN 均布载荷的要求，司机室腰梁设计成较大的箱形结构，并设置加强隔板，该区域结构得以有效强化。为了应对司机室侧窗窗角结构性的应力集中，侧窗部位采用了 6 mm 厚钢板。司机室入口门门角通常也是应力集中区，因此入口门的蒙皮采用 8 mm 厚钢板，并且门角处设计成圆滑过渡结构，避开了焊缝，保证了应力不会过度集中于门角或焊缝区域。

司机室顶部焊有头灯安装箱及天线安装座，前下部左右两边对称焊有安装机车副头灯的安装法兰。

后墙内部填充有性能优良的防寒、吸音材料，有效的隔离了机械间噪声向司机室传递。

为保证司机室的防寒隔热，在司机室各主要骨架梁焊接前塞满防寒吸音材料。

(3)侧墙

车体侧墙采用了上倾斜网架式结构，侧墙上部的两根上弦梁均采用了 6 mm 厚板材，通过压型、焊接、设置加强隔板等方式，形成封闭的箱形结构，并且两上弦梁之间设置了较多、较强的连接梁，有效强化了侧墙上弦梁部位的强度和刚度；侧墙下部骨架的立柱和横梁大都设计成一边均匀断续开口的“锯齿形”角梁结构，“锯齿形”边与蒙皮焊接在一起，横向梁的“锯齿形”边与蒙皮自然形成坡口，保证了其焊接可靠性，也降低了侧墙平面的焊接变形，同时由于下料成型的均匀断续边，减少了人工控制断焊的不均匀性，提高了焊接质量、减少了调平工作量。侧墙上弦梁部位设置了多个通风口，用于安装单独通风冷却电气设备的通风过滤装置。侧墙顶部焊接了安装轨，用于安装车体顶盖。

(4)顶盖

车体顶盖设计成四个可拆卸的框架式活动小顶盖，通过 T 形螺栓与侧墙和顶盖连接横梁上的安装轨相连，连接充分考虑了结构的防水性，设置了密封结构。顶盖 1、顶盖 4 上均焊有受电弓安装座，各顶盖上的受电弓安装座之间的平面度不大于 1 mm，顶盖 1 上还设有检修人员登顶用的天窗门；顶盖 2 上有高压互感器安装座和通风口安装座；顶盖 3 上有冷却塔进风网安装座；除此之外，各顶盖上还焊有绝缘子安装座。

(5)排障器

排障器为犁式结构，由左、中、右三部分组成，通过螺栓连接在一起，排障器左、中、右三部分之间设有调整垫板，用于调节制造误差。为满足在轮缘全磨耗范围内排障器底部距轨面高度为 110^{+10}_{0} mm，排障器主体下部装设了可调节高度的两块排障板，在排障板上与排障器的连接部位都开有腰孔，便于根据轮缘磨耗程度调整排障器距轨面的高度。排障器结构如图 9.4 所示。

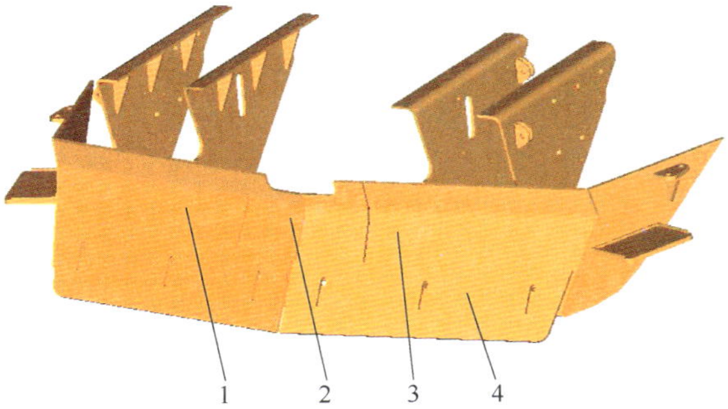

图 9.4 排障器结构

1—排障器(右);2—排障器(中);3—排障器(左);4—排障板

9.3 牵引缓冲装置及变形吸能元件

牵引缓冲装置主要包含 TB/T 3334《机车车钩缓冲装置》中 100 型车钩、100-1(QKX100)型缓冲器等,如图 9.5 所示。

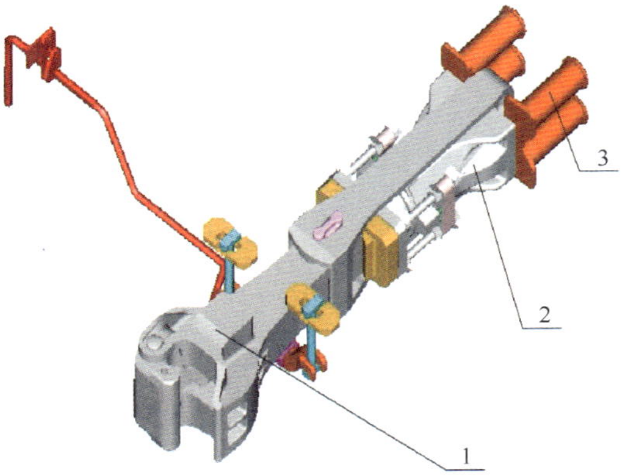

图 9.5 牵引缓冲装置及变形吸能元件

1—车钩;2—缓冲器;3—变形吸能元件

车钩组装后钩身可以在人力作用下摆动,以便于在曲线半径不少于 $R250$ m 弯道处摘挂。钩头肩部与冲击支座距离约为 102 mm,吊杆装置以增加车钩摆动的灵活性和复原能力。

车钩水平中心线距轨面高度为(880±10) mm,车钩高度的调整可由在钩尾框托板上加垫或改变冲击支座下方吊杆装置的均衡梁上的磨耗板厚度进行调整,但每处磨耗板总厚度不大于 10 mm。

按 TB/T 456《机车车辆用车钩、钩尾框》等标准规定,车钩的三态作用应良好:

(1)全开——用手持续稳定地旋转提杆手把,钩舌必须达到全开位置。

(2)闭锁——用手持续稳定地推动钩舌鼻部,钩舌应转动到全闭状态,同时钩锁应顺利地落到闭锁位置。钩锁处于闭锁位置时,车钩应处于防跳保护状态。

(3)开锁——用手缓慢转动提杆手把，使闭锁位的钩锁抬高到钩舌尾部以上。在此过程中钩舌不许有转动。当回转提杆使钩锁落下时，钩锁应坐落在钩舌推铁的座锁前顶面上，此时用手扳动钩舌内腕，钩舌应能自由地转动至全开位置。

车钩及钩尾框采用 ZG 25MnCrNiMo 铸造，其抗拉破坏载荷不低于 3 800 kN，各主要部件的最小破坏载荷如下：

钩　舌	3 430 kN
钩　体	4 005 kN
钩尾框	4 005 kN

QKX100 弹性胶泥缓冲器主要由弹性胶泥芯子、壳体、连接板和螺杆等组成，满足 TB/T 1961《机车车辆缓冲器》标准的要求。其基本参数如下：

最大阻抗力	≤2 500 kN
工作行程	≤83 mm
缓冲容量	≥100 kJ
缓冲吸收率	≥80%

100-1(QKX100)型缓冲器大容量、吸收率高，能有效减少机车纵向冲击，同时，满足传统标准化钩缓接口尺寸，其安装接口能与 100-2(MT-2)型和 100-3(MT-3)型缓冲器互换。

变形吸能元件是由特殊材料制成的薄壁筒形结构，具有高抗压强度和高延伸率特征，在意外碰撞情况下，能通过塑性变形使每组变形吸能单元(左、右各为一组)大量吸收碰撞动能，最大限度地保护机车以及司乘人员的安全。其基本技术参数(每组)如下：

(1)能承受的最小静载荷：不低于 1 500 kN。

(2)产生变形时载荷：初始时不低于 1 500 kN；达终点时最大不超过 1 735 kN。

(3)动态吸收能力不低于 225 kJ。

9.4　典型故障分析及处理

车钩裂纹时：

9.4.1　故障说明

在机车日常检查和 C 级检修时，目视检查或探伤检查发现车钩裂纹。

9.4.2　故障分析

车钩是 E 级钢铸件，根据铸件的特性，TB/T 3334《机车车钩缓冲装置》允许车钩表面在规定部位存在不需焊修的缺陷；同时 HXD1B 型电力机车是重载机车，在运用过程中承受了大的疲劳载荷，这些在初时允许的缺陷在车钩运用一段时间后从允许的缺陷扩展成了裂纹。

裂纹是钩缓系统的主要故障之一，它主要由疲劳载荷引起。一旦发现车钩裂纹，应及时处理，否则会发生断钩风险。

9.4.3　处理方法

发现裂纹可进行焊修处理；但车钩各零部件有下列情况禁止焊修，直接报废处理。

(1)钩体上的横向裂纹,扁销孔向尾部发展的裂纹;

(2)钩体上距钩头 50 mm 以内的砂眼及裂纹;

(3)钩体上长度超过 50 mm 的纵向裂纹;

(4)耳销孔处超过该处端面 40%的裂纹;

(5)上、下钩耳间(距钩耳 25 mm 以外)超过 30 mm 的纵横裂纹;

(6)钩腕上超过腕高 20%的裂纹;

(7)钩舌上的裂纹;

(8)车钩尾框上的横裂纹及扁销孔向端部发展的裂纹。

10 转 向 架

10.1 概 述

HXD_{1B} 型电力机车转向架是国内首个自主设计的大功率、大轴重交流传动电力机车货运三轴转向架。采用了成熟而先进的技术，如整体式带柔性联轴器的抱轴悬挂驱动系统、轮盘制动、一系硬二系软的钢弹簧悬挂系统、整体免维护轴箱轴承、低位推挽式牵引装置、砂箱加热等，保证了机车在重载牵引条件下以较高的速度平稳运行，提高了机车运用可靠性。

转向架主要由轮对驱动装置、构架、一系悬挂装置、二系悬挂装置、电机悬挂、牵引装置、撒砂装置、轮缘润滑装置、空气管路以及附属装置组成，如图 10.1 所示。

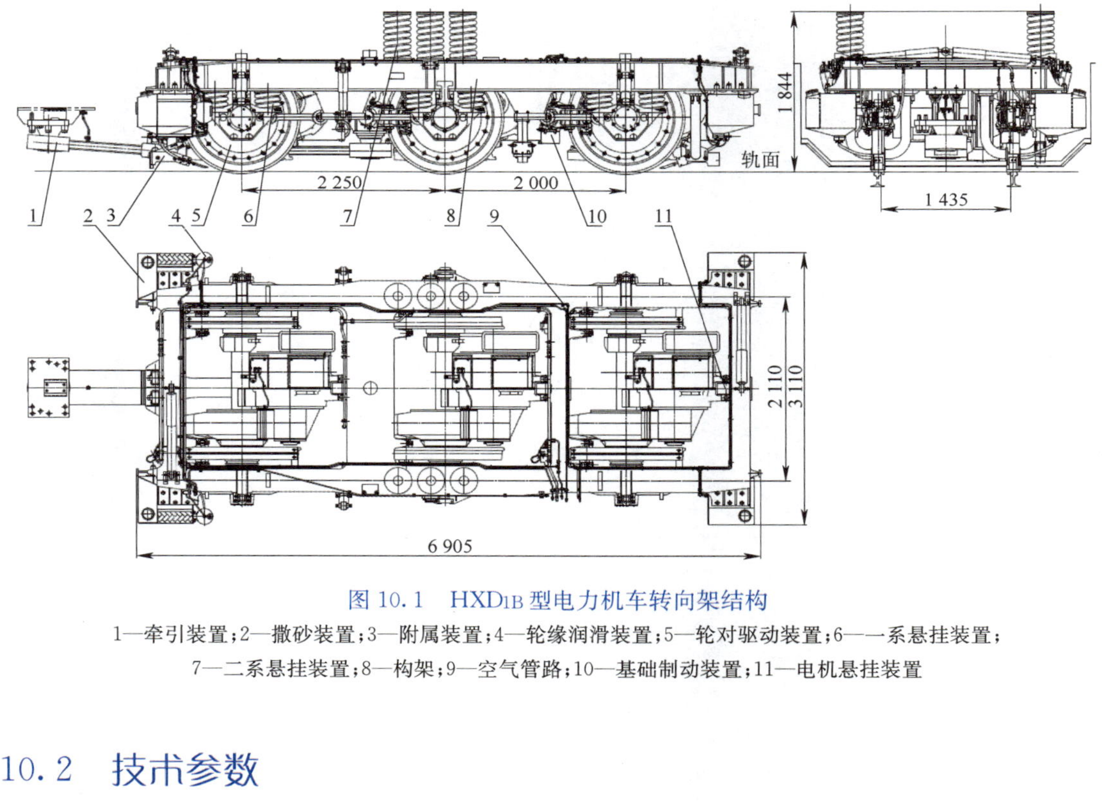

图 10.1 HXD_{1B} 型电力机车转向架结构

1—牵引装置；2—撒砂装置；3—附属装置；4—轮缘润滑装置；5—轮对驱动装置；6—一系悬挂装置；7—二系悬挂装置；8—构架；9—空气管路；10—基础制动装置；11—电机悬挂装置

10.2 技术参数

转向架主要技术参数：

轴重	25 t
转向架总重	31 000 kg

电机质量	2 895 kg
机车启动牵引力(每轴)	95 kN
最大运用速度	120 km/h
轴距	(2 250+2 000) mm
轨距	1 435 mm
转向架中心距	11 760 mm
轮对左右轴箱中心线间距	2 110 mm
二系支承点横向间距	2 110 mm
牵引方式	中间斜拉杆推挽式
驱动系统	带柔性联轴器的抱轴悬挂驱动
传动方式	单侧斜齿轮传动
电机功率	1 633 kW
齿轮传动比	107/17
踏面形状	JM3
轮径	新轮:1 250 mm 半磨耗:1 200 mm 全磨耗:1 150 mm
一系悬挂方式	钢弹簧+单轴箱拉杆+垂向减振器
一系弹簧静挠度	40 mm
二系悬挂方式	钢弹簧+垂向减振器+横向减振器
二系弹簧静挠度	122 mm
基础制动方式	轮盘制动单元(带蓄能)
限界	满足 GB 146.1
轴箱横向自由间隙	0.5 mm—20 mm—0.5 mm
一系横向止挡间隙	12 mm
一系垂向止挡间隙	25 mm
二系横向止挡间隙	40 mm(其中自由间隙 35 mm、弹性间隙 5 mm)
二系垂向止挡间隙	35 mm
机车通过最小曲线半径	125 mm(机车通过速度≤5 km/h)
机车通过最小竖曲线	500 mm

10.3 工作原理

转向架是电力机车的关键部件之一,它对机车运行的安全性、舒适性、稳定性、可靠运行、延长寿命及减少对轨道的破坏均起着重要的作用。转向架直接承受车体传来的各种静、动载荷以及轮轨间产生的各种力,并传递牵引力和制动力,牵引机车在轨道上安全运行,因此,转向架除具有足够的安全可靠性及一定的运动稳定性储备,还具有优良的运行平稳性和较小的轮轨动作用力。线路条件直接影响转向架的动力学性能,因而保证良好的轮轨几何关系非常重要。根据线路条件及机车的结构和悬挂参数的匹配可达到机车最优的动力学性能。

转向架能够整体互换，转向架主要实现以下功能：支承车体重量，实现机车的导向，吸收和缓解来自轨道的振动，适应机车的曲线通过，传递牵引和制动力，保证机车的安全性、平稳性、舒适性，以及机车的其他功能。

10.4　构造说明

10.4.1　轮对轴箱

10.4.1.1　轮　　对

车轮采用直径为 1 250 mm 的整体碾钢车轮，材料为 ER8，满足 EN 13262 标准要求；在车轮两侧装有制动盘，制动盘与车轮之间通过螺栓连接；车轮踏面采用符合 TB/T 449 标准的 JM3 磨耗型踏面。

车轴设计满足 EN 13104 标准；材料采用 EA4T（25CrMo4V），满足 EN 13261 标准的要求；车轴轮座采用喷钼处理，满足 BN 918260 的要求，有效地防止轮座部位的拉伤。

轮对装配采用注油压装，其组装满足 UIC 813、EN 13260 和 TB/T 1463 的相关要求。组装后轮对内侧距 1 $353^{+0.5}_{-1}$ mm（未负载状态）。

10.4.1.2　轴　　箱

轴箱采用独立悬挂弹性定位单拉杆结构，主要由轴箱体、轴承、接地装置、速度传感器、轴端压盖、内外端盖等组成。一、三位轮对轴箱轴承采用整体式自密封圆锥滚子轴承，具有较高的径向及轴向承载能力，同时与 HXD1 型电力机车轴箱轴承通用。中间位轮对轴箱轴承采用整体式自密封圆柱滚子轴承，以满足大横动量的要求，轴箱轴承的计算寿命 L_{10} 都大于 300 万公里。轴箱自由横动量 0.5 mm—20 mm—0.5 mm。整体式自密封轴承具有安装拆卸方便、免维护周期长的特点。轴箱端部根据运用要求安装有接地装置、速度传感器如图 10.2、图 10.3、图 10.4 所示。

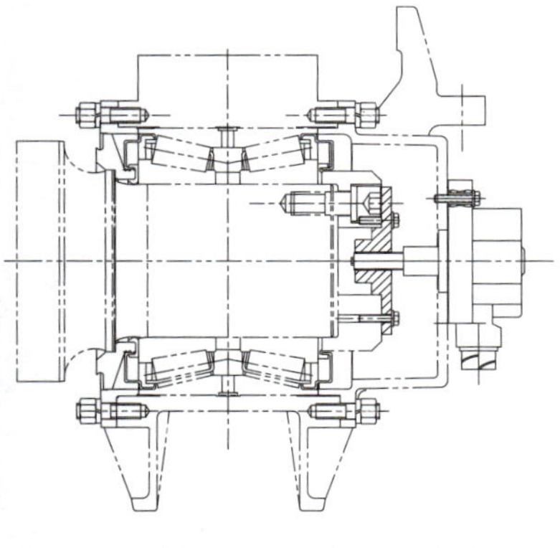

图 10.2　轴箱组装（带速度传感器）

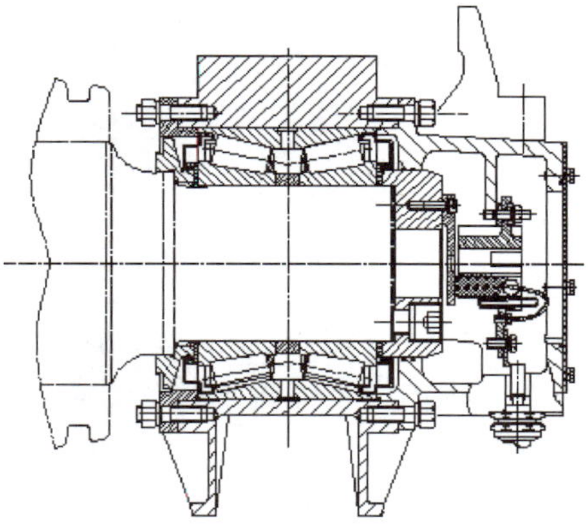

图 10.3　端轴轴箱组装（带接地装置）

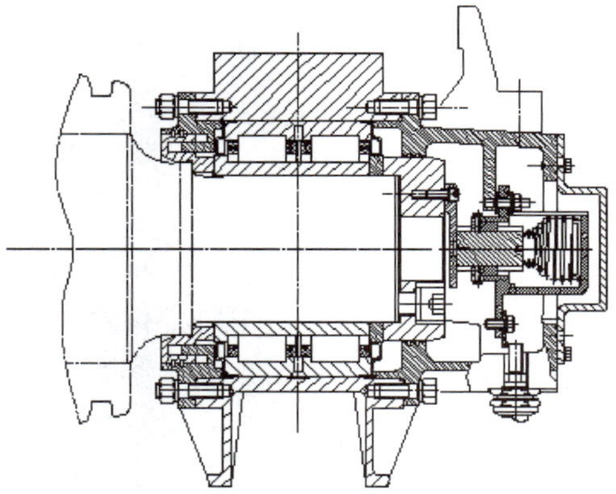

图 10.4　中间轴轴箱组装（带接地装置）

10.4.2 驱动装置

驱动装置是一种“齿轮箱电机一体化驱动系统”，整体式带柔性联轴器的抱轴悬挂驱动单元。柔性联轴器传递牵引电机扭矩、承受运行中出现的附加载荷及各种偏移。主动小齿轮两侧通过圆柱轴承支承，在机车运行中减少电机轴弯曲引起的齿轮偏载，检修维护工作量，结构新颖。其由牵引电机、大齿轮箱、小齿轮箱、大小齿轮、柔性联轴器、传动轴承、单侧抱轴箱及密封件组成一个整体化结构，如图 10.5 和图 10.6 所示。

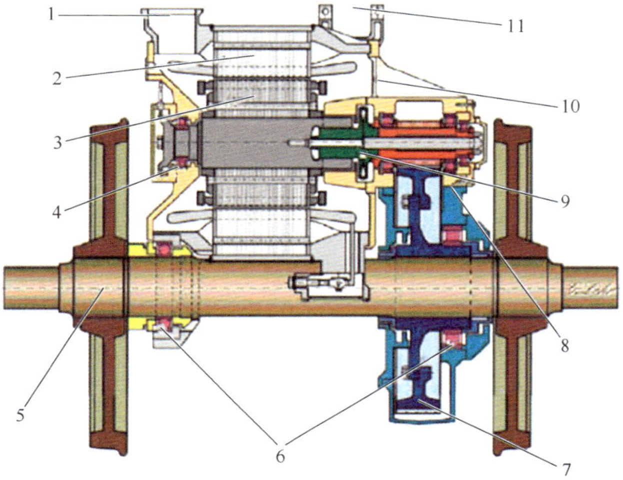

图 10.5 HXD$_{1B}$ 型电力机车驱动装置结构

1—电机进风口；2—电机定子；3—电机转子；4—电机轴承；5—轮对轴箱；6—抱轴承；
7—齿轮；8—齿轮箱；9—联轴器；10—电机出风口；11—吊杆座

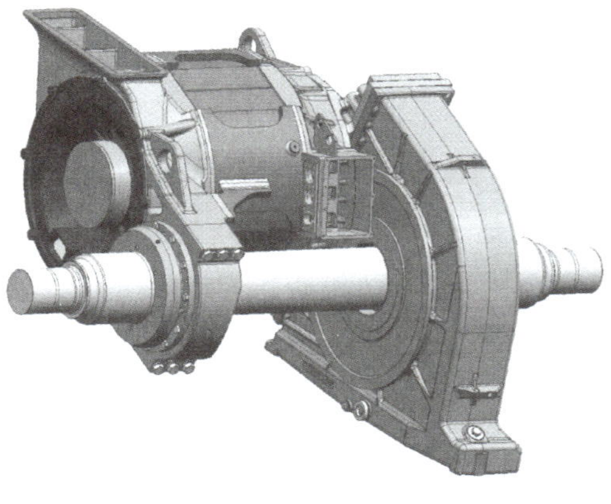

图 10.6 HXD$_{1B}$ 型电力机车驱动装置外形

10.4.2.1 传动齿轮

齿轮采用小螺旋角斜齿齿轮传动。齿轮传递功率较大(单轴牵引电机功率高达 1 633 kW)，线速度也较高，属于典型的高速重载传动。其主要参数如下。

螺旋角	4°
传动比	6.294(107/17)
齿轮模数(m_n)	9 mm
大小齿轮中心距	560 mm
齿轮精度等级	6 级
齿轮材料	18CrNiMo7-6(EN10084)

为了改善传动齿轮的啮合性能，降低齿轮初始啮合时动载荷及冲击，减小齿向偏载和噪声，并能抵御瞬时较强冲击载荷，齿轮采取了啮合修型措施；此外，为了改善和提高传动齿轮的承载能力和使用寿命，齿轮轮齿采用了渗碳等强化工艺。

小齿轮通过端面齿与连轴器连接，传递来自牵引电机的转矩。齿轮两端设有支承陶瓷绝缘圆柱滚子轴承。外侧端部设有陶瓷绝缘四点球轴承，以承受小齿轮轴上的轴向力。大齿轮由齿圈与齿轮毂通过螺栓整圈均布连接，这种结构简单实用，降低了齿轮的制造难度，对于今后运用检修维护提供了极大的便利。齿轮毂通过过盈配合套装于车轴齿轮座上，毂外侧座安装有一陶瓷绝缘短圆柱滚子轴承，大齿轮箱环抱于轴承外圈。由于齿轮采用齿圈及齿轮毂结构，通常情况下，齿轮毂无须退轴。从动齿轮和主动齿轮的外形如图 10.7 和图 10.8 所示。

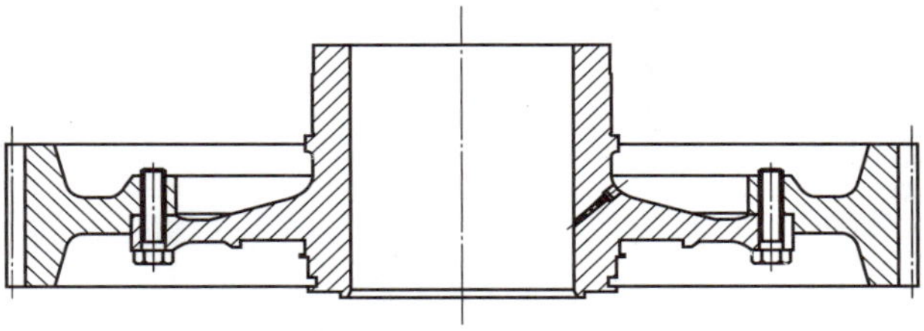

图 10.7 从动齿轮外形

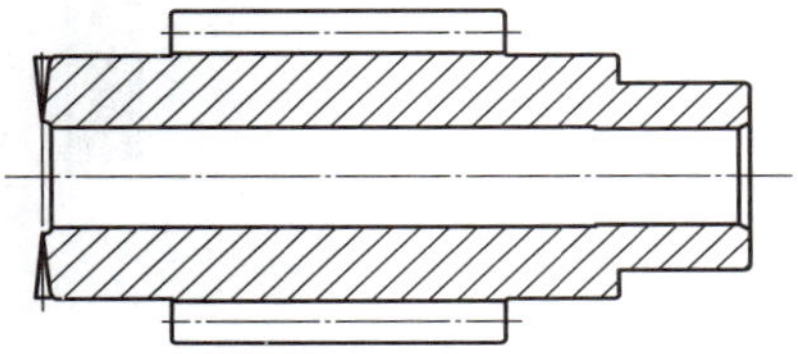

图 10.8 主动齿轮外形

10.4.2.2 齿 轮 箱

齿轮箱为承载式、垂直分箱结构，通过大齿轮毂上的圆柱轴承坐在车轴上。分大齿轮箱(图 10.9)和小齿轮箱(图 10.10)，其内部形状充分考虑箱体内的轴承润滑及齿轮箱的密封。大、小齿轮箱材料采用球墨铸铁。大齿轮箱底部设计为宽大的油腔，便于存储润滑油及最大限度降低齿轮箱内的负压，箱体底部侧面设有磁吸放油堵，可以吸附润滑油中的金属碎屑；箱体上还设有加油孔、油位观察玻璃以及起吊螺孔等，通过油位观察玻璃可以清楚看到齿轮箱油位。

小齿轮箱作为小齿轮及轴承承载件的同时，还被用作电机输出端端盖，它是一个复杂结构铸件，由两部分铸成，一部分作为小齿轮及轴承的腔室，另外一部分是电机端盖—法兰，起着密封电机传动端的作用。

齿轮箱系统采用了油浴飞溅润滑结构，大齿轮毂上的轴承、小齿轮及小齿轮支承轴承的润滑通过润滑油的飞溅及滑落来润滑。

大齿轮箱两侧均采用了动密封结构。根据驱动系统的结构特点，通过密封环之间及密封环与齿轮毂之间形成多重迷宫式动密封，并带有多层台阶甩油环结构及回油通道，梯级减弱润

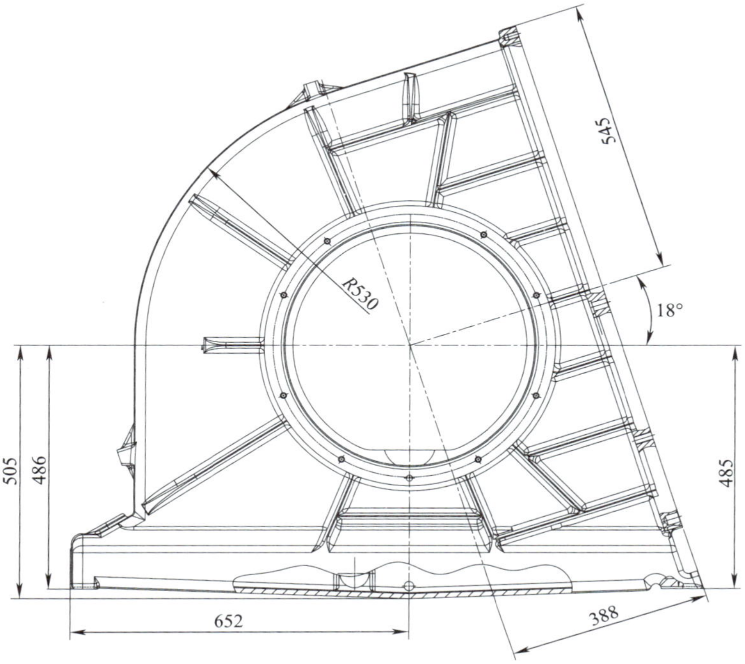

图 10.9 大齿轮箱

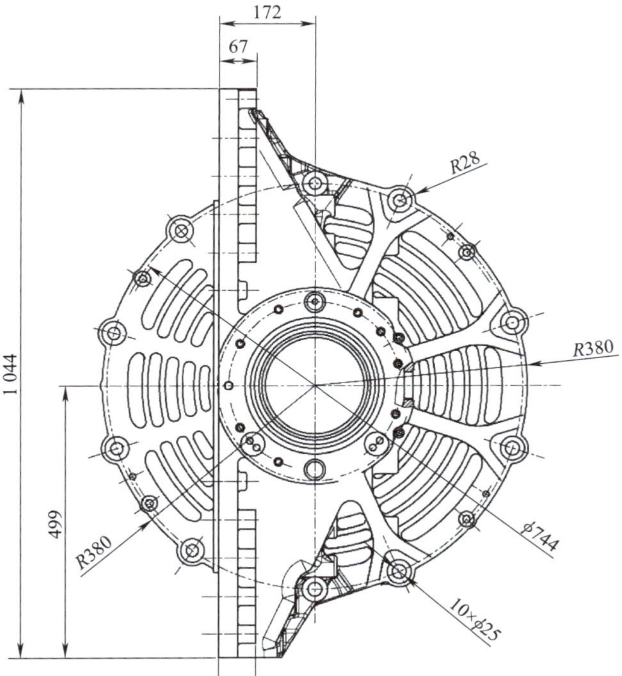

图 10.10 小齿轮箱

滑油的外泄能力，直至完全密封。小齿轮箱外侧采用了静密封，可以确保不泄漏；内侧由于作为电机的端盖，用螺栓紧固在电机的机壳上。但由于有润滑油进入端面齿润滑，联轴器及电机枢轴为旋转件，在电机枢轴外设有一迷宫密封环形成动密封，密封环上设有回油通道，有一软管连接于回油通道与小齿轮箱之间进行回油。

在整个齿轮箱系统结构中，大齿轮箱密封环不仅起着密封作用，而且其上还设有回油通道，与齿轮箱回油通道连成一体，可以使飞溅及回流的齿轮润滑油回流到齿轮箱内部。此外，回油通道底部可以沉淀油泥杂质，这些油泥杂质可以从通道底部螺堵去除。

这种驱动系统的密封与润滑，确保了整个驱动系统的良好润滑而不发生泄漏。

10.4.2.3　联轴器

驱动系统采用了整体膜式柔性联轴器，用于牵引电机枢轴与小齿轮之间的柔性连接，并传递扭矩、承受运行中出现的附加载荷及各种偏移，是驱动系统的重要组成部分。联轴器一端通过端面齿与小齿轮端面齿啮合、一端通过长锥面与牵引电机枢轴内锥面过盈配合，如图 10.11 所示，从而能够传递牵引电机所产生的扭矩。这种结构牵引电机传动端电机枢轴无需采用轴承支承，简化了牵引电机结构，也避免了传动端电机枢轴采用轴承支承方式在高速重载下容易导致轴承损坏。为了使小齿轮与联轴器端面齿固定啮合，两者轴心通过一个 M52 的螺栓连接固定，如图 10.12 所示。

图 10.11　联轴器

联轴器分左右两半、通过焊接为一体的规则中空结构。左端面设有端面齿，右侧为长锥面体。联轴器采用中空结构，使得其本身具有合理的抗弯、抗扭及轴向、径向刚度。此外，为了保证联轴器的性能，其热处理也有特殊的要求。在重载情况下具有足够刚度的同时具有一定的微小变形，可改善重载情况下小齿轮的偏载及大、小齿轮的啮合状况。

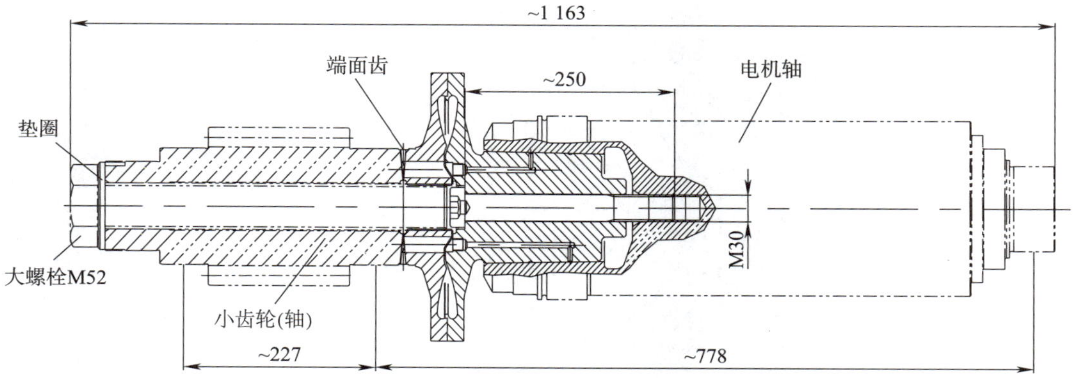

图 10.12　联轴器安装示意

10.4.2.4　抱轴箱

牵引电机传动端与齿轮箱刚性连接，通过齿轮箱环抱于安装在车轴的大齿轮毂上的圆柱滚子轴承上。牵引电机非传动端则通过螺栓与环抱于车轴上的单侧抱轴箱连接成一体(称之单侧抱轴箱,是与两端抱轴的传统抱轴箱结构区别),如图 10.13 所示,从而使得齿轮箱电机一体化驱动系统与轮对成为一个稳定结构。抱轴箱由抱轴承盖、抱轴承座、陶瓷绝缘深沟球轴承、轴领及密封环等组成。深沟球轴承采用 SHC 220 润滑脂润滑,抱轴箱设有注油孔及排油孔,便于加注润滑脂及旧油脂排除。

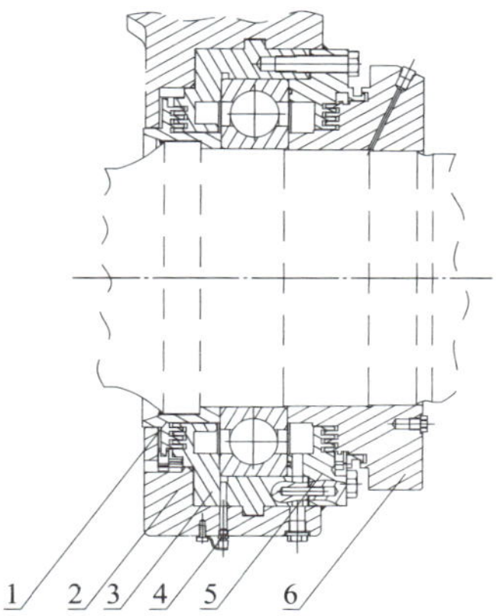

图 10.13 抱轴箱

1—轴承定位密封环;2—抱轴承盖;3—抱轴承座;4—油杯;5—密封环;6—轴领

10.4.3 构 架

构架为"目"字形构架,由侧梁、牵引梁、中间横梁、前端梁和后端梁组成,除个别安装座以外,结构基本上是对称的(图 10.14)。构架焊接后变形小,残余应力分布均匀;通过优化设计构架的各个零部件的应力水平比较低,且应力变化趋势平稳;构架各安装座结构简单。

构架本体材料采用 16MnDR 钢板,焊接采用 EN 15085 标准体系,优先选用对接焊缝,单边 V 形焊缝和 K 形焊缝,尽可能不用不开坡口的角焊缝,使焊缝位于低应力区;避免焊缝位于同一截面上,不同板厚的焊接,在厚板对接处设置斜坡,使两板厚一致,对接焊缝预留间隙,以便焊透,对接焊缝的余高尽量小。

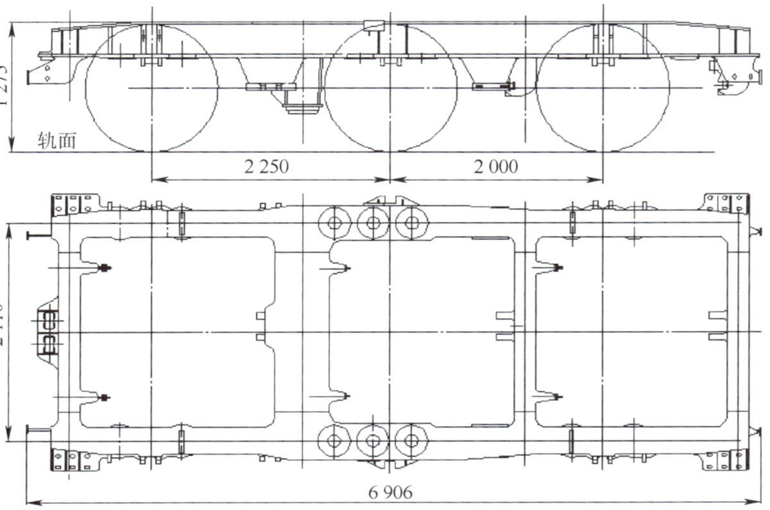

图 10.14 构架结构

按 TB/T 2368 的规定施加计算载荷,进行疲劳计算并绘制 Goodman 云图,计算构架静强度及疲劳强度满足 TB/T 2368 的要求。

按 TB/T 2368 的规定,进行了静强度及疲劳强度试验,经探伤检查无裂纹,满足标准要求。

10.4.4　一系悬挂装置

一系悬挂装置(图 10.15)两端轴由钢圆簧＋轴箱拉杆＋垂向减振器组成,中间轴由钢圆簧＋轴箱拉杆＋中间起吊装置组成,垂向减振器和中间起吊装置能实现轮对驱动装置的整体起吊功能。轴箱采用单侧轴箱拉杆定位,轴箱拉杆两端采用球形橡胶关节,由于橡胶关节径向刚度大,回转刚度小,因而使轴箱纵向具有较大的定位刚度,并可使轴箱相对构架能自由的沉浮及绕本身轴线回转。

每轴箱上安装两个钢弹簧。每弹簧下部设置有橡胶垫。垂向减振器安装在端轴的两侧(中间轴不设减振器),每转向架含 4 个一系垂向减振器,该减振器安装在车轴中心线上,两端分别连接轴箱与构架侧梁;轴箱拉杆和一系弹簧一起实现轴箱定位。一系弹簧主要提供垂向、横向刚度,轴箱拉杆主要提供纵向刚度。

一系悬挂结构的特点是:结构简单,一系钢弹簧主要提供垂向与横向刚度,轴箱拉杆主要提供纵向刚度,且可实现一系纵向、横向弹性参数相对独立。一系纵向刚度大,横向刚度小,有利于提高临界速度,保持驱动系统稳定,提高黏着利用率及改善曲线通过性能。

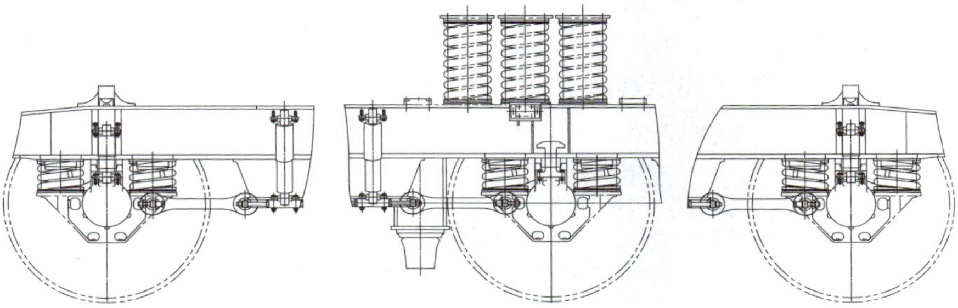

图 10.15　一系悬挂装置

一系悬挂装置参数见表 10.1。

表 10.1　一系悬挂参数

一系弹簧加橡胶垫的纵向刚度(每个)		2.05 MN/m	
一系弹簧加橡胶垫的横向刚度(每个)		2.05 MN/m	
一系弹簧加橡胶垫的垂向刚度(每个)		1.2 MN/m	
轴箱拉杆长度		584 mm	
轴箱拉杆橡胶关节的纵向刚度(每个)		36 MN/m	
轴箱拉杆橡胶关节的扭转刚度(每个)		10 N·m/(°)	
轴箱拉杆橡胶关节的偏转刚度(每个)		33 N·m/(°)	
一系垂向减振器阻尼	速度	0.1 m/s	0.3 m/s
	拉伸阻尼力	5 100 N	10 000 N
	压缩阻尼力	5 100 N	10 000 N

10.4.5 二系悬挂装置

二系悬挂装置(图 10.16)设置在转向架与车体之间,由二系弹簧组[二系弹簧、二系弹簧橡胶垫(上)、二系弹簧橡胶垫(下)及二系弹簧调整垫],二系垂向油压减振器,二系横向油压减振器等零部件组成。二系弹簧布置在构架两侧,二系垂向减振器左右对称布置在一、二位轮对之间,二系横向油压减振器斜对称布置在转向架构架端梁上,并设置了垂向和横向止挡。

二系横向减振器布置在构架端梁上,可以降低轮轴横向力。

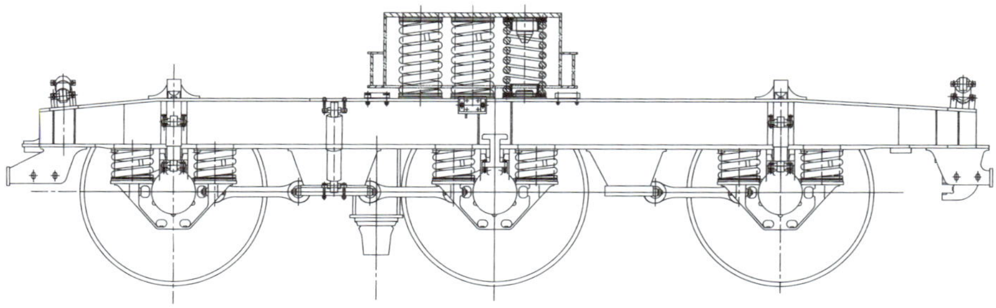

图 10.16 二系悬挂装置

二系悬挂装置参数见表 10.2。

表 10.2 二系悬挂参数

<table>
<tr><td colspan="2">二系弹簧纵向刚度(每个)</td><td colspan="5">0.21 MN/m</td></tr>
<tr><td colspan="2">二系弹簧横向刚度(每个)</td><td colspan="5">0.21 MN/m</td></tr>
<tr><td colspan="2">二系弹簧垂向刚度(每个)</td><td colspan="5">0.6 MN/m</td></tr>
<tr><td rowspan="3">二系垂向减振器阻尼</td><td>速度</td><td colspan="2">0.1 m/s</td><td colspan="3">0.3 m/s</td></tr>
<tr><td>拉伸阻尼力</td><td colspan="2">12 000 N</td><td colspan="3">22 000 N</td></tr>
<tr><td>压缩阻尼力</td><td colspan="2">12 000 N</td><td colspan="3">22 000 N</td></tr>
<tr><td rowspan="3">二系水平减振器阻尼</td><td>速度</td><td>0.025 m/s</td><td>0.05 m/s</td><td>0.1 m/s</td><td>0.2 m/s</td><td>0.3 m/s</td></tr>
<tr><td>拉伸阻尼力</td><td>4 000 N</td><td>6 000 N</td><td>8 000 N</td><td>11 400 N</td><td>14 400 N</td></tr>
<tr><td>压缩阻尼力</td><td>4 000 N</td><td>6 000 N</td><td>8 000 N</td><td>11 400 N</td><td>14 400 N</td></tr>
</table>

10.4.6 牵引装置

牵引装置采用低位推挽式双杆牵引方式,如图 10.17 所示。牵引杆(二)与水平线倾斜一定角度可以获得较低的牵引点高度,减小机车牵引、制动时各轴的轴重转移,提高机车牵引黏着率。牵引装置具有足够的刚度和强度,同时能适应转向架相对车体的各向运动。

牵引装置主要由牵引杆(一)、牵引杆(二)、连杆、牵引销、法兰组件等组成。牵引杆(一)通过牵引橡胶关节与构架牵引座相连如图 10.18 所示,牵引杆(二)通过牵引橡胶关节法兰组件与车体牵引座相连,牵引杆(一)、牵引杆(二)则通过牵引销连接结构如图 10.19 所示,连杆将牵引杆(一)与构架端梁相连。

牵引杆(一)、牵引杆(二)为钢板焊接结构,材质为 16MnDR。连杆材料为铸件 C 级钢。

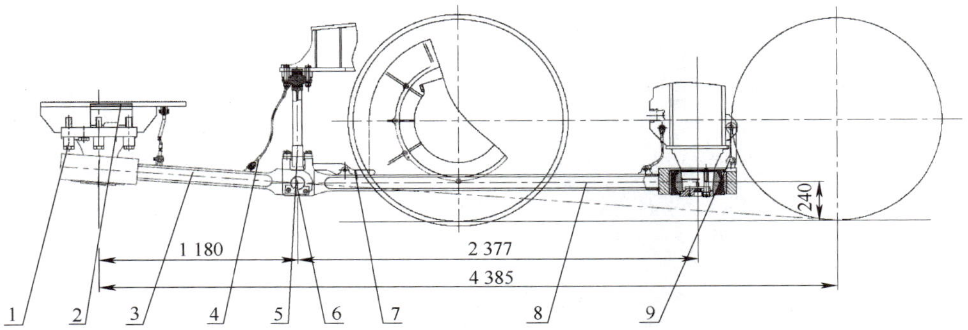

图 10.17　牵引装置结构

1—法兰组件；2—车钩垫片；3—牵引杆（二）；4—安全钢丝绳；5—连杆；
6—牵引销；7—吊挂板；8—牵引杆（一）；9—安全板

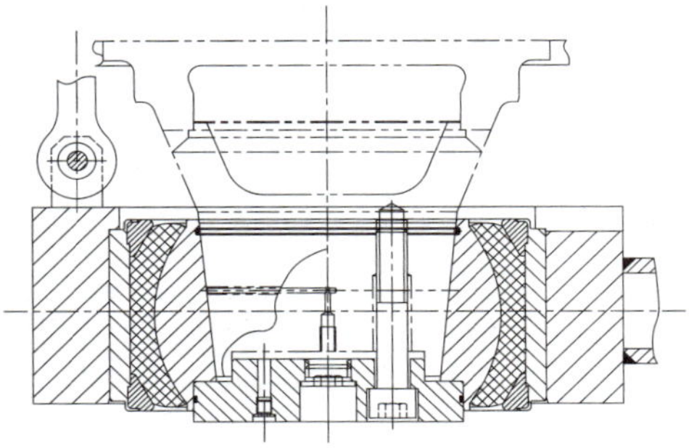

图 10.18　牵引球铰连接结构

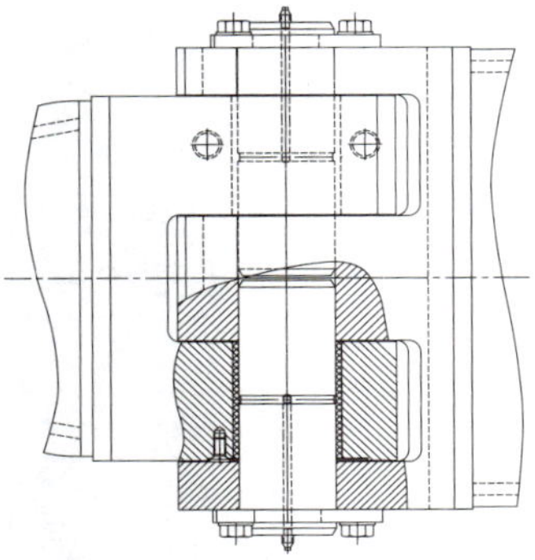

图 10.19　牵引销结构

10.4.7　电机悬挂装置

每转向架上布置有三套完全相同的电机悬挂装置，在每个电机和构架之间各设有一套。

电机一端采用抱轴悬挂，另一端采用电机吊杆弹性悬挂在构架上（图 10.20），电机悬挂安装了防脱落装置（通过安装在构架牵引梁上的安全托来实现）以防牵引电机在机车运行中脱落；电机吊杆长度 350 mm，由杆体与橡胶关节组成，橡胶关节安装在杆体两端。

10.4.8　轮缘润滑装置

转向架上装有喷脂式轮缘润滑系统。喷脂式轮缘润滑装置安装在机车转向架一、六位轮对，以减轻机车运行中的轮轨磨损，对降低脱轨倾向、提高行车安全性有积极作用。该润滑装置采用油脂润滑，其额定工作气压 700 kPa，最大工作气压 1 000 kPa，额定工作电压 DC 110 V（波动范围：88～121 V），机车运行中有按时间喷脂或按距离喷脂两种工作模式。

10.4.9　撒砂装置

转向架安装 4 套撒砂装置，撒砂装置由砂箱和扫石器组成，位于构架端部，每砂箱容积为

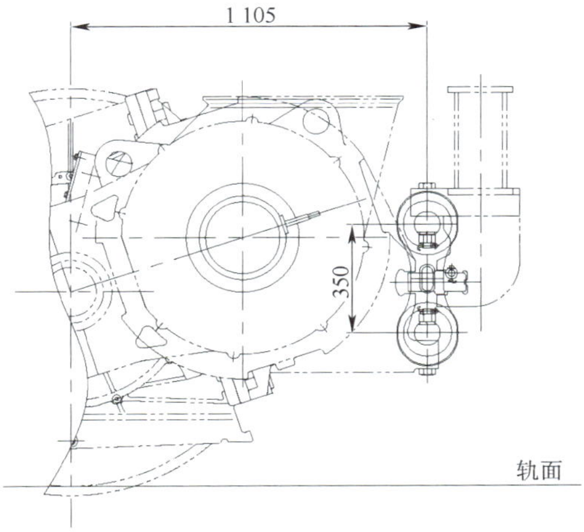

图 10.20 电机悬挂装置

0.1 m^3。扫石器由钢板安装座和橡胶板组成。

砂箱装有加热及计量装置,额定撒砂量(在风压为 4.5 kPa 时)为(750±50) g/30 s;加热电压 220 V,功率 100 W。砂箱及轮缘润滑装置如图 10.21 所示,加热及计量装置如图 10.22 所示。

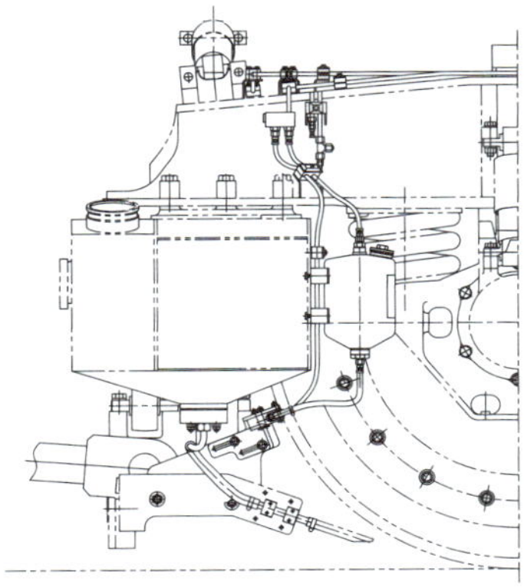

图 10.21 砂箱及轮缘润滑装置

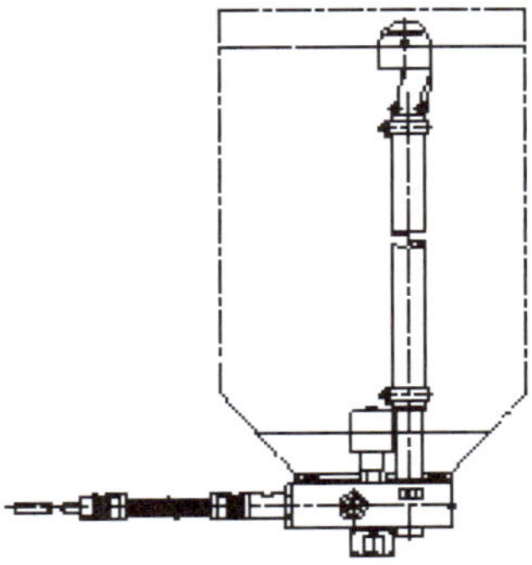

图 10.22 砂箱加热及计量装置

10.4.10 转向架空气管路

空气管路由常用制动空气管路、停放制动空气管路、轮缘润滑空气管路、撒砂装置空气管路等组成,整个管路系统采用不锈钢管通过卡套式接头和软管连接,为实施制动功能、轮缘润滑喷油功能和撒砂功能传输压缩空气。

10.4.11 起吊装置

机车整体起吊装置是用作机车提升的安全装置,该整体起吊装置能承受转向架和车体之间产生的提升力。起吊装置只有在机车需要整体起吊时才安装。它采用卸扣结构将车体与转向架连接,链条结构将构架与轮对连接。在整体起吊时,车体将构架升起,同时通过链条或一系减振器将轮对提升起。其结构如图 10.23 所示。

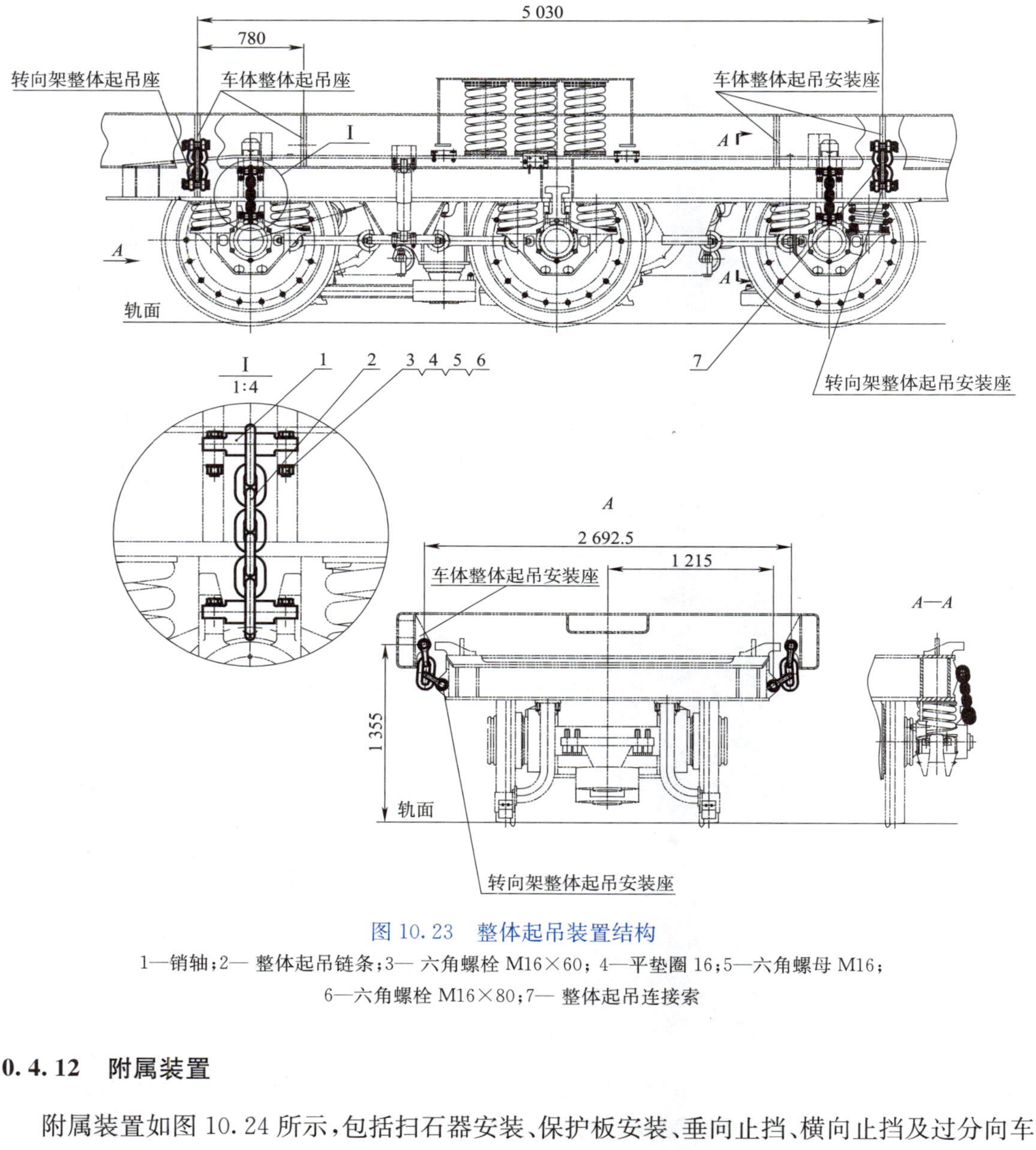

图 10.23　整体起吊装置结构

1—销轴;2— 整体起吊链条;3— 六角螺栓 M16×60;4—平垫圈 16;5—六角螺母 M16;6—六角螺栓 M16×80;7— 整体起吊连接索

10.4.12　附属装置

附属装置如图 10.24 所示,包括扫石器安装、保护板安装、垂向止挡、横向止挡及过分向车载负感器安装等。

在转向架一、三位轮对上方安装有保护板,防止雨雪、泥沙、油污等撒到车体底架上。

为确保机车运行安全,转向架上设有一系垂向、横向止挡,二系垂向、横向、摇头止挡。

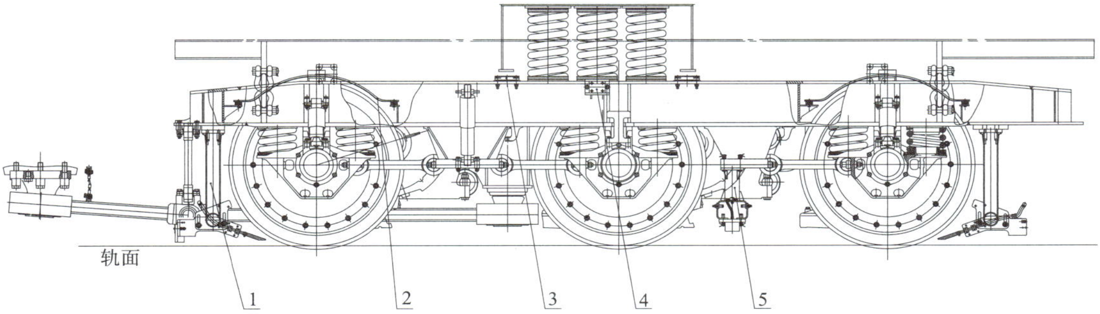

图 10.24 附属装置

1—扫石器安装;2—保护板安装;3—二系垂向止挡;4—二系横向止挡;5—过分相车载负感器安装

10.5 典型故障分析及处理

齿轮箱渗漏时:

10.5.1 故障说明

在机车日常检查和C级检修时,目视检查发现存在少量齿轮箱渗油、漏油现象。

10.5.2 故障分析

HXD_{1B}型电力机车齿轮箱为承载式结构,采用上下分箱,大齿轮箱通过车轴齿轮座上的轴承支撑,小齿轮箱安装在牵引电机上,通过螺栓连接成为一个整体,箱体采用铸造结构。齿轮箱渗漏油现象主要表现为齿轮箱箱体渗漏、齿轮箱迷宫密封处的渗漏、齿轮箱内外端盖接缝处引起的渗漏。

(1)齿轮箱箱体的渗漏

齿轮箱箱体为球墨铸铁的铸造结构,铸件本身的小型砂眼、气孔及裂纹在早期没有检查出来,表面被油漆覆盖。在运用过程中,由于机车的振动、齿轮箱内外的压力差及齿轮箱油的渗透作用,导致齿轮箱体的渗漏。

(2)齿轮箱迷宫密封处的渗漏

大齿轮箱两侧与车轴采用阶梯式迷宫密封方式,为多重大空间迷宫结构,迷宫内有回油孔使迷宫内的存油回流到齿轮箱内,具有良好的密封效果。在运用过程中,由于齿轮箱内外的压差、温度差较大,齿轮箱内部的高压气流会通过迷宫通到大气,流出的高压气体会带有少量的油雾。同时,随着运行里程的增加,齿轮箱支撑轴承的游隙加大,迷宫密封间隙加大,会导致通过迷宫的高压气流增加,其带出的油雾也会相应增加。

(3)齿轮箱内外端盖接缝处的渗漏

齿轮箱体两侧装有迷宫密封环,齿轮箱体与密封环之间为静态密封,通过密封胶及O形密封圈密封静态密封间隙,具有良好的密封效果。在装配过程中,如果密封胶没有按工艺要求涂好或O形密封圈没有安装到位,在运用过程中就可能导致密封接缝处渗漏。另外在长期运用过程中，密封胶及O形密封圈的老化也会导致接缝处渗漏。

10.5.3 处理方法

清理小齿轮箱端盖、大齿轮箱内外端盖油迹，在接缝处进行补胶处理，处理后，在机车运行回段后观察齿轮箱油标是否有油位下降现象，如果存在油位下降现象或大量漏油现象须更换轮对驱动装置。大齿轮箱迷宫密封处如果只是渗油并且齿轮油油位没有下降，机车可以继续运行；如果存在齿轮油油位下降或大量漏油现象须更换轮对驱动装置。

(1)齿轮箱箱体渗漏的处理

打磨箱体渗漏处，如果是很小的砂眼、气孔，可以用金属修补剂或密封胶进行封堵，观察运行后，如果还有渗漏更换齿轮箱；如果是较大的砂眼、气孔及裂纹，更换齿轮箱。

(2)齿轮箱迷宫密封处渗漏的处理

一般齿轮箱迷宫密封处渗漏比较轻微，主要为油雾是正常现象不需要处理，在C5修修程中进行处理。

(3)齿轮箱内外端盖接缝处渗漏的处理

清理接缝处油迹用密封胶进行封堵，观察运行后如果是轻微渗油(齿轮油没有成线状滴漏)并且齿轮箱油位没有明显下降不需要处理，在C5修修程中进行处理；观察运行后如果渗漏严重更换齿轮箱。

11 车载安全监测设备

11.1 概　　述

HXD_{1B} 型电力机车的车载安全监测设备包括列车运行控制系统车载设备、6A 系统和 CMD 系统三个系统，承担着列车信号信息处理、机车车载安全防护以及远程监测诊断等功能。

11.2 列车运行控制系统车载设备

列车运行控制系统由信号车载系统、车号识别系统、运行监控系统及综合通信系统组成，实现列车信号信息的处理、解调、译码、传输，建立铁路车号、车次信息自动化采集报告体系，实时提供列车、机车、货车的标识、属性和位置信息，安全控制列车速度，采集记录与列车安全运行有关的各种机车运行状态信息，并与地面进行无线通信。

11.2.1 机车信号车载系统

机车信号车载系统是以保障机车运行安全为主要目的。机车信号车载系统接收钢轨线路(或环线)中传输的作为行车凭证的机车信号信息，并对此信息进行处理、解调、译码后输出显示给司机，同时输出到监控装置作为控车基本条件。

JT-C 系列机车信号车载系统设备，采用先进 DSP 技术、完善的安全性技术，符合铁路信号故障—安全原则。应用了诸如："二乘二取二"的容错安全结构、频域处理和时域处理相结合技术、机车信号数据记录技术等十多项先进的安全技术措施，满足机车信号主体化即机车信号作为行车凭证的严格要求。

JT-C 系列机车信号车载系统主要由 JT-C 机车信号主机、机车信号双路接收线圈和双面八显示机车信号机组成如图 11.1 所示。

机车信号主机对接收的信号进行处理，解调、译码得到信号信息，输出到机车信号机显示给司机，同时机车信号信息输出到监控装置作为控车基本条件，其额定电压为直流 110 V，额定功率为 48 W。

机车信号记录器可对机车信号运行状态及地面信息进行记录。

其外形示意图和插件布置示意如图 11.2 所示。

机车信号显示器采用双面八显示机车信号机与载频切换(上下行)开关及 UM71 模式选择开关一体化设计，额定电压 48 V，额定功率 6 W。机车信号机按主机译码后的点灯输出及制式输出显示；信号机下端设有载频切换(上下行)开关和载频组指示灯，指示灯可显示机车信号主机正在接收的载频组(上下行)状态；同时设有 UM71 模式选择开关和对应模式指示灯(UM71 低频信息定义统一后取消)。其外形示意如图 11.3 所示。

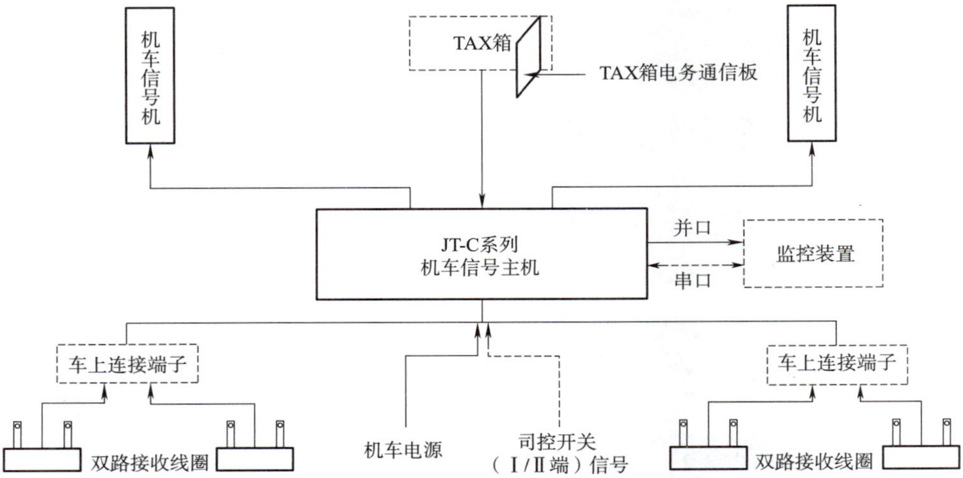

图 11.1　JT-C 系列机车信号车载系统组成

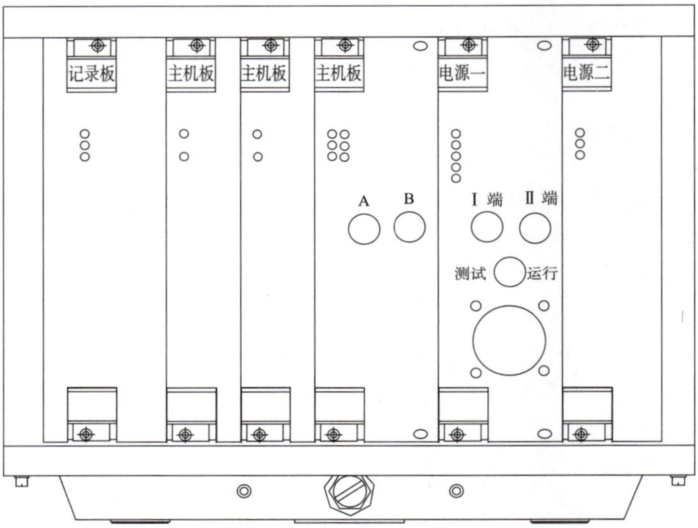

图 11.2　机车信号主机外形和插件布置示意

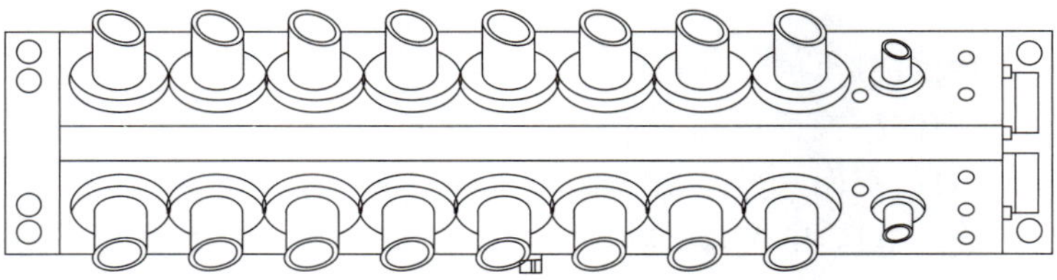

图 11.3　双面八显示机车信号机外形示意

机车信号接收线圈安装在机车转向架前端，通过与钢轨的电磁耦合接收钢轨上的信号，然后传送给机车信号主机。接收线圈内部为双路冗余线圈，保证当在一路接收线圈断线或因中间连线故障而使主机无法接收到地面信号时，另外一路接收线圈保证机车信号主机仍能正常译码输出。其外形示意如图 11.4 所示。

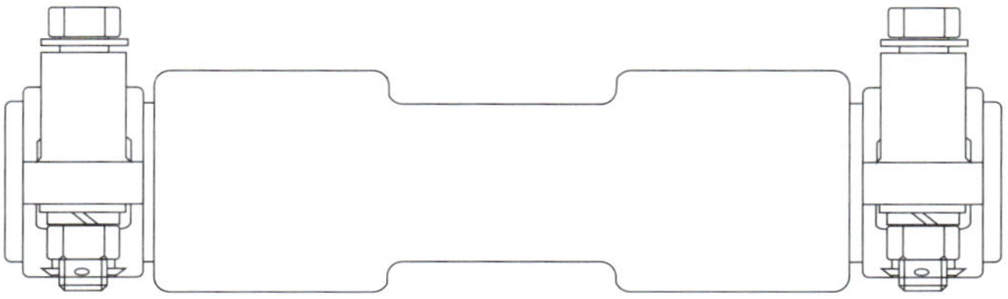

图 11.4 机车信号接收线圈外形示意

机车信号记录器所需 TAX2 箱信息取自电务通信板，该电路板插在 TAX 箱的备用插槽内。

该信号车载系统可应用的轨道电路制式有：(1)ZPW-2000 系列(包括 UM71 系列，下同)；(2)移频(18 信息、8 信息、4 信息)；(3)交流计数和微电子交流计数(25 Hz、50 Hz)。根据用户需求，可适用 UM2000 等其他轨道电路制式。

11.2.2 机车车号识别车载设备

机车车号自动识别系统是铁路运输信息系统中数据自动采集的基础。该系统在铁路所有货车上安装只读标签，在机车上安装可在线改写标签，在铁路所有编组站、区段站、大型货运站的出入口，以及铁路局间分界口、铁路分局间分界口安装地面识别设备，建立铁路车号、车次信息自动化采集报告体系，实时提供列车、机车、货车的标识、属性和位置信息，提高信息采集的可靠性、实时性、准确性，加速实现对列车、货车、机车的追踪管理等。

机车车号识别车载设备采用机车标签双向数据传输系统，采用二次调制方式，实现车到地(标签数据)和地到车(地面公里标等上传数据)间的双向数据传输；机车标签双向数据传输系统可向下兼容原有系统，保持新旧系统(原有车号自动识别系统)的工程安装和系统日常维护和管理程序不变。

机车车号识别车载设备主要由 XCTF-3J 型双向电子标签和 XCRW-15 型车载式编程器组成如图 11.5 所示。

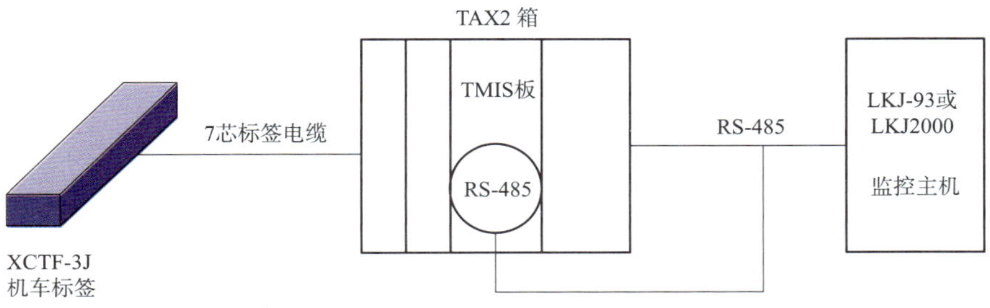

图 11.5 机车车号识别车载设备组成

机车双向电子标签可用车载式编程器和便携式编程器对其进行编程，其工作频率为902～928 MHz，适应车速0～260 km/h，当地面读出装置发出微波信号时，将自身存储的信息反射调制在载波上返回地面读出装置，并能接收调制在地面读出装置载波上的地面上传数据信息。

XCRW-15车载式编程器是TAX2箱的一个子卡，用于完成对机车标签数据的读、写操作，同时接收并处理来自地面的上传数据信息。XCRW-15车载式编程器通过TAX2箱航空插头同机车底部安装的XCTF-3J机车标签相连；通过前面板的RS-485接口与监控装置主机通信，接收监控主机的广播信息、查询命令，发送上传数据报文到监控主机。

11.2.3 列车运行监控装置

列车运行监控装置(以下简称"LKJ")是以保障列车运行安全为主要目的的列车速度控制装置。该装置在实现安全速度控制的同时，采集记录与列车安全运行有关的各种机车运行状态信息，促进了机车运行管理的自动化。该系统适应自动闭塞方式和半自动闭塞方式；适应包括移频(含18信息移频)、交流计数、UM-71(或UM-2000)、极频等信号制式。

由LKJ2000型监控主机、监控显示器、机车安全信息综合监测装置(以下简称TAX2箱)、数模转换盒、压力传感器、速度传感器、本/补切换装置、调车灯显接口盒、鸣笛记录装置、GPS信息接收装置、总线扩展盒、语音箱、列车运行状态信息系统车载设备等共同组成列车运行监控系统。其组成结构如图11.6所示。

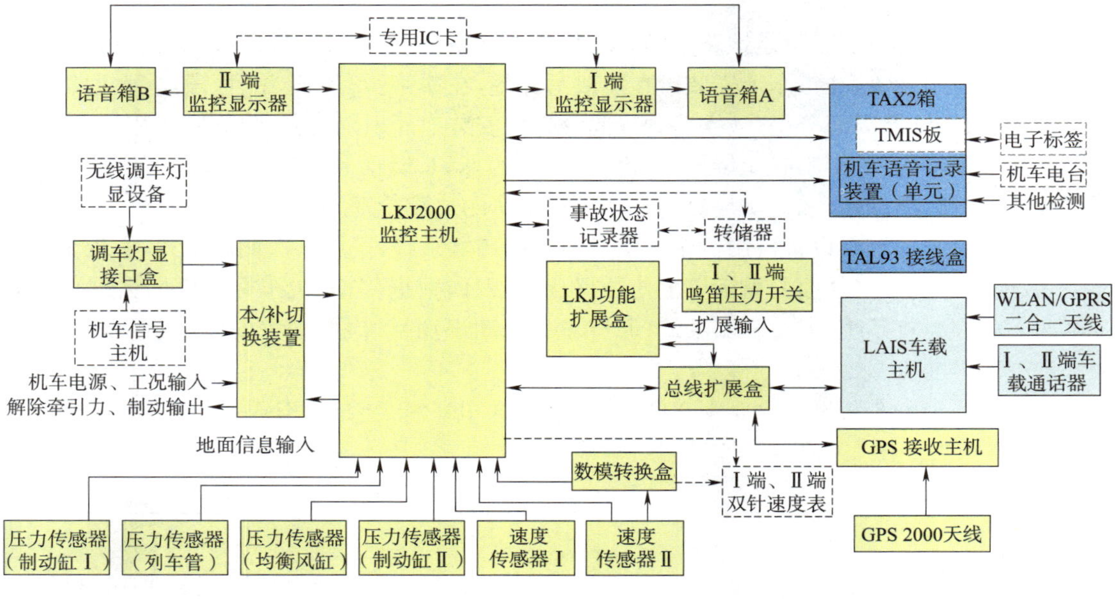

图11.6 LKJ2000运行监控系统组成结构

(1)LKJ2000型监控主机是LKJ系统的核心部件，实现机车运行监控和记录功能，其内部由A、B二组完全相同的控制单元组成，每组有八个插件位置(包括一个预留位置)，各插件位置以机箱中心线为基准对称排列，从中心线开始往左、右，各插件排列顺序依次为：监控记录、地面信息、通信、模拟量输入/出、扩展通信插件、数字量输入、数字量输入/出、电源。各插件之间采用 VME 标准总线母板连接。机箱采用背板对外出线方式，所有输入输出信号均通过机箱背部连接器引出，在后盖板内侧装有过压抑制板。监控主机外形示意如图 11.7 所示。

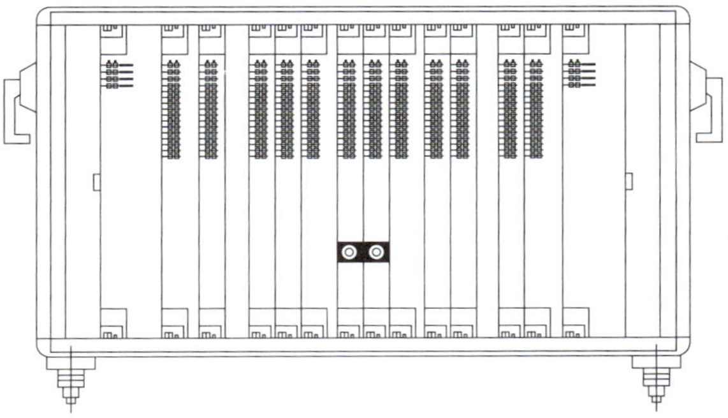

图 11.7 监控主机外形示意

(2)监控显示器作为人—机界面的显示器，采用 10.4 英寸 TFT 高亮度彩色液晶显示屏，以屏幕滚动方式显示实际运行速度轨迹曲线及模式限制速度(或线路允许速度)曲线，以图形、符号和文字形式显示地面信号机的位置、种类以及运行线路的曲线、坡道、桥梁、隧道及道口等信息，同时可显示指导性机车优化操纵运行速度曲线和手柄级位曲线，以便提示或引导乘务员操作，具备语音提示功能。监控显示屏外形示意如图 11.8 所示。

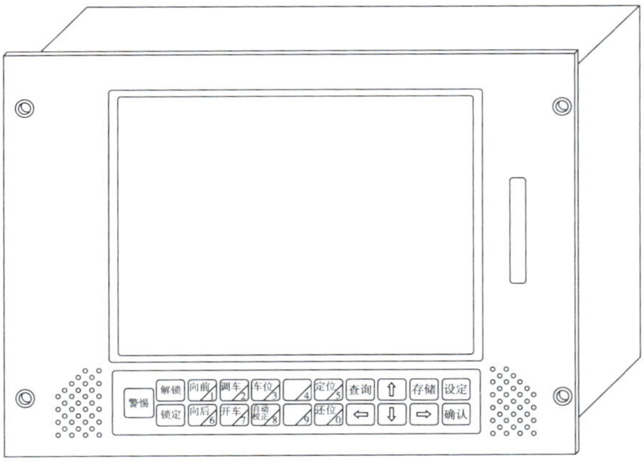

图 11.8 监控显示屏外形示意

(3)机车安全信息综合监测装置(TAX2 箱)给各检测设备，如轨道动态检测设备、弓网检测设备、无线列调语音录音设备、TMIS 单元(机车标签写入单元)及 DMIS 单元(列车运行信息传输设备)等提供了一个公用信息平台，由该工作平台中的通信记录单元一方面获取监控装置的时间、公里标、速度和车次等信息，向机箱内各功能模块单元发布广播信息，如位置(公里标)、速度、时间等坐标信息。另一方面综合各功能模块单元检测到的信息进行记录。装置以电源单元、通信记录单元作为基本单元配置，其他已开发的功能单元有 TMIS 单元、DMIS 单元、无线列调语音录音单元；另外，预留 4 个单元位置用于备用功能单元的扩展。TAX2 箱外形和前面板布置示意如图 11.9 所示。

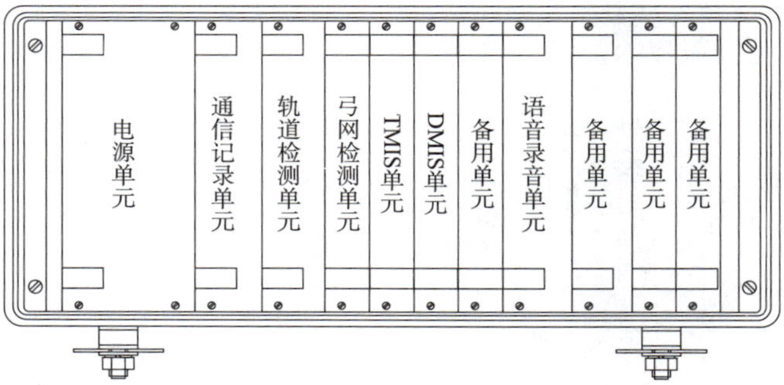

图 11.9　TAX2 箱外形主机前面板布置示意

(4)数模转换盒是与光电式速度传感器及双针速度表配套的转换装置。其主要功能是将速度传感器频率信号转换成 0～20 mA 的电流信号以驱动双针速度表的实际速度指针，并根据速度信号计算走行距离，输出里程计驱动信号，其测速范围为 0～160 km/h。

(5)压力传感器工作原理是利用硅压阻效应，当介质压力作用在芯体敏感区域时，在恒压供电情况下，有相应的电压信号输出，经电平变换成 0～5 V 的直流电压信号。它可与机车监控系统直接配用，从而实现机车行车自动测量和控制。压力传感器的测量范围为 0～1 000 kPa，输出电压为 0～5 V。

(6)速度传感器是铁路机车检测车轮转速的传感器，向机车电气控制系统提供与车轮转数成比例的电脉冲信号，其测速范围为 0～2 500 r/min。

(7)本/补切换装置主要实现硬件切换制动输出的功能。

(8)调车灯显接口盒提供了无线调车灯显设备与 LKJ 之间的接口，能够在调车时实现机车信号与无线调车灯显信息的转换，并使 LKJ 能够接收无线调车灯显信息而无需对 LKJ 进行改动，同时接口盒也为无线调车灯显设备提供稳定的工作电源。

(9)机车鸣笛记录接口装置由 LKJ 功能扩展盒、鸣笛压力开关组成。主要功能是检测机车喇叭鸣笛时的气压，将鸣笛时的气压信号转换成电信号，并发送给 LKJ2000 监控主机以便记录。

(10)GPS 信息接收装置由两部分组成：安装在车顶的 GPS2000 天线和安装在机车内部的 GPS 接收主机。GPS2000 天线主要负责 GPS 信息的采集以及传输。GPS 接收主机主要负责对 GPS 天线采集信号的解析。

(11)总线扩展盒用于 LKJ 监控主机与 LAIS 车载主机、LKJ 功能扩展盒和 GPS 接收主机通信接口。

(12)语音箱实现机车司机室各种设备语音提示、报警的集中管理和规范发声按标准、规范的通信规程、数据格式与各种需要语音提示、报警的设备进行通信联系。及时响应、调度各种设备的语音提示及报警请求。按语音编码自动生成各种提示、报警语音。并能根据特殊编码要求，自动生成多种提示、报警声音。TXYJ2001 型机车语音箱通过背板上的接插件用电缆线与监控显示器、TAX2 箱、列尾遥控、升降弓提示、无线录音、机车电源等外部设备连接。

(13)列车运行状态信息系统车载设备是连接机车与地面的数据信息处理系统。该系统采集、分析和处理机车的运行状态信息，并完成机车与地面的数据交互，最终实现地面对在途机车的实时监测。列车运行状态信息系统车载设备由 LAIS 车载主机(TSC1)、车载 WLAN/GPRS 二合一天线、车载通话器等产品组成。LAIS 车载主机与 TAX2 装置之间的通过 TAL93 型通信接线盒连接。

11.2.4　机车综合无线通信设备

机车综合无线通信设备(简称 CIR)是基于 GSM-R 数字移动通信技术、GPS 全球定位技术、450MHz 及 800MHz 模拟无线电台通信技术等开发的综合车载通信设备。它与地面的 GSM-R 设备和 450MHz、800MHz 等地面设备共同组成一个完整的铁路综合无线通信网。CIR 支持 GSM-R 调度通信系统功能、支持 GSM 话音通信功能,两网同时存在时首选 GSM-R,支持 GSM-R 通用数据传输功能,可根据承载业务的需要提供 GPRS 或电路方式数据传输链路。调度通信和数据传输采用不同的信道机,故可以同时实现调度通信和数据通信。CIR 配备了全球卫星定位系统(GPS),利用卫星对机车位置进行实时定位,可向机车上的其他用户提供 GPS 原始信息、公用 GPS 位置信息等。

11.2.4.1　系统组成

机车综合无线通信设备主要由操作显示终端(以下简称 MMI)、主机、送(受)话器、扬声器、打印终端、天线、机车数据采集编码器等组成,如图 11.10 所示。

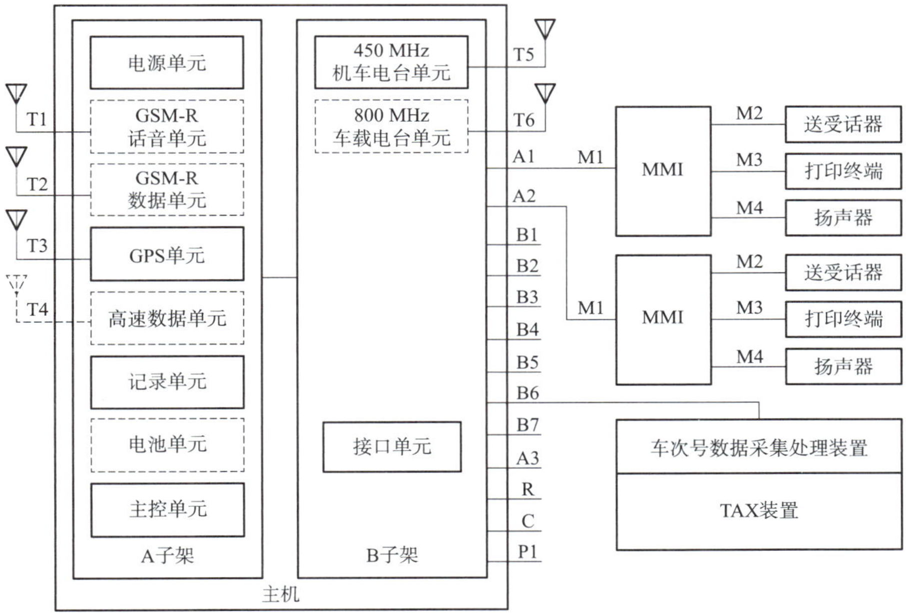

图 11.10　机车综合无线通信设备组成

主机是 CIR 的核心部件,包括机柜(含 A、B 子架),主控单元,电源单元,电池单元,卫星定位单元,GSM-R 话音单元,GSM-R 数据单元,高速数据单元,记录单元,天馈单元,450 MHz 机车电台单元,800 MHz 列尾和列车安全预警车载电台(简称 800 MHz 车载电台)单元,接口单元等,各组成部分模块化,可根据功能要求进行模块配置。主机外形示意如图 11.11 所示。

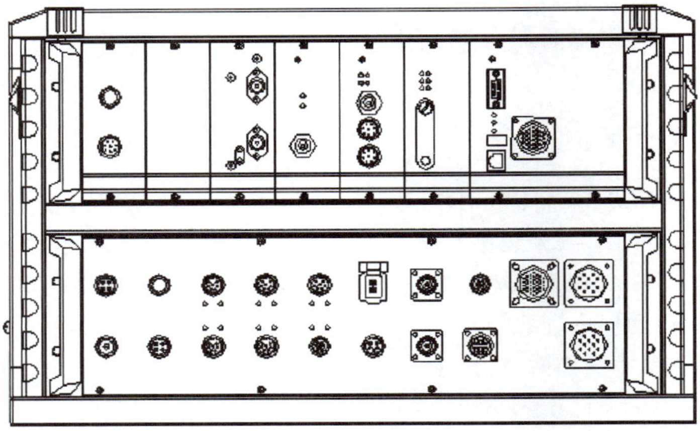

图 11.11　主机外形示意

MMI 由嵌入式工控机、LCD 显示屏、控制键盘、音频处理单元及送(受)话器组成。

嵌入式工控机是 MMI 的核心，它接收主机传送过来的信息，控制 LCD 显示屏进行显示或控制音频单元进行语音提示，接收键盘控制单元发送的控制指令传送给主机。MMI 外形示意如图 11.12 所示。

图 11.12　MMI 外形示意

打印终端采用嵌入式安装方式，通过 RS-422 方式与 MMI 进行通信，并由 MMI 供电。

扬声器包含在打印机里，内阻为 8 Ω，输出为平衡方式，0.5～5 W 可调。

送(受)话器采用紧凑式结构，有两个呼叫按键，当 CIR 工作在 GSM-R 工作模式时，按键 1 定义为“调度”，按键 2 定义为“本站”；当 CIR 工作在 450 MHz 工作模式时，按键 1 定义为“隧道车站”，按键 2 定义为“平原车站”。

天线共有五种，分别为 GSM-R 语音天线、GSM-R 数据天线、450 MHz 天线、800 MHz 天线和 GPS 天线，主要用于接收和发送数据。

机车数据采集编码器安装在机车的 TAX2 箱 DMIS 单元插槽内，通过 TAX2 箱的 DMIS 单元 12 芯插座接口与 GSM-R 机车综合通信设备(GSM-R 模式)或 450 MHz 机车台(400 MHz 模式)连接，设备包含面板、控制板及接口插头。

11.2.4.2　系统功能

根据功能模块的选配情况可实现以下相应功能。

(1)具有《列车无线调度通信系统制式及主要技术条件》《列车无线调度通用式机车电台主要技术条件(V2.0)》规定的机车电台的功能。

(2)具有 450 MHz 机车电台承载的列车尾部风压、无线车次号、调度命令等数据信息的传输功能。

(3)具有 GSM-R 调度通信功能。

(4)具有 GSM-R 通用数据传输功能，根据承载业务的需要提供 GPRS 或电路方式数据传输链路。

(5)具有《800 MHz 列尾和列车安全预警系统主要技术条件(暂行)》中规定的车载电台的功能。

(6)具备 IEEE 标准中规定的无线宽带数据传输功能。

(7)具有 GSM-R 工作模式与 450 MHz 工作模式自动切换和手动切换功能。

(8)具有向用户提供卫星定位原始信息、公用位置信息的功能(周期 2 s)。

(9)操作显示终端具有调度通信、通用数据传输所需的操作、状态显示以及语音提示功能。

(10)具有主、副 MMI 之间通话功能。

(11)主机具备信息存储和导出功能。

(12)具有人工系统复位功能。

(13) 具有自检功能(故障定位到功能单元)，包括 450 MHz 单元、800 MHz 单元、GSM-R 单元、GPRS 单元、记录单元、卫星定位单元、MMI、TAX2 接口，并可将自检结果发送给相关方。

(14)复位重启后设备自动进入原注册状态。

11.3 6A 系统

机车车载安全防护系统(简称 6A 系统)是针对机车的制动系统、防火、高压绝缘、列车供电、走行部、视频等危及安全的重要事项、重点部件和部位，采用实时检测、监视、报警并可实现网络传输、统一固态存储和智能人机界面，整体研究设计而形成平台化的安全防护装置。

6A 系统由中央处理平台、空气制动安全监测子系统、防火监控子系统、高压绝缘检测子系统、列车供电监测子系统、走行部故障监测子系统一、机车自动视频监控及记录子系统组成，实现了针对机车制动系统、防火、车顶绝缘、供电系统、走行部、视频等 6 大类项目的安全监测功能。

HXD_{1B} 型电力机车作为货运牵引用机车，无列车供电系统，机车装用的 6A 系统无“机车列车供电监测子系统”，HXD_{1B} 型电力机车 6A 系统架构如图 11.13 所示。

11.3.1 中央处理平台

中央处理平台统一管理所有子系统，统一供电、统一存储和下载数据，中央处理平台采用冗余设计，提高工作可靠性。

各监测子系统设计成独立的插件板或插件箱，插入到中央处理平台进行工作，并在公用的平台下，使用公用的电源、网络、存储器、显示终端等设备，以及统一的机箱、机柜实现对机车环境的统一物理防护。

中央处理平台组成结构如图 11.14 所示。

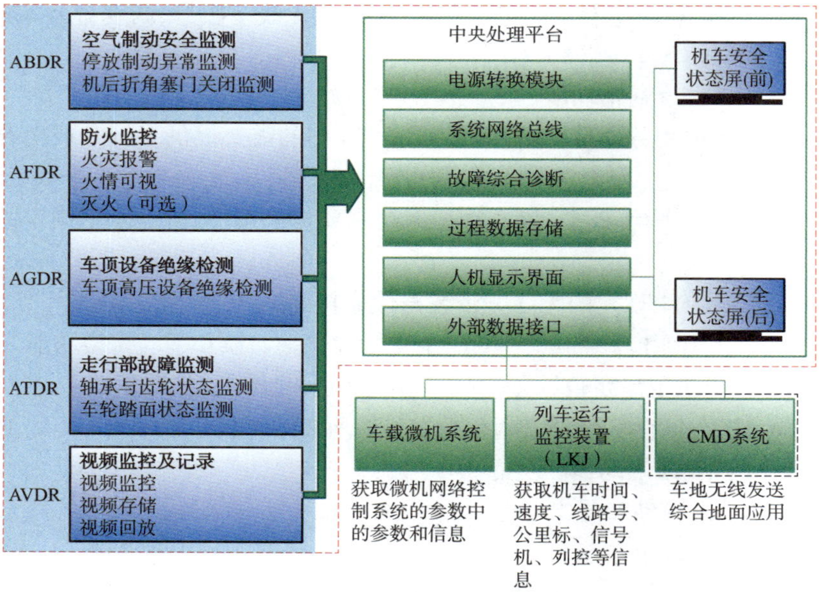

图 11.13　6A 系统架构

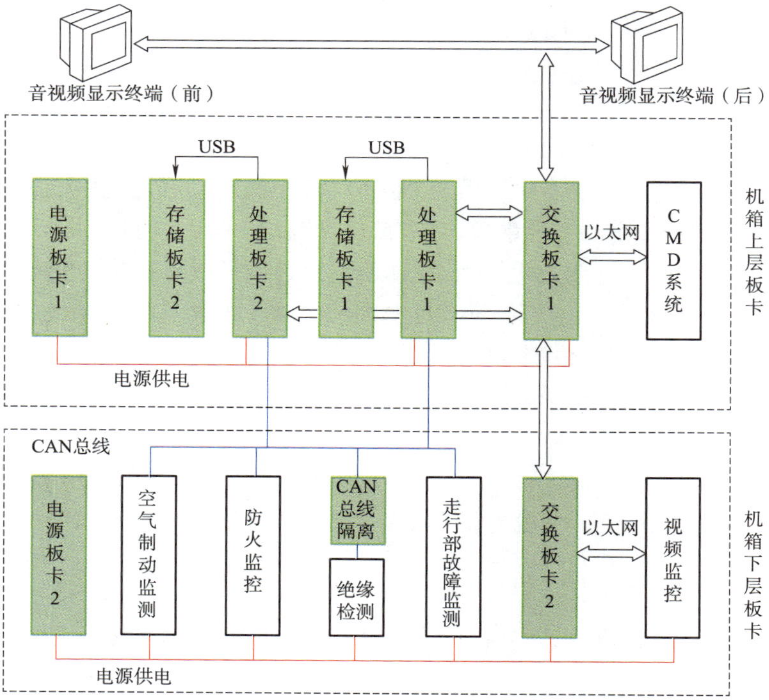

图 11.14　中央处理平台组成结构

各子系统相对独立工作，不影响其他子系统的正常运行。

6A 系统单独集成在一个机柜，机柜前门设置透明观察窗，可以观察主机箱的 CPU 板卡所带的液晶显示屏，便于检查维修。

11.3.2 空气制动安全监测子系统

空气制动安全监测子系统由停放制动非正常施加监测模块和折角塞门关闭监测模块组成。

停放制动非正常施加监测模块由制动监测板卡，列车管压力传感器、停放缸压力传感器、均衡缸压力传感器、传感器连接器和线缆组成。

折角塞门关闭监测模块由防折关子板，流量传感器总成和传感器线缆和连接器组成。

该子系统通过监测机车运行过程中的停放制动非正常施加状态、列车贯通辆数等信息，将报警信息发送给中央处理平台，由中央处理平台做进一步处理。

11.3.3 防火监控子系统

防火监控子系统包括防火板卡(AF)和前端火灾探测设备。前端探测设备主要由智能感烟探测器、智能感温探测器以及感温电缆组成。分别在两端司机室顶部、机械间 1、机械间 2、机械间 3、机械间 4 的设备布置感烟和感温探测器，并在中央线槽铺设感温电缆，防火监控设备布置如图 11.15 所示。系统通过不同的探测设备对机车被保护区域进行实时监测，并将状态信息上传给 6A 系统中央控制平台。

该子系统通过与视频监控子系统的联动，当发生火灾时，可自动切换至火情发生区域的视频图像。

11.3.4 高压绝缘检测子系统

高压绝缘检测子系统通过在升弓前，司机测量高压设备对地的漏电流等，检测机车车顶绝缘状态。

该子系统由高压绝缘检测箱、连接器和线缆组成，检测箱安装于 6A 机柜内的右上部，设置有可以开启的高压绝缘检测操作窗，不打开柜门，即可进行高压绝缘的检测操作。

此装置操作时，会在车顶受电弓部分加载 25 kV 的试验高电压，所以操作前必须确认处于安全操作状态，即无论处于库内还是在线运用，必须确认机车处于降弓停车、主断路器断开、高压连接器连接状态，并必须确认机车车顶无人操作并锁闭车顶门。

11.3.5 走行部故障监测子系统

走行部故障监测子系统主要由走行部监测板卡(AT1 板卡)、数据前置处理器、复合传感器或(和)数字温度传感器及连接线组成。走行部故障检测装置诊断的对象主要包括轴承、齿轮和踏面等部件。

11.3.6 机车自动视频监控及记录子系统

机车自动视频监控及记录子系统由摄像头、视频采集板卡 1(AV1)、视频采集板卡 2(AV2)、视频处理板卡(AV3)、连接器和电缆组成。

在两端司机室操作台安装路况摄像头，便于司机室及时了解运行过程中的路况信息；

在司机室顶部安装司机室摄像头，机械间 1、机械间 2、机械间 3、机械间 4 分别安装摄像头，使司机能及时了解机车内的情况，并与对应的防火探头做到火灾出现时的联动报警，同时对机车的运行状态进行记录，视频监控设备布置如图 11.16 所示。

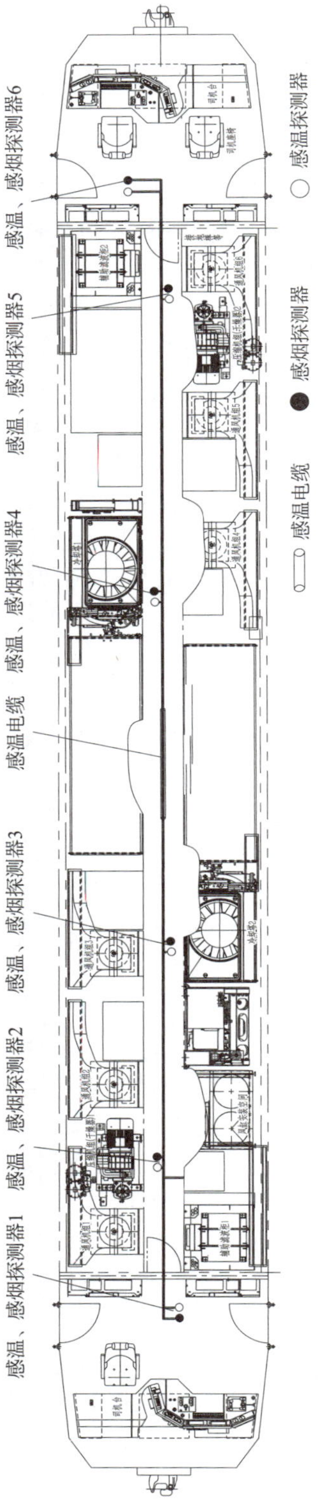

图 11.15　防火监控设备布置

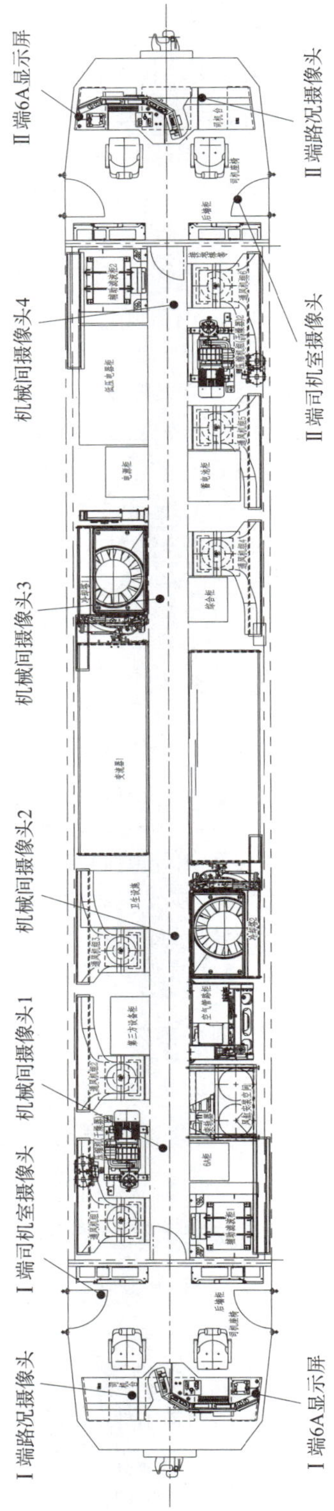

图 11.16　视频监控设备布置

11.3.7 系统设置

系统设置界面可显示系统设置、机车信息和版本信息。

系统设置包括设置机型配置、系统时间、绝缘限值、防火系统复位、制动参数、视频通道、防火探头、外部插件和其他内容，如图 11.17 所示。

11.3.8 主 界 面

在正常情况下，主界面仅显示时间，不干扰司机操作，如图 11.18 所示。

图 11.17 6A 系统设置界面

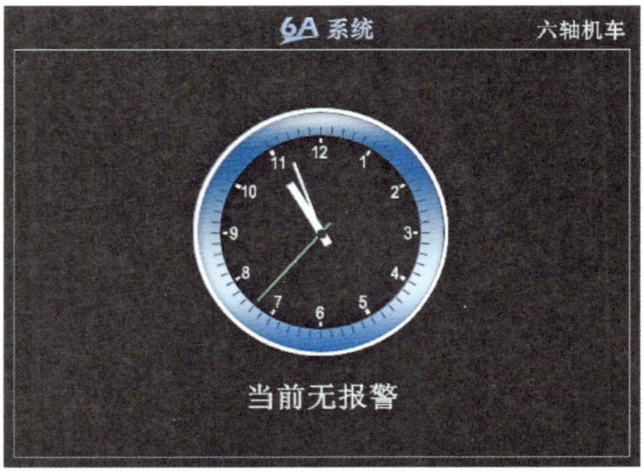

图 11.18 6A 系统主界面

11.3.8.1 报警界面

当 6A 系统的子系统有报警信息时，会自动在显示屏弹出报警界面，并同时有语音播报，报警界面如图 11.19 所示。

11.3.8.2 故障记录

故障记录界面显示本次上电出现的故障、历史故障和漏电记录，可在屏幕右边选择。每条故障信息包括故障的序号、所属的子系统、提示或报警的内容和故障发生时间。漏电记录显示挂车前及挂车后的记录，最多显示 5 000 条故障信息，如图 11.20 所示。

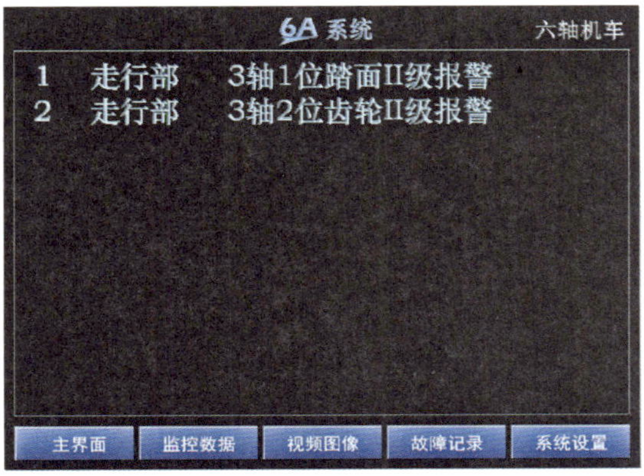

图 11.19 6A 系统报警界面

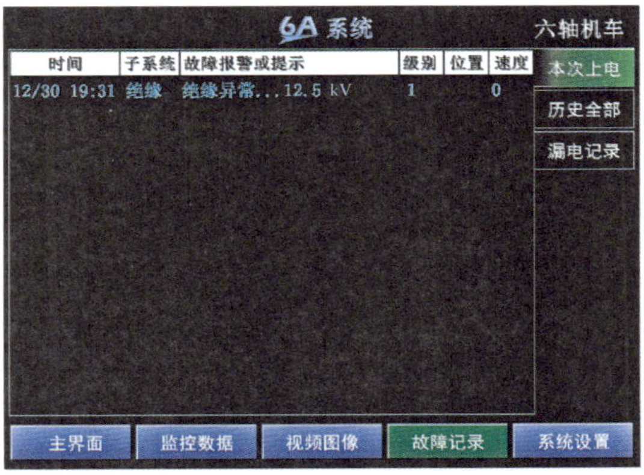

图 11.20 6A 系统报故障记录界面

11.4 CMD系统

中国机车远程监测与诊断系统(简称CMD系统)是我国铁路信息化建设的重要组成部分,满足我国和谐型大功率交流传动机车批量投入运用,长交路、高密度、大运量的运输组织的要求和检修基地建设的需求。

CMD系统由车载子系统、数据传输子系统和地面综合应用子系统组成。车载子系统能够实现机车安全信息、机车状态信息、机车监测信息的采集、处理及记录,视频信息的采集、处理(仅封装),机车电子履历记录,接收北斗/GPS定位信息。数据传输子系统能够实现车载子系统采集信息的实时接收并发送给地面综合应用子系统,以及地面综合应用子系统指令信息的实时接收,实现中国铁路总公司、铁路局集团公司和机务段/检修段三级间及跨局数据传输。地面综合应用子系统能够实现机车定位、实时状态数据监测、实时故障报警、远程诊断、视频点播、统计分析、机车车载电子履历管理、专家支持系统等功能,通过信息共享和功能接口与外部系统进行数据交互和功能调用。

11.4.1 CMD车载子系统

CMD车载子系统包括LDP、北斗通信天线、多频带组合天线及配套线缆,负责车载数据采集、数据处理、存储及传输,通过数据传输子系统与地面综合应用子系统进行信息交互。LDP具有可扩展与其他系统的通信接口。

LDP包括防护记录器、北斗通信天线、多频带组合天线以及无线通信板、北斗/GPS板、合路器板。

车载子系统总体结构如图11.21所示。

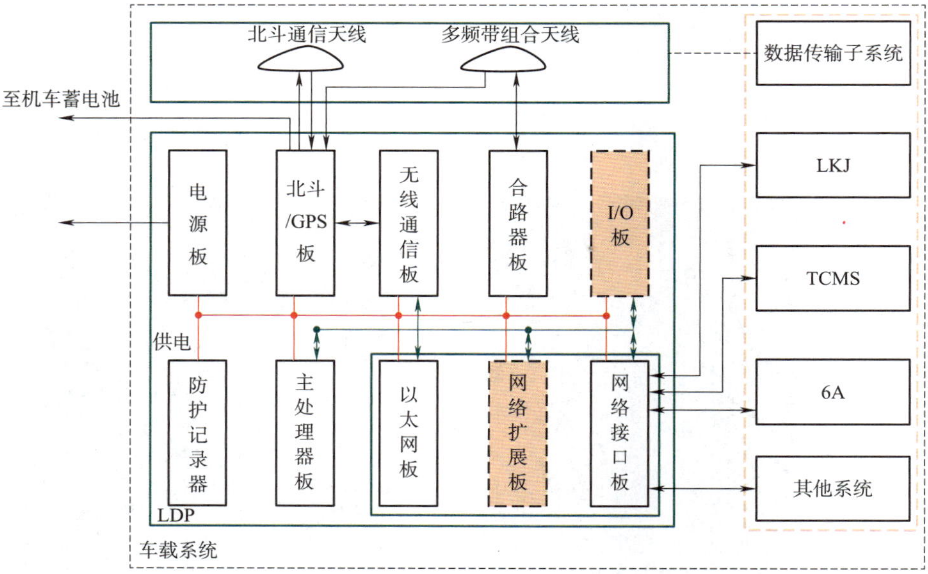

图11.21 车载子系统总体结构

CMD 车载子系统可实现以下功能：

(1)数据采集功能：通过以太网接口采集 TCMS 数据，通过以太网采集 6A 系统数据，通过 RS-485 采集 LKJ 数据，通过无线网络获取地面综合应用子系统的远程数据。采集的数据包括机车状态信息、监测信息、安全信息、定位信息，通过 I/O 接口采集的模拟量、数字量信息，地面综合应用子系统的远程等相关信息。

(2)数据处理功能：具有点播数据处理事件识别与处理、故障数据识别与处理、数据分发处理、文件数据处理、数据记录等功能。

(3)数据传输与转储功能：具有实时信息的加密传输策略、视频信息的加密传输策略、北斗短报文的加密传输策略、断电数据加密回送策略、记录文件的转储策略等功能。

(4)定位功能：具有提供机车位置、速度、时间、公里标等信息的功能，可采用 GPS 信息与 LKJ 公里标信息进行组合定位。

(5)授时功能：通过总线采集 LKJ 的时间信息，实时给 TCMS、6A 系统发送时间信息。当 LKJ 时间信息无效时，采用北斗/GPS 系统时间进行授时。

(6)人机接口功能：可利用 6A 系统音视频显示终端或其他车载显示器进行相应的显示、测试和参数设置。

11.4.2 CMD 数据传输子系统

CMD 数据传输子系统主要用于车地无线实时通信、数据无线转储、内外网数据交换、铁路内网数据传输等车地数据的双向传输。

数据传输子系统的网络由无线和有线两部分组成。无线网络依托 GSM GPRS/3G、4G、GSM-R GPRS、WLAN、北斗，主要完成车地数据传输。有线网络利用已有的铁路综合 IT 网络，主要完成铁路总公司、铁路局集团公司、机务段/检修段三级网络范围内的数据传输。GSM GPRS/3G、4G、GSM-R GPRS、WLAN 车地通信采用 TCP/IP 协议，北斗车地通信采用短报文方式，铁路内网数据传输采用铁路统一传输平台。MTUP 为应用系统提供在铁路内网和移动公网间传输实时数据的服务，所有通过移动公网进入铁路生产网的应用系统都必须经过 MTUP 接入。数据传输子系统通过 GSM GPRS/3G、GSM-R GPRS、北斗实现车地实时通信，在隧道、山区等无线网络信号没有覆盖的地区将不能正常工作，通过 WLAN 实现车地非实时信息双向传输。

11.4.3 CMD 地面综合应用子系统

CMD 地面综合应用子系统主要由数据处理中心、综合服务平台和运行维护管理三部分组成。地面综合应用子系统按照中国铁路总公司、铁路局集团公司、机务段/检修段、机车制造及修理厂商分层管理架构，为各级用户提供机车运用、故障诊断等管理功能，提供基于业务的数据分析与统计，为其他信息系统提供数据接口。

根据业务需求，地面综合应用子系统部署在中国铁路总公司、铁路局集团公司、机务段/检修段的局域网内，通过权限配置满足不同层级的角色需求。

12 机车使用与维护

12.1 机车操纵说明

12.1.1 机车整备

机车在出库前需加砂、注水以及补充轮缘润滑装置的润滑脂。

机车砂箱设在转向架上，每个转向架上设有 4 个容积 100L 的砂箱，装在转向架构架端部，全车共 8 个砂箱。机车出库前应将每个砂箱加上约 2/3 砂箱容积的砂子。

机车运用途中需用水的地方包括整体式卫生间、雨刮器。

车每台车设有一个整体式卫生间，水箱容积不小于 30 L，注水口设在车下。机车出库前应将水箱注入 20 L 的水。

机车每个司机室装有两套刮雨器，它们共用一个水箱，容积 15 L，装在司机操纵台的左柜内，注水口设在左柜门上。机车出库前应将水箱入约 10 L 的水。

机车在出库前需检查主压缩机油位，在视油镜处检查油位，油位应位于视油镜观察孔的上限和下限之间。若低于下限，则需补充压缩机油。

机车在出库前需检查牵引变流器冷却水的水位，可以通过膨胀箱上的液位显示器读到。冷却液位不能低于“关断”标志，否则，应关断水泵的电源并重新加满冷却液。

机车转向架上装有 1 套轮缘润滑装置，位于机车的 1、6 位轮对上，该润滑装置采用脂润滑，机车出库前应检查储脂罐中润滑脂的量，过少则补充。

12.1.2 机车启动前的准备

机车在符合运行状态情况下，司乘人员可对机车进行操纵。首先确认机械间车顶门处于关闭状态，接地开关在运行位，制动柜上的联锁钥匙阀处于打开位(蓝色钥匙处于竖直位)，车内所有管路阀门均打开，将机械间内的低压电器柜和控制电源柜上所有自动开关均合上，将低压柜上控制电源开关置运行位、蓄电池电源导通。检查司机操纵台上的网压/控制电压表上的蓄电池电压显示，电压高于 85 V 时可以继续操纵；若电压低于 85 V，则需对蓄电池进行充电。

将司机钥匙插入司机控制器上的钥匙孔内，旋转以激活司机指令输入和微机显示屏，此过程需要几分钟时间。一台机车只配备一片司控器钥匙，若同时有两片钥匙在两端的司机。室同时插入，则系统提示配置故障，机车不能运行。将方向手柄插入司机控制器上的方向手柄插槽内，拨向所要运行的方向位置。通过制动显示屏设置操纵端司机室空气制动机的为本机状态。设置监控系统状态。

12.1.3 升弓、合主断

待机车控制系统自检完成后可以升弓、合主断。同时控制系统自检期间将进行辅助系统的配置，等待逆变器启动后辅助回路辅机工作。

升弓前先设置升弓模式，推荐弓选择自动模式，将低压柜上的受电弓选择开关转向“自动”位。此时闭合升弓扳键开关，机车将自动升起后弓，若后弓有故障不能升起，将自动选择升前弓，并在机车微机屏上提示后弓故障。

若总风缸风压不足 650 kPa，在闭合升弓扳键开关后，辅助压缩机将自动启动，向控制风缸打风，打满风后辅助压缩机自动停止。风压满足升弓要求后，选择的受电弓将自动升起。机车微机屏网压及网压控制电压表上的网压指示在 17～31.5 kV 间。待合主断条件满足（显示屏上的主断指示变为绿色），闭合主断扳键开关，主断将闭合。

主断闭合后牵引变流器开始启动，给中间直流回路充电，充电完成后辅助逆变器启动，带动牵引风机、冷却塔风机、油泵、水泵等通风冷却机组启动。同时蓄电池充电机也开始启动。主压缩机也根据总风压力状态自动启动与停止。如需要快速为总风缸充风，可以将住主压缩机的扳键开关置“强泵”位，此时两个主压缩机同时工作。

12.1.4 机车的启动和牵引操作

HXD_{1B} 型电力机车启动前需首先确认：

(1)停车制动在缓解状态；

(2)总风缸压力在 650 kPa 以上。

根据需要运行的方向，将司机控制器上方向手柄拨至要求运行的方向，向前推动牵引手柄，机车进入牵引状态。说明：机车牵引手柄的级位是连续的，司机可将牵引手柄推至任意位置，控制系统将根据手柄的位置给出相应比例的牵引力。当需要减速时，司机可将牵引手柄后拉，越过零位，进入电制动区，同样，电制动的级位也是连续的。司机也可用空气制动来减速。

HXD_{1B} 型电力机车具有定速控制功能，司机控制器上设有定速手柄。司机可以将定速手柄推至所要达到的目标速度，然后按下微机显示屏上的定速软键进入定速模式，机车将根据实际运行速度与设定速度的差别，自动进行牵引或电制动以趋近目标速度。此时牵引手柄的电制动指令及电子制动阀(EBV)的制动指令优先于速度手柄指令，机车进入制动状态，在 EBV 手柄到运用位或司机控制器牵引制动手柄到牵引位时，机车重新进入到定速状态。定速的取消需要牵引制动手柄回“零位”确认。定速设置的最低速度是 5 km/h，最高为 120 km/h。

12.1.5 机车过分相操作

HXD_{1B} 型电力机车有手动过分相和自动过分相两种过分相控制方式。

当自动过分相装置无故障时，机车接近分相区时自动过分相装置检测到过分相区的信号，向机车控制系统发出预告信号或强迫信号（预告信号失败时），机车自动控制牵引/电制动退级，分主断；通过分相区后，机车检测到网压后自动恢复到过分相前的工作状态。

当自动过分相装置故障时，需要司机在观察到接近分相区时按压过分相按钮，机车自动控制牵引/电制动退级，分主断；通过分相区后，机车检测到网压后自动恢复到过分相前的工作状态。

HXD_{1B} 型电力机车具有过分相期间辅助回路不断电功能。

12.1.6 机车冗余控制与故障隔离运行

HXD_{1B}型电力机车故障诊断和处置均是自动完成，并在机车状态屏上显示相关信息，一般情况下不需要司乘人员做处理，只需将故障时间和故障提示记录下来，以便回库后维修人员查询维修。在故障情况下，司机可以通过按下 $v>0$ 或 $v=0$，显示屏上会有处理提示，司乘人员可按提示操作以维持机车运行。

12.1.7 结束运行操作

运行结束，离开机车前需完成以下操作：

(1)将司机控制器的牵引/制动手柄回复至“0”位；

(2)将司机司控器的换向手柄恢复至“中立”位；

(3)按下操纵台上的停放制动按钮施加停放制动；

(4)通过操纵台上的扳键开关分断主断路器；

(5)通过操纵台上的扳键开关降下受电弓；

(6)将司机控制器上的钥匙开关置“OFF”位，拔下电钥匙；

(7)通过转换低压柜开关面板上的“控制电源”转换到位置“关”来断开蓄电池；

(8)关闭位于总风缸的截止阀 A10。

12.1.8 无火回送操作

参见第 8 章制动机的操作。

12.1.9 无火回送时，保持电台工作的操作

控制电源柜的自动开关=45-F122(机车电台电源自动开关)闭合。

12.2 机车的维护与检查

机车的维护与检查是为了保持和恢复机车完成运营规定功能的能力而采取的技术活动。机车采用的是以定期维修为主，以检查和检修相结合的综合维修制度。

12.2.1 检修修程和检修周期

HXD_{1B}型电力机车检修修程和检修周期见表 12.1。

表 12.1 HXD_{1B}型电力机车检修修程和检修周期

检修修程		检修周期	
		走行公里数(万 km)	时 间
	日常检查		每次机车出入库
C1	C1 修	7×(1±10%)	不超过 3 个月
C2	C2 修	13×(1±10%)	不超过 6 个月
C3	C3 修	25×(1±10%)	不超过 1 年

续上表

检修修程		检修周期	
		走行公里数(万 km)	时　　间
C4	C4 修	50×(1±10%)	不超过 3 年
C5	C5 修	100×(1±10%)	不超过 6 年
C6	C6 修	200×(1±10%)	不超过 12 年
UM		计划外维修	

表中,C1～C6 属定期维修(或预防性维修);UM 为计划外维修(或修复性维修),故障维修和改善维修均属于计划外维修。

12.2.2 各级检修修程的主要维修工作

日常检查:机车日常出入库整备。

C1 修:机车例行检查和保养,利用机车自检系统进行故障诊断,按状态修理。

C2 修:机车关键部件重点检查维修,有针对性地恢复机车运行可靠性。

C3 修:机车关键部件重点检查维修,有针对性地恢复机车运行可靠性。

C4 修:机车主要部件检查,性能参数测试,修复不良状态部件,恢复机车可靠质量状态。

C5 修:机车主要部件分解检修,性能参数测试,恢复机车可靠质量状态。

C6 修:机车全面分解检修,全面性能参数测试,恢复基本性能,可同时进行机车或主要部件的技术提升。

计划维修以外发生的所有维修活动,均属于计划外维修。

12.2.3 检查次序

HXD_{1B} 型电力机车的检查和维护工作按以下次序进行。

(1)按时间次序

在每个维修等级中,机车按时间次序进行的维修工作次序如下:

无网压下的检查→网压下的检查→有机车蓄电池电压和外部风源下的检查→无电源下的维修工作→网压下的最后检查。

(2)按区域次序

在特殊的维修等级中,机车按区域次序进行的维修工作次序如下:

准备→司机室→机械间→机车外部→机车下部→车顶设备→结束。

12.2.4 维护与检查的安全注意事项

为确保人身安全,机车的维护检查人员必须是经过培训的资质人员。必须严格遵守检查与维护指导的安全注意事项。在对高压设备进行工作时,必须按接地程序将机车可靠接地。牵引变流器包含有大电容器,即使机车已经降落受电弓,这些电容器可以在较长时间(几天)内带有危险的高压。应对有电容的电器进行放电。当机车处于有电的接触网下时,不要登机车车顶。在对空气管路系统执行任务时，必须排空压缩空气。刚停止工作的电器可能温度很高，应注意防止烫伤。

12.2.5　主要部件检查与检修项目及周期

HXD1B 型电力机车主要部件检查与检修项目及周期见表 12.2。

表 12.2　HXD1B 型电力机车主要部件检查与检修项目及周期

序号	检修内容	日常检查	C1 级修	C2 级修	C3 级修	C4 级修	C5 级修	C6 级修	计划外维修
1	司机室设备								
1.1	司机控制器								
	检查牵引/制动手柄	√	√	√	√	√	√	√	
	检查速度设定手柄	√	√	√	√	√	√	√	
	检查方向转换开关	√	√	√	√	√	√	√	
	检查钥匙开关	√	√	√	√	√	√	√	
	检修机械联锁机构						√	√	
1.2	空调装置								
	清扫通风栅格								√
	更换空气处理模块中的空气滤网			√	√	√	√	√	
	目视检查电气系统			√	√	√	√	√	
	检查制冷剂、查看玻璃			√	√	√	√	√	
	目视检查温度调节装置			√	√	√	√	√	
	目视检查高温保护开关			√	√	√	√	√	
	目视检查冷却回路			√	√	√	√	√	
	目视检查冷凝风机				√	√	√	√	
	目视检查送风风机				√	√	√	√	
	目视检查压缩机紧固件的悬挂组件				√	√	√	√	
	检查高压压力继电器				√	√	√	√	
	检查低压压力继电器			√	√	√	√	√	
	检查控制压力继电器			√	√	√	√	√	
	清洁蒸发器				√	√	√	√	
	清洁电加热器				√	√	√	√	
	清洁冷凝器				√	√	√	√	
	清扫排水管道				√	√	√	√	
	更换送风风机						√	√	
	更换冷凝风机						√	√	
	更换电加热器						√	√	
	更换加热器接触器						√	√	

续上表

序号	检修内容	日常检查	C1 级修	C2 级修	C3 级修	C4 级修	C5 级修	C6 级修	计划外维修
	更换压缩机							√	
	更换过滤干燥器							√	
	更换电磁阀							√	
	更换热力膨胀阀							√	
	更换压力开关							√	
2	机械间设备								
2.1	牵引变流器								
2.1.1	打开牵引变流器								
	目视检查密封件			√	√	√	√		
2.1.2	牵引变流器								
2.1.2.1	门、屏柜、内部								
	检查牵引变流器内部区域				√	√	√		
	检查油漆表面		√	√	√	√	√		
	目视检查连接器灭弧腔		√	√	√	√	√		
2.1.2.2	电源连接								
	目视检查电源连接					√	√		
2.1.2.3	断路器触点								
	目视检查断路器触点		√	√	√	√	√		
2.1.2.4	TCU-牵引控制单元								
	更换 TCU 后备电池				√	√	√		
2.1.2.5	空气—水热交换器								
	目视检查水冷却器					√	√		
2.1.2.6	风机电机								
	检查电机轴承及布线					√	√		
2.1.2.7	直流支撑回路电容(C1.1,C1.2，C2.1，C2.2，C3.1)								
	测量整个直流支撑回路电容值				√	√	√		
2.1.2.8	谐振吸收电容(C4.1,C4.2)								
	测量每个谐振吸收电容值					√	√		
2.1.2.9	谐振吸收回路								
	测量谐振吸收回路调谐频率				√	√	√		
2.1.2.10	冷却液回路								
	目视检查冷却回路是否存在泄漏			√	√	√	√		
	检查冷却液			√	√	√	√		
2.1.2.11	TCU 风机								

续上表

序号	检修内容	日常检查	C1 级修	C2 级修	C3 级修	C4 级修	C5 级修	C6 级修	计划外维修
	检查 TCU 风机					√	√		
2.1.3	关闭牵引变流器								
	关闭前盖板			√	√	√	√		
2.2	牵引风机								
	检查风机法兰连接和表面	√	√	√	√	√	√	√	
	检查风机的所有安装螺栓		√	√	√	√	√	√	
	检查接线盒,接线板与引接线		√	√	√	√	√	√	
	检查接线盒内有无积尘		√	√	√	√	√	√	
	检查接线板组装		√	√	√	√	√	√	
	检查叶轮是否损坏				√	√	√	√	
	检查软管和接头是否损坏				√	√	√	√	
	拆卸软管				√	√	√	√	
	组装软管				√	√	√	√	
	清洗软管和接头				√	√	√	√	
	检查密封垫和绝缘垫				√	√	√	√	
	更换圆螺母用止动垫圈					√	√	√	
	检查是否有变形或裂缝				√	√	√	√	
	拆卸进风道				√	√	√	√	
	组装叶轮				√	√	√	√	
	清洗进风道的所有部件				√	√	√	√	
2.2.1	风机电机								
	拆卸风机电机				√	√	√	√	
	拆下叶轮				√	√	√	√	
	清洗电机端盖				√	√	√	√	
	检查有无任何变形或裂缝				√	√	√	√	
	清洗电机轴承盖				√	√	√	√	
	如果必要的话,请更换前轴承					√	√	√	
	如果必要的话,请更换后轴承					√	√	√	
	清洗电机转子				√	√	√	√	
	检查转子是否有变形或裂缝				√	√	√	√	
	清洗电机机座				√	√	√	√	
	检查是否损坏				√	√	√	√	
	安装风机电机				√	√	√	√	
	更换线圈和引出线						√	√	

续上表

序号	检修内容	日常检查	C1 级修	C2 级修	C3 级修	C4 级修	C5 级修	C6 级修	计划外维修
	检查电机绝缘电阻				√	√	√	√	
	将风机电机装入主风筒				√	√	√	√	
	组装叶轮				√	√	√	√	
	装上接线板组装				√	√	√	√	
	重新喷涂面漆和底漆							√	
	重新表面处理							√	
2.3	冷却塔								
	目测检查冷却回路是否漏液	√	√	√	√	√	√	√	
	目测检查油路是否漏液	√	√	√	√	√	√	√	
	检查防腐性			√	√	√	√	√	
2.3.1	冷却塔风机								
	大修通风机					√	√	√	
2.3.2	牵引变压器油冷却回路								
2.3.2.1	副油箱								
2.3.2.1.1	液位显示器								
	检查变压器油标		√	√	√	√	√	√	
2.3.2.2	空气干燥器								
	检查脱水呼吸器	√	√	√	√	√	√	√	
2.3.2.3	布赫继电器								
	检查布赫继电器		√	√	√	√	√	√	
2.3.3	逆变器水冷却回路								
2.3.3.1	膨胀水箱								
	检查冷却剂液面	√	√	√	√	√	√	√	
	更换调压水箱的螺纹连接阀						√	√	
2.3.3.2	过滤器								
	清理过滤器		√	√	√	√	√	√	
2.3.3.3	冷却水泵								
	检查冷却水泵						√	√	
2.4	辅助滤波柜								
2.4.1	门,屏柜,内部								
	检查辅助变压器和柜体		√	√	√	√	√	√	
	目视检查柜体表面是否损坏		√	√	√	√	√	√	
	检查警告标牌、密封件		√	√	√	√	√	√	
2.4.2	辅助变压器								

续上表

序号	检修内容	日常检查	C1 级修	C2 级修	C3 级修	C4 级修	C5 级修	C6 级修	计划外维修
	目视检查辅助变压器线圈		√	√	√	√	√	√	
2.4.3	辅助滤波柜风机								
	目视检查是否有任何污物，如果必要的话，请清洁风机		√	√	√	√	√	√	
2.4.3.1	风机电机								
	更换电机轴承				√	√	√	√	
2.4.4	旋风除尘器								
	目视检查旋风除尘器		√	√	√	√			
	清洁旋风除尘器						√	√	
2.4.5	接触器								
	检查接触器		√	√	√	√	√	√	
2.4.6	接地电容								
	检查接地电容		√	√	√	√	√	√	
2.4.7	滤波电容								
	检查滤波电容		√	√	√	√	√	√	
2.4.8	三相断路器								
	检查三相断路器		√	√	√	√	√	√	
2.5	控制电源柜								
	清洁屏柜，检查连接器		√	√	√	√	√	√	
	检查风扇				√	√	√	√	
	检查控制电源柜的所有部件					√	√	√	
2.6	低压电器柜组成								
2.6.1	门，屏柜，内部								
	检查所有门、机架、内部区域和部件			√	√	√	√	√	
	检查所有螺栓连接			√	√	√	√	√	
	检查油漆表面			√	√	√	√	√	
	检查所有密封件			√	√	√	√	√	
	检查接地电缆			√	√	√	√	√	
	检查所有连接			√	√	√	√	√	
	检查所有部件			√	√	√	√	√	
	检查所有电缆和电缆连接			√	√	√	√	√	
2.6.2	设备安装板 1 组成								
2.6.2.1	小自动开关，自动开关，接触器								
	目视检查			√	√	√	√	√	
	检查部件是否紧固到位			√	√	√	√	√	

续上表

序号	检修内容	日常检查	C1 级修	C2 级修	C3 级修	C4 级修	C5 级修	C6 级修	计划外维修
	检查开关元件触头			√	√	√	√	√	
	检查连接电缆			√	√	√	√	√	
2.6.3	设备安装板 2 组成								
2.6.3.1	接触器,接触器继电器,继电器								
	目视检查			√	√	√	√	√	
	检查部件是否紧固到位			√	√	√	√	√	
	检查开关元件触头			√	√	√	√	√	
	检查连接电缆			√	√	√	√	√	
2.6.4	设备安装板 3 组成								
3.6.4.1	接线端子组成								
	目视检查			√	√	√	√	√	
	检查部件是否紧固到位			√	√	√	√	√	
	检查连接电缆			√	√	√	√	√	
2.6.5	设备安装板 4 组成								
2.6.5.1	SKS3 模块								
	目视检查			√	√	√	√	√	
	检查部件是否紧固到位			√	√	√	√	√	
	检查连接电缆			√	√	√	√	√	
2.6.6	设备安装板 5 组成								
2.6.6.1	接触器,接触器继电器,继电器,风扇								
	目视检查			√	√	√	√	√	
	检查部件是否紧固到位			√	√	√	√	√	
	检查开关元件触头			√	√	√	√	√	
	检查连接电缆			√	√	√	√	√	
2.6.7	设备安装板 6 组成								
2.6.7.1	接线端子组成								
	目视检查			√	√	√	√	√	
	检查部件是否紧固到位			√	√	√	√	√	
	检查连接电缆			√	√	√	√	√	
2.6.8	设备安装板 7 组成								
2.6.8.1	接线端子组成								
	目视检查			√	√	√	√	√	
	检查部件是否紧固到位			√	√	√	√	√	
	检查连接电缆			√	√	√	√	√	

续上表

序号	检修内容	日常检查	C1 级修	C2 级修	C3 级修	C4 级修	C5 级修	C6 级修	计划外维修
2.6.9	设备安装板 8 组成								
2.6.9.1	接地检测装置,接线端子组成								
	目视检查			√	√	√	√	√	
	检查部件是否紧固到位			√	√	√	√	√	
	检查连接电缆			√	√	√	√	√	
2.6.10	设备安装板 9 组成								
2.6.10.1	接线端子组成								
	目视检查			√	√	√	√	√	
	检查部件是否紧固到位			√	√	√	√	√	
	检查连接电缆			√	√	√	√	√	
2.6.11	转换开关板组成								
2.6.11.1	转换开关								
	目视检查			√	√	√	√	√	
	检查部件是否紧固到位			√	√	√	√	√	
	检查连接电缆			√	√	√	√	√	
2.6.12	右上门组成								
2.6.12.1	导电布衬垫								
	目视检查			√	√	√	√	√	
2.6.13	CCU								
	目视检查			√	√	√	√	√	
	检查部件是否紧固到位			√	√	√	√	√	
	检查连接电缆			√	√	√	√	√	
2.6.14	预充电电阻								
	目视检查			√	√	√	√	√	
	检查部件是否紧固到位			√	√	√	√	√	
	检查连接电缆								
2.6.15	3 相变压器								
	检查线圈	√	√	√	√	√	√	√	
	检查引线的连接情况	√	√	√	√	√	√	√	
	检查铁芯		√	√	√	√	√	√	
	检查所有螺栓连接是否紧固到位		√	√	√	√	√	√	
2.6.16	电度表								
	目视检查电度表显示面板	√	√	√	√				
	更换电度表的电路板					√	√	√	

续上表

序号	检修内容	日常检查	C1 级修	C2 级修	C3 级修	C4 级修	C5 级修	C6 级修	计划外维修
2.6.17	绝缘监控设备								
	目视检查	√	√	√	√	√	√	√	
2.6.18	隔尘板和 EMC 隔尘板								
	目视检查		√	√	√	√	√	√	
2.7	综合设备柜								
	检查连接电缆			√	√	√	√	√	
2.7.1	自动过分相处理器								
	拆机清理			√	√	√	√	√	
	更换 PLC					√	√	√	
	更换接口电路板						√	√	
2.8	蓄电池柜								
	检查蓄电池	√	√	√	√	√	√	√	
	测量开路电压		√	√	√	√	√	√	
	检查所有螺栓连接		√	√	√	√	√	√	√
	检查连接电缆		√	√	√	√	√	√	√
	检查蓄电池容量		√	√	√	√	√	√	√
	检查电解液容量			√	√	√	√	√	
	蓄电池充电		√	√	√	√	√	√	√
2.9	卫生间								
	检查管道和接头	√	√	√	√	√	√	√	
	检查真空泵	√	√	√	√	√	√	√	
	清洗水过滤器	√	√	√	√	√	√	√	
	用水清理污物箱		√	√	√	√	√	√	√
	排放气体处理单元中的水		√	√	√	√	√	√	√
	清理便盆和喷嘴		√	√	√	√	√	√	
	更换水过滤器		√	√	√	√	√	√	√
	更换拌热线			√	√	√	√	√	√
	更换橡胶接头				√	√	√	√	
	更换温度传感器、水位传感器和水箱加热器					√	√	√	
	更换温度传感器、水位传感器和污物箱加热器					√	√	√	
	更换水增压器					√	√	√	
	更换软管					√	√	√	
2.10	空气管路系统及制动机								
2.10.1	主压缩机								

续上表

序号	检修内容	日常检查	C1级修	C2级修	C3级修	C4级修	C5级修	C6级修	计划外维修
	检查主压缩机各安装螺栓和连接管路	√	√	√	√	√	√	√	
	检查压缩机油位以及是否有渗油现象	√	√	√	√	√	√	√	
	压缩机功能检查	√	√	√	√	√	√	√	
2.10.2	制动机								
	制动机检查	√	√	√	√	√	√	√	
2.10.3	干燥器								
	检查干燥器各安装螺栓和连接管路	√	√	√	√	√	√	√	
	干燥器功能检查	√	√	√	√	√	√	√	
2.10.4	辅助压缩机								
	检查辅助压缩机各安装螺栓和连接管路	√	√	√	√	√	√	√	
	压缩机功能检查	√	√	√	√	√	√	√	
2.11	25 kV 高压电缆总成								
	检查车顶终端螺栓		√	√	√	√	√	√	
	检查车顶终端伞裙		√	√	√	√	√	√	
	检查车顶终端接地引线	√	√	√	√	√	√	√	
	检查 T 形终端螺栓		√	√	√	√	√	√	
	检查 T 形终端接地线	√	√	√	√	√	√	√	
	检查车顶法兰防水垫圈		√	√	√	√	√	√	
2.12	6A 系统								
	功能检查:检查 6A 系统各子系统信息及数据	√	√	√	√	√	√	√	
	校验压力传感器及流量变送器					√	√	√	
	更换或维修 AT1 插件、数据前置处理器、传感器					√	√	√	
	电源箱更新						√	√	
	压力传感器、流量变送器和走行部传感器更新						√	√	
	更新 6A 系统部件							√	
2.13	CMD 车载子系统								
	检查插件指示灯状态	√	√	√	√	√			
	更换各插件及天线、电缆、LDP 主机箱							√	
3	车外设备								
3.1	车体								
	目视检查		√	√	√	√	√	√	
	检查安装螺钉紧固情况		√	√	√	√	√	√	
	检查外部油漆		√	√	√	√	√		
	恢复外部油漆							√	

续上表

序号	检修内容	日常检查	C1 级修	C2 级修	C3 级修	C4 级修	C5 级修	C6 级修	计划外维修
	检查标识		√	√	√				
	恢复标识					√	√	√	
3.2	脚踏扶手								
	目视检查			√	√	√	√	√	√
3.3	车钩、缓冲器								
	目视检查	√							√
	钩缓装置拆卸检查		√	√					
	钩缓装置拆卸并解体检查				√	√	√	√	
3.4	排障器								
	目视检查	√	√	√	√	√	√	√	
	检查轨面以上高度	√	√	√	√	√	√	√	
	检查紧固力矩			√	√	√	√	√	√
3.5	车下总风缸								
	检查活页卡箍装置及安装螺栓	√	√	√	√	√	√	√	
	检查安全钢丝绳的连接销轴及锁紧装置	√	√	√	√	√	√	√	
	检查排水阀	√	√	√	√	√	√	√	
	目视检查总风缸外表	√	√	√	√	√	√	√	
	检查总风缸内壁的腐蚀情况						√	√	
4	车下设备								
4.1	转向架								
4.1.1	拆卸/组装								
	转向架的拆卸					√	√	√	√
	转向架的安装					√	√	√	√
4.1.2	转向架								
	目测检查转向架	√	√	√	√	√	√	√	
4.1.2.1	转向架构架								
	检查是否损坏		√	√	√				
	彻底目测检查单元是否有破损(裂缝变形等)和松动、丢失部件					√	√	√	√
4.1.2.2	轮对驱动及轴箱装置								
4.1.2.2.1	制动闸片								
	检查制动盘	√	√	√	√	√	√	√	
4.1.2.2.2	盘形制动器								
	检查盘形制动器	√	√	√	√	√	√	√	
	检查盘形制动器是否有裂缝			√	√	√	√	√	

续上表

序号	检修内容	日常检查	C1 级修	C2 级修	C3 级修	C4 级修	C5 级修	C6 级修	计划外维修
	检查盘形制动器的磨损情况			√	√	√	√	√	
	检查装置是否正确安装			√	√	√	√	√	
4.1.2.2.3	轮对排列								
	目测检查是否破损和变形	√	√	√	√	√	√	√	
	检查车轮轮廓的磨损限制	√	√	√	√	√	√	√	
	对比标志值和存在的轮对轮廓	√	√	√	√	√	√	√	
	检查车轮上的轧制公差偏离情况	√	√	√	√	√	√	√	
	测量轮缘高度、宽度和厚度情况	√	√	√	√	√	√	√	
	拆卸大修					√	√	√	
	更换车轮					√	√	√	√
	检查轴箱轴承的温度	√	√	√	√	√	√	√	
	拆除和检查轴箱轴承单元，更换油脂、所有 O 形圈，V 形垫圈，清洁接地回路端盖					√	√		√
	更换轴承单元							√	
	检查接地碳棒磨损				√	√			
	碳刷座的功能控制和碳刷组成接地检查					√	√	√	
	更换接地接触的所有磨损件						√	√	
	检查速度传感器是否松动和变形	√	√	√	√	√	√		
	检查扭矩支撑是否破损和变形		√	√	√	√	√	√	
	更新扭矩支撑的橡胶金属单元					√	√	√	√
4.1.2.3	一系悬挂								
	检查裂缝，腐蚀和变形		√	√	√				
	目测检查破损和破损的油漆					√	√	√	
	更新橡胶金属元件					√	√	√	√
	目测检查一系弹簧		√	√	√				
	拆除一系弹簧					√	√	√	√
	一系弹簧垫换新					√	√	√	√
	目测检查破损和破损的油漆					√	√	√	
	检查有渗漏的一系垂向减振器		√	√	√				
	目测检查一系垂向减振器		√	√	√				
	一系垂向减振器换新					√	√	√	√
4.1.2.4	二系悬挂								
	目测检查二系弹簧		√	√	√				
	拆除二系弹簧					√	√	√	√
	弹簧垫换新					√	√	√	√

续上表

序号	检修内容	日常检查	C1级修	C2级修	C3级修	C4级修	C5级修	C6级修	计划外维修
	目测检查破损和破损的油漆					√	√	√	
	检查有渗漏的二系减振器		√	√	√				
	目测检查二系减振器		√	√	√				
	二系减振器换新					√	√	√	√
4.1.2.5	牵引、电机悬挂装置								
	目视检查牵引装置	√	√	√	√	√	√	√	
	检查接头并润滑		√	√	√	√	√	√	
	拆除牵引装置					√	√	√	√
	检查接头的磨损情况					√	√	√	
	更新橡胶金属元件					√	√	√	√
	目测检查电机悬挂装置	√	√	√	√	√	√	√	√
4.1.2.6	驱动装置								
	目视检查外部是否存在损坏		√	√	√	√	√		
	检查驱动装置是否存在污染	√	√	√	√	√	√		
	检查 PG 螺栓连接是否紧固到位	√	√	√	√	√	√		
	目视检查进风口和出风口区域	√	√	√	√	√	√		
	检查出风口		√	√	√	√	√		
	目视检查排水装置		√	√	√	√	√		
	目视检查齿轮箱的密封性		√	√	√	√	√		
	第一次更换齿轮箱油								√
	检查驱动装置是否存在外部损坏、泄漏和丢失部件		√	√	√	√	√		
	检查齿轮箱油位		√	√	√	√	√		
	分析齿轮箱油和齿廓			√	√	√	√		
	重新润滑电机轴承			√	√	√	√		
	重新润滑抱轴式悬挂轴承				√	√	√		
	更换齿轮箱油				√	√	√		
	检查处于拆卸状态的驱动装置					√	√		
	检查处于拆卸状态的齿轮					√	√		
	调试					√	√		
4.2	车载感应器								
	检查外观	√	√	√	√	√	√	√	
	检查连接电缆和连接器	√	√	√	√	√	√	√	
	测量阻值		√	√	√	√	√	√	
	车载感应器安装位置校验	√	√	√	√	√	√	√	

续上表

序号	检修内容	日常检查	C1 级修	C2 级修	C3 级修	C4 级修	C5 级修	C6 级修	计划外维修
	更换车载感应器						√	√	
4.3	牵引变压器								
	检查变压器油位								√
	更换已泄漏的变压器油								
	对变压器油进行化学分析								√
	检查密封件		√	√	√	√	√		
	检查变压器是否有污垢		√	√	√	√	√		
	检查变压器表面油漆		√	√	√	√	√		
	清洁变压器								√
4.3.1	油泵								
	检查油泵								√
4.4	软风道								
	目视检查		√	√					
	检查风道织物破缝总长度		√	√					
	检查螺帽连接装置		√	√					
	检查密封骨架		√	√					
	更换软风道				√	√	√	√	
4.5	新风过滤系统								
4.5.1	新风过滤箱								
	检查集尘盒积灰	√	√	√	√	√	√	√	√
	清洁并检查过滤器	√	√	√	√	√	√	√	√
	更换纸过滤器	√	√	√	√	√	√	√	√
	清洁过滤器上的旋风管	√	√	√	√	√	√	√	√
	过滤器的一般检修					√	√	√	
4.5.2	废排过滤箱								
	更换纸制过滤器	√	√	√	√	√	√	√	√
	废排过滤箱检修					√	√	√	
5	车顶设备								
5.1	受电弓								
	检查滑板	√	√	√	√	√	√	√	
	检查接触压力		√	√	√	√			
	检查弓头、气囊、导流线		√	√	√	√	√	√	
	检查弹簧元件和升弓钢丝绳		√	√	√	√	√	√	
	检查支持绝缘子		√	√	√	√	√	√	

续上表

序号	检修内容	日常检查	C1级修	C2级修	C3级修	C4级修	C5级修	C6级修	计划外维修
	检查密封圈和接线端子固定螺栓		√	√	√	√	√	√	
	检查受电弓是否有磨损部件					√	√	√	
	检查轴承					√	√	√	
	检查气囊					√	√	√	
	检查橡胶弹簧元件					√	√	√	
	更换升弓钢丝绳					√	√	√	
5.2	主断路器								
	检查绝缘子	√	√	√	√	√	√	√	√
	检查扭紧力矩		√	√	√	√	√	√	√
	气路检查		√	√	√	√	√	√	√
	检查密封件					√	√	√	√
	检查真空泡的真空度					√	√	√	√
	检查真空泡主触头磨损					√	√	√	√
	检查绝缘性能					√	√	√	√
	检查动作性能					√	√	√	√
5.3	高压电压互感器								
	目视检查高压电压互感器		√	√	√	√	√	√	
	检查电气连接		√	√	√	√	√	√	
	检查密封件		√	√	√	√	√	√	

附录 缩 写 表

缩　写	说　明
13CP	13 控制部分
16CP	16 控制部分
20CP	20 控制部分
3G	第三代移动通信技术
4G	第四代移动通信技术
6A	机车车载安全防护系统
AAR	美国铁路协会
AC	交流
ACU	辅助变流器
ADD	自动降弓装置
AXM	模拟量输入输出模块
BCCP	制动缸控制部分
BCU	制动控制单元
BPCP	列车管控制部分
CAN	控制器局域网络
CCU	中央控制单元
CIR	机车综合无线通信设备
CMD	中国机车远程监测与诊断系统
CVCF	恒频恒压
DBTV	DB 三通阀
DC	直流
DER	无火回送装置
DIM	数字量输入模块
DMIS	调度指挥管理信息系统
DSP	数字信号处理
DTECS	分布式列车电子控制系统
DXM	数字量输入输出模块
EBV	电子制动阀
EPCU	电空控制单元
EPDM	三元乙丙橡胶

续上表

缩 写	说 明
EPM	电空模块
EPR	乙丙橡胶
ER	均衡风缸
ERCP	均衡风缸模块
ERM	事件记录模块
EVA	乙烯—醋酸乙烯共聚物
GPRS	通用分组无线业务
GPS	全球定位系统
GSM	全球移动通信系统
GSM-R	铁路数字移动通信系统
GWM	车辆控制模块
HV	高压
HVB	真空主断路器
IDU	智能显示单元
IGBT	绝缘栅双极型晶体管
IP	网络协议
LAIS	列车运行状态信息系统
LCD	液晶显示器
LCDM	机车司机室显示模块
LCIR	综合通信装置
LDP	机车车载综合信息监测装置
LKJ	列车运行监控装置
LRU	现场可替换单元
M-IPM	中央集成处理模块
MMI	机车综合通信操作显示终端
MTUP	铁路移动数据传输统一平台
MVB	多功能车辆总线
ODAF	强迫油循环风冷
PLC	可编程逻辑控制器
PSJB	供电接线盒
PTU	便携的测试装置
PWI	脉宽调制逆变器
PWM	脉冲宽度调制
RE	先导室压力
RIM	中继接口模块

续上表

缩　写	说　明
SIBAS	西门子铁路自动化系统
TAX	机车安全信息综合监测装置
TCMS	机车网络控制系统
TCN	列车通信网络
TCP	传输控制协议
TCU	牵引控制单元
TFT	薄膜场效应晶体管
TMIS	铁路运输管理信息系统
UM2000	轨道电路制式
UM71	轨道电路制式
VCM	车辆控制模块
VME	通用计算机总线
VVVF	变频变压
WLAN	无线局域网
WTB	多功能列车总线
ZPW-2000	轨道电路制式